Johannes Muhl

Zur Geschichte der alten attischen Komödie

Johannes Muhl

Zur Geschichte der alten attischen Komödie

ISBN/EAN: 9783743488441

Hergestellt in Europa, USA, Kanada, Australien, Japan

Cover: Foto ©ninafisch / pixelio.de

Manufactured and distributed by brebook publishing software
(www.brebook.com)

Johannes Muhl

Zur Geschichte der alten attischen Komödie

Zur Geschichte

der

alten attischen Komödie.

———◦———

Programm

zu dem

Jahresberichte der kgl. Studienanstalt bei St. Anna in Augsburg

verfaßt

von

Dr. Johannes Muhl,

kgl. Studienlehrer.

——◦——

Augsburg.
Druck der Ph. J. Pfeiffer'schen Buchdruckerei.
1881.

Konrad Bursian

in

Dankbarkeit

gewidmet.

1*

Τῆς ἰσηγορίας οὖν πᾶσιν ὑπαρχούσης ἄδειαν
οἱ τὰς κωμῳδίας συγγράφοντες εἶχον τοῦ σκώπτειν καὶ στρατηγοὺς καὶ δικαστὰς τοὺς κακῶς
δικάζοντας καὶ τῶν πολιτῶν τινὰς ἢ φιλαργύ-
ρους ἢ συζῶντας ἀσελγείᾳ.

Platonios περὶ διαφορᾶς κωμῳδιῶν.

Es ist allgemein anerkannt, daß es für die richtige Würdigung einer Erscheinung auf dem Gebiete der Literatur unerläßlich ist, genau darüber unterrichtet zu sein, unter welchen geschichtlichen Verhältnissen dieselbe sich entwickelt hat. Wenn dieser Satz nun schon im allgemeinen Gültigkeit hat, so ganz besonders für die Erzeugnisse der komischen Muse, da deren Wirkung auf die Mitlebenden, um welche es ja dem Dichter einzig zu thun sein kann, dadurch bedingt ist, daß sie die umgebende äußere Welt mit ihren Persönlichkeiten und Verhältnissen oder mit andern Worten die leitenden Bestrebungen und Ideen der Gegenwart den gleichzeitigen Menschen in einem zwar karrikirenden, aber die Hauptzüge nicht verwischenden Konterfei vor Augen bringen. Daß dies bei den Größen der modernen Komödie zutrifft, daß Molière ein zum Erschrecken ähnliches Spiegelbild der französischen Gesellschaft unter dem großen Ludwig entwirft, daß Holberg die ihn umgebenden Zustände nicht nur seines engeren nordischen Vaterlandes, sondern auch des benachbarten Deutschlands zu Anfang des 18. Jahrhunderts meisterhaft wiedergegeben hat, daß endlich Lessing in seiner Minna von Barnhelm das Deutschland des siebenjährigen Krieges mit einfachen, aber scharfen Umrissen gezeichnet hat, wer leugnet es? — Wie viel mehr aber mußte dies in der alten attischen Komödie der Fall sein, die nicht auf die sozialen Verhältnisse beschränkt, mit rücksichtslosestem Freimut die hochstehendsten Staatsmänner, die Feldherren, Redner, Demagogen, die Koryphäen der Philosophie wie der Literatur, ja in den ehrwürdigen Mythen des Volksglaubens die Götter selbst vor ihr Forum zu ziehen wagte.

Daraus folgt mit Notwendigkeit, daß die einzelnen Erzeugnisse dieser in der Literatur aller Zeiten und Völker einzig dastehenden Gattung nur verstanden werden können unter eingehendster Berücksichtigung der Zeitverhältnisse; ebenso daß, wenn es gelingt, diese für jede einzelne Komödie zu fixiren, aus dem Inhalte des so bestimmten Dramas ein erleuchtender Strahl auf die sich kreuzenden Bestrebungen und Interessen dieser noch keineswegs genügend erforschten wichtigen Epoche athenischer Geschichte fallen muß. Da nun aber bezügliche Forschungen zwar im einzelnen vielfach mit großem und erfolgreichem Scharfsinne angestellt worden sind, insbesondere von Meineke in seiner

historia critica comicorum Graecorum (Berlin 1839) und von
Bergk in seinen Commentationum de reliquiis comoediae atticae
antiquae libri duo (Leipzig 1838), es jedoch an einer systematischen
Bearbeitung dieses so interessanten als schwierigen Gebietes fehlt, so
soll im folgenden der Versuch gemacht werden, gestützt auf die bahn=
brechenden Arbeiten vor allem des ebenso besonnenen wie scharfsinnigen
Meineke und auf die leider im Verhältnis zu dem großen Reichtume
der einstigen Produktion geringfügigen, trotzdem unschätzbaren Frag=
mente (bei Meineke: Fragmenta comicorum Graecorum Bd. II.),
wie auf die vielen wertvollen Notizen der alten Ausleger[1]) — beson=
ders des Aristophanes — einen Abriß der Entwickelung der alten
attischen Komödie seit dem Beginne des peloponnesischen Krieges bis
zur Aufführung von Aristophanes Fröschen (Ol. 87, 1 — Ol. 93, 3),
welches Drama als der Schlußstein der alten Komödie im engern
Sinne zu betrachten ist, zu entwerfen. Die Beschränkung auf diese
Epoche ist 1) dadurch bedingt worden, daß wir fast nur für diese
vollständige Erzeugnisse der komischen Dichtung besitzen, und zwar in
den erhaltenen Dramen des Ar.[2]), die mit Ausschluß zweier — der
Ekklesiazusen und des Plutos — in diese Zeit fallen; 2) daß wir
nur für diese in dem großartigen Werke des Thukydides eine ein=
gehendere Geschichte des athenischen Staates haben, die es erlaubt,
wenigstens die bedeutenderen Persönlichkeiten in den einzelnen Phasen
ihrer Entwickelung zu verfolgen[3]).

Was nun den zu liefernden Abriß der Entwickelung der alten
Komödie in dem bezeichneten Zeitraume betrifft, so muß diese Ab=
handlung sich darauf beschränken, die Aufführungszeit und Tendenz
der einzelnen Dramen nach äußeren wie inneren Gründen möglichst
genau zu bestimmen und auf Grund der dadurch gewonnenen Auf=
schlüsse dem Dichter derselben seinen Platz und Rang innerhalb der
komischen Literatur anzuweisen, ohne daß es möglich gewesen wäre
auf die sprachlichen Eigentümlichkeiten und besonderen formalen Vor=
züge des einzelnen, wie auf das Leben der vielen, allen Schichten
der Gesellschaft und allen Arten menschlicher Bestrebungen angehörenden
Persönlichkeiten, deren Bild uns im Hohlspiegel der Komödie vor=
geführt wird, näher einzugehen, als dies der nächste Zweck einer ge=
nauen Fixirung des betreffenden Dramas durchaus erforderte.

Schließlich bemerke ich noch, daß ich der großenteils gering-

---

[1]) Es gab Kommentare der Alexandriner zu allen bedeutenderen Komikern;
z. B. wird dies M. II. 222 für Kratin, II. 436, 918 für Eupolis bezeugt.
(Vgl. auch M. h. cr. p. 10 ff., der nachweist, daß Männer wie Lykophron,
Eratosthenes, Kallimachos, Didymos Chalkenteros, Galenos mit Vorliebe sich
der Erklärung der Komiker zugewendet haben.)

[2]) Ar. wie von jetzt an immer = Aristophanes.

[3]) Daneben kommen die einschlägigen Biographien Plutarchs in Betracht,
sowie für das letzte Drittel die Ueberreste der attischen Redner, besonders des
Antiphon und Andokides, endlich die Schriften Xenophons und Platons und
die Excerpte des Suidas, Aelian u. a. Kompilatoren.

schätzigen Auffassung, welche moderne Historiker, deren Namen in rein=
geschichtlichen Dingen einen guten Klang haben, wie Grote in seiner
griechischen Geschichte, Adolf Schmidt in „Perikles und sein Zeitalter"
(Jena 1877 u. 1879; vgl. z. B. I, 106 ff., II, 230), zum Teil
auch der geistvolle Müller=Strübing in „Aristophanes und die historische
Kritik" (Leipzig 1873) von dem Werte der alten Komödie für die
Aufhellung historischer Thatsachen an den Tag legen, nicht beizu=
pflichten vermag, da sie meiner Ueberzeugung nach in einer Verkennung
des Wesens dieser eigenartigen Dichtung wurzelt, obschon ich anderer=
seits weit davon entfernt bin zu leugnen, daß große Vorsicht von
nöten ist, wo es sich um die Verwertung komischer Schilderungen
hervorragender Männer auf allen Gebieten menschlicher Thätigkeit,
insbesondere aber auf dem der Politik, für die Entwerfung eines
objektiv=historischen Charakterbildes dieser Männer handelt. Meinem
Dafürhalten nach hat hier den richtigen Mittelweg Wilhelm Vischer
(Baseler Einladungsschrift von 1840: „Ueber die Benützung der alten
Komödie als geschichtliche Quelle"[1] eingeschlagen, der sich u. a. p. 5
dieser gediegenen Abhandlung[2] folgendermaßen ausspricht:

„Es ist notwendig, daß die Komödie insoferne einen wichtigen
Beitrag zur Geschichte ihrer Zeit liefere, als sich die Zustände im
Ganzen in ihr spiegeln, allein selbst diese nicht rein und unparteiisch,
sondern vielmehr bedingt durch den Standpunkt des Dichters, also
von ihrer schwachen und lächerlichen Seite." —

Um nun zur Sache selbst überzugehen, so erscheint es zweckmäßig,
da die ganze Epoche wesentlich durch zwei verwandte, sich aber nicht
selten feindlich gegenübertretende Dichter ersten Ranges charakterisirt
wird, zunächst die Entwickelung dieser an der Hand der Ueberlieferung
bis zu dem bezeichneten Marksteine zu verfolgen; dann den gleich=
zeitigen Komikern zweiten Ranges in der Reihenfolge, in welcher sie
in Wirklichkeit neben und nach einander hervorgetreten sind, unsere
Aufmerksamkeit zuzuwenden, um mit einem kurzen Ueberblick über die
größere Zahl der nebenher laufenden Dichtersterne dritten und vierten
Ranges diese Betrachtungen abzuschließen.

Die beiden leitenden Männer sind für diesen Abschnitt der komi=
schen Poesie, da die Hauptwirksamkeit Kratins einer früheren Epoche
angehört (s. unten), Eupolis und Aristophanes, zwei Dichter,
welche fast gleichzeitig (Ol. 87, 4 u. Ol. 88, 1) auf den Schauplatz
treten, um auf demselben anfangs befreundet, bald in offener Fehde ihre
unverwelklichen Lorbeeren zu ernten. Wir wenden uns zunächst dem
ersteren zu, dem ein neidisches Geschick weder ein volles Ausleben
seiner poetischen Individualität, noch einen auf die Erhaltung voll=
ständiger Geisteswerke gegründeten dauernden Nachruhm gewährt hat. —

Unter den drei größten Dichtern der alten attischen Komödie
nimmt Eupolis eine mittlere Stellung ein sowol hinsichtlich der Zeit

---

[1] Wieder abgedruckt in W. Vischers Kleinen Schriften Bd. I, S. 459 ff.
[2] = Kl. Schr. I, 462.

als des Charakters seiner Dichtung, weshalb wie Kratin dem Aeschylos an großartiger Herbheit, Ar. dem Euripides an Feinheit, aber auch Spitzfindigkeit, unser Dichter dem Sophokles an graziöser Anmut gleichgestellt werden darf. Der erste Vergleich ist öfter gemacht worden ¹) (z. B. von Lucas: Cratinus et Eupolis. Bonn 1826, p. 18); für die Verwandtschaft des Ar. mit dem Euripides liegen die Zeugnisse der Zeitgenossen vor; so läßt Kratin einen Zuschauer Jemanden schil= dern als spitzfindigen Sentenzenhafscher curipideisch = aristophanischer Schule (M. ²) II, 225 fr. incert. CLV:

Τίς δὲ σύ; κομψός τις ἔροιτο θεατής.
ὑπολεπτολόγος γνωμιδιώκτης ³) εὐριπιδαριστοφανίζων);

ein anderer gleichzeitiger Komiker hechelte den Ar. durch ἐπὶ τῷ σκώπτειν μὲν Εὐριπίδην, μιμεῖσθαι δ'αὐτόν (schol. Platon. VI, p. 227 cd. Hermann). Ja der Dichter selbst gesteht (M. II. 1142 Fr. 4) seine Abhängigkeit in Bezug auf die Diktion vom Euripides zu in den interessanten Versen:

χρῶμαι γὰρ αὐτοῦ τοῦ στόματος τῷ στρογγύλῳ
τοὺς νοῦς δ'ἀγοραίους ἧττον ἢ 'κεῖνος ποιῶ.

Was den Vergleich des Eupolis mit dem Sophokles betrifft, der meines Wissens noch von niemandem gemacht worden ist, so berufe ich mich auf die Urteile der Alexandriner in den Prolegg. de comoedia, die als Hauptvorzug der Eupolideischen Sprache neben dem Schwung die Grazie hervorheben; so heißt es II, 2 von ihm:

ὥσπερ δέ ἐστιν ὑψηλός, οὕτω καὶ ἐπίχαρις καὶ περὶ τὰ σκώμματα⁴) λίαν εὔστοχος. ὁ δὲ Ἀρ. ... οὔτε πικρὸς λίαν ἐστιν ὥσπερ ὁ Κρατῖνος οὔτε χαρίεις ὥσπερ ὁ Εὔπολις, ἀλλ' ἔχει καὶ πρὸς τοὺς ἁμαρτάνοντας τὸ σφοδρὸν Κρατίνου καὶ τὸ τῆς ἐπιτρεχούσης χάριτος Εὐπόλιδος. — Damit scheint allerdings das III, 11 gefällte Urteil im Widerspruch zu stehen, indem hier Eupolis so charakterisirt wird:

„Εὔπολις .. γεγονὼς δυνατὸς τῇ λέξει καὶ ζηλῶν Κρα-τῖνον πολὺ τὸ λοίδορόν τε καὶ σκαιὸν ἐπιφαίνει, was auch M. (h. cr. p. 109) nicht entgangen ist, der, wenn er sich auch im Text an den Wortlaut hält, doch in einer Anmerkung hinzufügt: „malim πολύ γε τὸ λοίδορον-ἐμφαίνει. Sed fortasse praestat Dobraei (si recte memini) ratio ἀποφαίνει scribentis, ut hoc dicat Anony-mus: Eupolidem quamquam Cratinum imitantem hunc tamen

---

¹) Vgl. Prolegg. de com. VIII. §. 16.
²) M. bedeutet Meineke „fragmenta comicorum Graecorum", welches Werk die Hauptgrundlage vorstehender Abhandlung bildet; die neue Ausgabe von Theodor Kock, Lpz. 1880, Teubner, konnte erst nach Abschluß der Arbeit ver= glichen werden.
³) Richtiger Schneider: γνωμοδιώκτης. M. Addenda et Corrigenda cet. V. 1. p. 24.
⁴) So M. h. cr. 108 st. σκέμματα.

propter nimiam et ineptam conviciandi libidinem notasse." Diese Emendation Dobrees, der auch Lucas p. 90 gefolgt ist, trifft ohne Zweifel das richtige, wofür außer der Sache selbst als Beweis dienen kann die gleich (§. 12) folgende ähnliche Wendung, wo es von Ar. heißt: ζηλῶν δὲ Εὐριπίδην, τοῖς δὲ μέλεσι λεπτότερος. Man vgl. das oben citirte Geständnis des Dichters selbst.

Mit dieser graziösen Eleganz der Diktion ist gar wohl das περὶ τὰ σκώμματα λίαν εὔστοχος vereinbar, wie die erhaltenen Frag= mente zur Genüge darthun. —

Daß also der Vergleich mit Sophokles berechtigt ist, dafür mag es genügen, ein Urteil des Ar. über diesen Tragiker anzuführen (M. II, 1176. fr. incert. II.),

ὁ δ' αὖ (wohl Euripides) Σοφοκλέους τοῦ μέλιτι κεχρισμένου ὥσπερ καδίσκου περιέλειχε τὸ στόμα. —

War aber dem Tragiker ein volles Ausleben seiner dichterischen und menschlichen Individualität beschieden, so raffte den Komiker die schwere Not der Zeit in der besten Schaffenskraft dahin, wodurch ihm freilich das Miterleben des eigenen geistigen Niederganges er= spart blieb.

Seine dichterische Laufbahn betrat der 17 jährige (Suidas s. v. Εὔπολις) nach dem oben citirten Anonymus §. 11 ἐπὶ ἄρχοντος Ἀπολλοδώρου, d. h. Ol. 87, 4 (vgl. M. h. cr. 104) im Todesjahre des Perikles fast gleichzeitig mit seinem Freunde und späteren Rivalen Ar. — Ueber seinen Tod kursiren die verschiedensten Erzählungen, aus denen jedoch soviel mit Sicherheit als wahr herausgeschält werden kann, daß er Ol. 92, 2 = 411 a. Chr. Mitte Juli seine Pflichten gegen das gefährdete Vaterland erfüllend in der siegreichen Seeschlacht bei Kynossema (Thucyd. VIII, 104 ff.) seinen Tod fand. Er starb also in der Blüte der dichterischen und menschlichen Schaffenskraft als ein 35 jähriger.

Doch es wird nötig sein, um das gefällte Urteil nicht leichtfertig erscheinen zu lassen, die verschiedenen Traditionen auf ihre Glaub= würdigkeit zu prüfen. Die gewöhnliche Märe, deren verschiedene Ge= währsmänner Lucas p. 86 ff. aufzählt, die wohl aus den λοιδορίαι Ἀλκιβιάδου des Antiphon (deren wenige Fragmente man bei Blaß p. 121 findet) oder einer ähnlichen Parteischrift stammen wird, läßt ihn bei der Abfahrt der Sicilischen Armada von dem durch sein wol nur zu gelungenes Konterfei in den Bapten, welche zwischen Ol. 90, 1 und 91, 1 aufgeführt worden sein müssen (s. unten), erbitterten Alkibiades von dessen Soldaten ertränkt werden; allein ihre Unwahr= heit hat schon Eratosthenes dargethan, wie Cicero ad Att. VI, 1 (bei M. h. cr. 105) erzählt, indem er Dramen anzuführen wußte, die der Dichter nach diesem Zeitpunkte auf die Bühne gebracht [1]). —

---

[1]) Die Entstehung der Fabel ergibt sich leicht aus einer Kombination zweier Thatsachen: 1) der sicherlich offenkundigen Erbitterung des verzogenen Lieblings der Athener über die gelungene Karrikirung durch Eupolis und

Wir halten uns also mit M. ihr gegenüber an Suidas, der seinen Tod so erzählt: ἀπέθανε ναναγήσας κατά τòν Ἑλλήσποντον ἐν τῷ πρòς Λακεδαιμονίους πολέμῳ καὶ ἐκ τούτου ἐκωλύθη στρατεύεσθαι ποιητήν, ohne darüber ein Urteil zu fällen, inwiefern die zweite Hälfte dieses Satzes auf Wahrheit beruht. — Es handelt sich nun darum die Schlacht zu bestimmen, in welcher er gefallen; das Urteil über diese Frage präzisirt M. so, daß er sagt: quibus verbis quin aut celebris illa Atheuiensium victoria de Lacedaemoniis ad Cynossema (Ol. XCII, 2) reportata aut proelium ad Aegospotamos commissum (Ol. XCIII, 4) significetur, dubitari non potest. Aber war denn die Schlacht bei Kynossema wirklich die entscheidende des ganzen Feldzuges? Keineswegs. Sie war vielmehr nur ein Vorspiel, wenn auch ein glänzendes (vgl. Thukyd. VIII, 104 ff.), dem bald ein zweites ebenso rühmliches bei Abydos folgte (cfr. Alkibiades der Staatsmann und Feldherr von Gust. Fr. Hertzberg, Halle 1853, p. 308); die Peripetie aber trat für die Spartaner erst ein durch den Unglückstag von Kyzikos, wo Flotte wie Landheer so gut wie vernichtet wurden, so daß der kommandirende General folgende Skytale an die Ephoren schickte: Ἔρρει τὰ κᾶλα; Μίνδαρος ἀπέσσουα· πεινῶντι τὦνδρες· ἀπορίομες τί χρή δρᾶν (vgl. Plut. Alkib. c. XXVIII, Xenoph. Hellen. I, 23) [1]); dann folgte ein nochmaliger Sieg bei Abydos über Pharnabazos und als Schlußstein des ganzen Feldzuges die Einnahme der wichtigsten Stadt Byzanz. — Daraus erhellt, daß die Worte des Suidas einen viel weiteren Spielraum als die Schlacht von Kynossema lassen. — Noch in einem zweiten Punkte irrt M., nämlich in der Behauptung: in quo (d. h. in der Schlacht bei Kynossema) magnas Alcibiadis partes fuisse constat, indem es im Gegenteil feststeht, daß Alkibiades zur Zeit jener Schlacht, welche Thrasyllos und Thrasybulos gewannen, Ende Juli 411 (Hertzberg p. 306) in den karischen Gewässern kreuzte, von wo er erst im Oktober noch rechtzeitig eintraf, um den Sieg der Athener bei Abydos zu entscheiden (vgl. Thuk. VIII, 105, Xenoph. Hellen. I, 1, 4—7). Hieraus folgt, daß die Gründe M's. für den ersten Teil seines Satzes nicht stichhaltig sind; daß aber auch nicht an Aigospotamoi zu denken ist, macht die Beschreibung der Schlacht bei Xenoph. Hellen. II, 1, 28 ff. verglichen mit den Worten des Suidas mindestens sehr wahrscheinlich. Denn während es bei Suidas heißt: ἀπέθανε ναναγήσας, lassen die Worte Xenophons: „τὰς δ'ἄλλας πάσας (d. h. die fast unbemannten Schiffe mit Ausnahme derer des Konon) Λύσανδρος ἔλαβε πρòς τῇ γῇ. τοὺς δὲ πλείστους ἄνδρας ἐν τῇ γῇ συνέλεξεν" kaum die Möglichkeit eines Schiffbruches

---

2) des ebenfalls bekannten Todes des Dichters in den Meereswellen, welche durchaus genügten, um einen leichtgläubigen und boshaften Verfasser einer chronique scandaleuse zur Erdichtung eines neuen Gewaltstreiches des Alkibiades zu veranlassen.

1) Hertzberg p. 313 begeht den wunderlichen Fehler zu übersetzen: Unsere Herrlichkeit ist dahin"; vgl. Lysistrata v. 1253 c. schol.

zu. — Dazu kommt die Erzählung Aelians, welcher den Dichter (hist. animal. X, 41) auf der Insel Aegina gestorben und begraben sein läßt[1]), und der Bericht des Pausanias (II, 7), der sein Denkmal im Gebiete von Sikyon gesehen hat. Diese widersprechenden Angaben bringen M. (h. cr. 106) zu dem Zweifel, ob sich in dieser dunklen Sache überhaupt etwas sicheres ergründen lasse; Lucas dagegen überläßt (p. 90) die Lösung des Knotens, den er selbst zu zerhauen vorzieht, einem späteren. Wir aber wollen wenigstens einen Versuch der Lösung nicht unterlassen. Aelian erwähnt an der citirten Stelle den Todesort nur deshalb, um daran die rührende Geschichte von der Treue des dem Dichter von Augeas aus Eleusis geschenkten trefflichen Molosserhundes zu knüpfen, der nicht nur dem diebischen Sklaven Ephialtes die entwendeten Dramen seines Herrn durch einen tötlichen Biß wieder abgejagt habe, sondern auch nach dem Tode des Eupolis auf dessen Grabe Hungers gestorben sei; und zwar heiße der Ort zum Andenken daran κυνὸς ϑρῆνος. Bei dieser Geschichte werden wir unwillkürlich (wie schon M. p. 106 Anm. 54) an eine ähnliche bei Plutarch im Leben des Themistokles c. 10 erzählte erinnert, wo es vom Hunde des Xanthippos, Vaters des Perikles, heißt, derselbe sei bei der allgemeinen Auswanderung der Athener aus der Stadt dem absegelnden Herrn bis nach Salamis nachgeschwommen, wo er ermattet an's Ufer gekrochen und verschieden sei[2]); die Anekdote schließt mit den Worten:

οὗ καὶ τὸ δεικνύμενον ἄχρι νῦν καὶ καλούμενον
Κυνὸς σῆμα τάφον εἶναι λέγουσι. —

Diese Nachrichten scheinen beide einer Tiergeschichte (Theophrast?) entnommen zu sein; die des Plutarch hat große innere Wahrscheinlichkeit für sich; die andere an den Hund des Aubry[3]) und ähnliche Anek= doten erinnernd kommt in ihrem ersten Teile, soweit des diebischen Sklaven Tötung in Frage steht, hier nicht in Betracht; den zweiten Teil halte ich für eine Fiktion. Man wußte, daß Eupolis im Helles= pont gefallen war bei — Kynossema, man wußte gleichfalls von der Treue seines Hundes: diese beiden Dinge von einem Kompilator wie Aelian, dem es noch dazu um rührende Tiergeschichten zu thun war, contaminirt gaben die Geschichte von dem κυνὸς ϑρῆνος, von dem auf dem Grabe des Herrn vor Trauer sterbenden Hunde. Aber warum gerade auf Aegina? Wahrscheinlich hatte Aelian auch die Geschichte von Xanthippos Hund irgendwo gelesen, und es war ihm gegangen wie es dem trefflichen M. gegangen ist: er hatte das Κυνὸς σῆμα auf Salamis mit dem Κυνὸς σῆμα bei Aigospotamoi (= Aigina) das Grab des Eupolis mit dem des Hundes des Xanthippos, den Tod

---

[1]) Tzetzes kommt als gedankenloser Abschreiber nicht in Betracht.
[2]) M. irrt, indem er statt Salamis Aegina setzt.
[3]) Den Göckingk in einer Ballade verewigt hat, deren in Weimar auf die Bühne gebrachte Dramatisirung Göthe bewog, die Oberleitung des Theaters niederzulegen.

des Dichters mit dem des Hundes in den Wellen verwechselt. — So ist das Resultat dieser längeren Auseinandersetzung, daß der Dichter an demselben Orte gefallen ist, den schon M. wenn auch zweifelnd und aus nicht stichhaltigen Gründen als seinen wahrscheinlichen Todesort bezeichnet hatte. Dazu stimmt auch das ναναγήσας des Suidas; denn bei Thuk. VIII, 106 heißt es ausdrücklich: στήσαντες δὲ τροπαῖον ἐπὶ τῇ ἄκρᾳ οὗ τὸ Κυνὸς σῆμα, καὶ τὰ ναυάγια προσαγαγόμενοι κ. τ. λ.

Was nun die dichterische Entwickelung des Eupolis betrifft, so verfaßte er nach Suidas 17 [1]), nach dem Anonymus de com. (III, 11) 14 Dramen, mit denen er nach Suidas· 7 Siege errang. M. zählt (h. cr. p. 115) nach Ausscheidung der falschen oder verderbten 15 er-haltene Titel ächter Stücke. Von diesen sind die erhaltenen Fragmente dem Gehalt nach so bedeutend und der Form nach so vollendet, daß wir lebhaft bedauern müssen nicht wenigstens an einem ganzen Er-zeugnis seiner Muse diesen Genius in vollem Umfange würdigen zu können. Dennoch erscheint es möglich seine Dichterlaufbahn auf Grund der chronologischen Daten, die sich für die Aufführungszeit seiner meisten Stücke teils aus deren Inhalt, teils aus äußeren Indizien ergeben, in den Hauptzügen zu verfolgen. Zu diesem Zwecke wird es jedoch vor allem nötig sein die Reihenfolge der einzelnen Dramen festzustellen (was bisher nur für Ar. annähernd geschehen ist von E. F. Ranke im Leben des Dichters, sowie in Monographien für einzelne Stücke von Süvern, Fritzsche, Richter u. A.) [2]); und zwar muß hier großen-teils auf den von dem ebenso besonnenen wie scharfsinnigen M. bei-gebrachten Kriterien weiter gebaut werden. —

Als das erste Stück ergeben sich die Taxiarchen (M. II. 524 ff.), in welchem Drama der wackere Phormion, jenes in späterer Zeit so schmerzlich vermißte Muster eines athenischen Seehelden (vgl. Suidas s. v. Φορμίωνος στιβάς; Bergk bei M. II, 977; Ar. Ri. v. 561, Schol. zu Ar. Fri. v. 347, Lysistr. 804) den weichlichen Dionysos das rauhe Kriegshandwerk zu lehren unternimmt, was zu höchst ergötzlichen Scenen im Genre von Ar. Fröschen Veranlassung gibt, da dem weinseligen Gotte das Strohlager (στιβάς) und die Zwiebeln [3]) sowie der schwere Schild des Seesoldaten (Fr. III—V) schlecht behagten. Uebrigens war der Aufzug des Dionysos (Fr. VIII u. IX) ebenso grotesk wie in dem aristophanischen Stücke; darauf bezieht sich auch wohl fr. incert. 60. Da nun Phormion nach Thukyd. II, 103 u. III, 7 (wie M. II, 524 richtig schließt) zu Anfang von Ol. 88, 1 — und zwar unter ähnlichen Umständen wie einst der ihm im Wesen verwandte Miltiades — gestorben sein muß und nach dem Wortlaute der erhaltenen Fr. [4]) an ein Heraufholen des greisen Seehelden (z. B.

---

[1]) Auffällig ist die Uebereinstimmung in der Alterszahl bei seinem Auf-treten und der Zahl seiner Stücke.
[2]) Vgl. die kurze Uebersicht bei Bernhardy Griech. Literatur II, 2 p. 638.
[3]) Ueber diese Soldatenkost vgl. Bergk rel. com. att. p. 360; Ar. Ri. v. 600.
[4]) Fr. wie in Zukunft immer = Fragmente.

Fr. 1 u. 8) aus der Unterwelt nicht zu denken ist, weßhalb die Be=
hauptung von Wilamowitz [1]), daß das Stück Ol. 88, 1 aufgeführt sei,
ausgeschlossen ist (vgl. Kock I, 325), so bleibt für die Aufführung des
Stückes nur das 4te Jahr der 87ten Ol.; und es erscheint sicher, daß
wir in den Taxiarchen überhaupt das erste Drama des Eupolis zu
erkennen haben, entsprechend den im folgenden Jahre aufgeführten
Daitaleis des Ar. — Von bestimmten Persönlichkeiten begegnet uns
nur noch Opuntios (Fr. XII), der wegen seines großen Maules ver=
spottet ward; er findet sich ebenfalls bei Ar. in den Vögeln v. 153
u. 1294 als einäugiger Sykophant und nach dem Scholion zu der
letzteren Stelle bei dem Verfasser der Atalantai (ὁ τὰς Ἀταλάντας
γράψας), den Meineke mit Unrecht (II, 766) mit dem Dichter Strattis
identificirt, dessen Drama Atalante wie aus der Schilderung des Ver=
hältnisses des greisen Isokrates zur Lagiske (Fr. 1) hervorgeht, nach
Ol. 99 zu datiren ist, also ca. 50 Jahre später; da nun der Schol.
zu Ar. Fri. v. 347 Kratin als den Verfasser einer Atalante citirt,
(vgl. die Adnotatio Dindorfs zu der Stelle; nach Zenobios proverb.
IV, 67 hat auch Kallias eine Ἀταλάντη verfaßt), wozu M. ebenfalls
mit Unrecht bemerkt: apertum est Atalantae memoriam ad Strattidis
nomen spectare, so ist der Schluß berechtigt, daß der auch von
Hesychius s. v. Διονυσοκουροπυρώτην als ὁ τὰς Ἀταλάντας συνθείς
bezeichnete Dichter von anderen für identisch mit Kratin gehalten
worden ist; ja sehr wahrscheinlich war Kratin wirklich der Verfasser, da
diese komische Wortbildung noch einmal und zwar in den Seriphiern
dieses Dichters vorkommt, wo es Fr. II v. 3 heißt:

αἰσχρῶν, Ἀνδροκλέων Διονυσοκουροπυρώτων [2]).

Diese Emendation des Διονυσο in Διονυσιο, die von M. (II, 134)
herrührt, ist offenbar richtig, da es sich um einen Menschen, um ein
Subjekt à la Androkles und die im vorhergehenden Verse genannten
ἄνδρες νεοπλοι τοπόνηροι handelt, der wohl — wie aus dem zweiten
Teile des Wortes zu schließen ist — Barbier war, eine in Athen
ziemlich verachtete Menschenklasse (vgl. Eupolis II, 499 und 539,
Platon II, 662). Zu emendiren bleibt noch der dritte Teil des Wortes.
M. schlägt vor μυρώτων, indem er obschon zweifelnd an den Dionysios
denkt, den Polyzelos in bedeutend späterer Zeit (vgl. Schol. zu Ar.
Plut. v. 550) als einen weichlichen auf dem Salbenmarkt herum=
flanirenden Gecken schildert. Ich möchte vorschlagen [3]): πυρρώτων,
da das Wort πυρρός, Πυρρίας von rothaarigen Sklaven, mit Vor=
liebe gebraucht wird (vgl. Pherekrates Cheiron Fr. 1. 3. 21 mit

---

[1]) Die Abhandlung von U. von Wilamowitz=Möllendorff: „observationes
criticae in comoediam graecam", Berol. 1870, habe ich nur nach Kocks
Citaten benützen können.

[2]) Diese Schreibart ist auch in der Glosse des Hesychius herzustellen.

[3]) Metrisch besser und auch dem Sinne nach passend könnte man auch
schreiben περώτων und darin eine Anspielung finden auf den Salbenhändler
Peron, der bei Theopomp im Admetos und Hedychares, Fr. 4 (M. II, 792,
797), erwähnt wird (vgl. B. rel. p. 405).

M's. Kommentar II, 330; Eupolis Χρυσοῦν Γένος Fr. 4. Z. 3. M. II, 537; Ar. Frö. v. 308, 730 c. schol.; ja in Ar. Frö. v. 730 sind ξένοι καὶ πυρρίαι = Ausländer und Sklaven), so daß es dem Sinne nach sehr gut zu den δοῦλοι des vorhergehenden Verses paßt. Der Zeit nach schließen sich nahe an die Taxiarchen die Ziegen, wie aus den scharfen Angriffen auf den bekannten Hipponikos, Kallias' Sohn hervorgeht (vgl. Fr. 19 M. II 433), der wegen seiner roten Gesichtsfarbe, die wohl von starkem Weingenusse herrührte, Priester des Dionysos genannt wird (vergl. auch Kratin M. II, 199). Da dieser nun (Andokides IV, 13) in der Schlacht bei Delion, welche Ol. 89, 1 = 424 Novbr. (vgl. Thukyd. IV, 89 ff.), stattfand, ge= fallen ist, so ist das Stück in die 88. Ol. zu setzen. Aus dem Titel, wie aus den Fr. (I u. II, dazu Abb. V, 1, 34.) erhellt, daß der Chor des Stückes Ziegen vorstellte. Daß der Inhalt ein vorwiegend unpolitischer war, betont M. (h. cr. 116) mit Recht, weiß aber über die Tendenz nichts zu sagen. Ich bin, gestützt auf die Fr. X—XIII der Ansicht, daß der Hauptinhalt eine Polemik gegen die mehr und mehr in Künstelei ausartende Richtung der damaligen Musik war[1]), die wohl in dem Stücke in der Person des zugleich Musik und Gram= matik lehrenden Prodamos vertreten war (man vergl. die Belegstellen bei Bergk p. 332), während der oder die Hirten (fr. II, IX) die alte Einfachheit in Schutz genommen haben werden. — Daß Eupolis überhaupt oft die Gelegenheit ergriffen hat Neuerungen in der Musik zu persiffliren, was noch nicht hervorgehoben worden ist, beweisen zahlreiche Fr., z. B. Heilotes Fr. 3, Prospaltioi Fr. 4, die herren= losen Fr. 3, 4, 50, 73, die wahrscheinlich größtenteils den Ziegen einzuverleiben sind. —

Von bestimmten Persönlichkeiten werden noch Fr. 3 der bekannte Rhetor Phaiax und der triefäugige Archedemos gestreift, welcher letztere in den Bapten Fr. 18 und in Ar. Frö. v. 417 ff., 588 als ein eingewanderter Demagog schlimmster Sorte bezeichnet wird. Was den ersteren betrifft, so schließe ich aus Fr. 3 verglichen mit Fr. 21 der Demoi (das sich wohl aus Irrtum gleichlautend auch bei Kratin II, 184 findet), daß er den Spitznamen καρίς (Krabbe) hatte, und zwar wegen seiner dunkelroten Gesichtsfarbe.

In die gleiche Ol. fallen die bis auf den Titel verlorenen N u= m e n i a i, für die wir in der Didaskalie zu Ar. Acharnern die Notiz haben, daß sie gleichzeitig — also Ol. 88, 3 — an den Lenaeen auf=

---

[1]) Bergk (rel. com. p. 332 ff.) denkt ohne genügenden Grund an einen specifisch sophistischen Unterricht, wie er in den Wo. dem Strepsiades und dessen Sohne von Sokrates erteilt wird und substituirt deshalb für den sonst unbekannten Prodamos den bekannten Prodikos; näher läge es mit Horstig (bei M. II 431) an Pronomos, den Lehrer des Alkibiades in der Musik, zu denken. — An einen Sophisten in unserem Sinne zu denken ist mir so un= wahrscheinlicher, als Eupolis Fr. 73 das Wort σοφιστής geradezu im Sinne von ῥαψωδός gebraucht hat; vgl. auch Kratin Archilochoi Fr. 11 mit M's Kommentar.

geführt wurden, und zwar mit dem dritten Preise. Der Titel ist wohl von der Feier des Neumondsfestes hergenommen, bei welchem die Athener auf die Burg stiegen, um für die Stadt und den einzelnen den Segen der Götter zu erflehen (vgl. K. Fr. Hermann, Gottesdienstl. Altert. S. 232 Anm. 5 u. 6). — In diese oder wenigstens vor das dritte Jahr der folgenden Ol. als den Zeitpunkt von Kleons Tod vor Amphipolis (Septbr. 422) fällt noch das Χρυσοῦν Γένος, da in Fr. 1 die Allmacht dieses Demagogen mit folgenden Worten geschildert wird:

ὦ καλλίστη πόλι πασῶν ὅσας Κλέων ἐφορᾷ
ὡς εὐδαίμων πρότερόν τ᾽ ἦσθα νῦν τε μᾶλλον ἔσει
(vgl. Suppl. z. p. 535).

Fr. 12 wird zugleich auf sein Metier wie auf seine Feigheit an= gespielt (vgl. Ar. Wesp. v. 643 c. schol.); Fr. 13 wird von der verschnupften Nase des Zeus gesprochen, wohl weil er den Ledergeruch (des ihm als sein Statthalter auf Erden vorgestellten?) Kleon nicht merkt; hierher gehört auch wohl fr. incert. 82, das sich auf die Einnahme der thrakischen Stadt Galepsos durch Kleon bezieht (Thukyd. V, 6), die Ol. 89, 2 im Frühling stattfand[1]). Ist dies richtig, so ist die Zeit des Stückes genau auf dies Jahr kurz nach diesen thrakischen Erfolgen fixirt[2]). (So auch Wilamowitz Observatt. critt. in com. graec. p. 52 ff.)

Außer Kleon tauchen noch verschiedene bekannte Persönlichkeiten auf: Fr. 4 ist unter der längeren Reihe von Männern, deren Sig= nalement gegeben ist, nur einer: Archestratos mit Namen genannt, der nicht mit dem Feldherrn gl. N. (M. II, 537) zu identificiren ist, den Thuk. I, 57 Sohn des Lykomedes nennt, der wohl Vater des VIII, 74 erwähnten Chaireas war, dagegen wahrscheinlich mit dem Sohne des Korybeus, der sammt seinem Vater wegen Häßlichkeit ver= spottet wurde (fr. com. anonym. 378 bei M. IV, 699[3]). Dies ist daraus zu schließen, daß alle übrigen durch Körperfehler charakterisirt werden; von diesen liegt es nahe den Kahlkopf (φαλακρός) auf Ar. zu deuten (vgl. Fri. v. 771), wie den στιγματίας auf Akestor (Ko= lakes Fr. I. z. 14) und den τυφλός auf Opuntios (vgl. Ar. Vög. v. 1294, Taxiarchen Fr. 14). Fr. 15 wird ein gewisser Didymias, den M. II, 542 wohl mit Recht mit dem Bruder des Asopodoros (vgl. Suppl. V, I, z. p. 542) und Sohne des Tharreleides (Ar. Vög. v. 17 c. schol.) identificirt, wegen seiner Erbärmlichkeit ἀποπάτημ᾽ ἀλώπεκος genannt. Fr. 19 erscheint der ungelenke Pantakles, der

---

[1]) Vielleicht enthält auch fr. inc. 60: Τορύνην τέως δὴ ξίφος ἐπεζωσ= μένος eine Anspielung auf die kurz vorher erfolgte Einnahme der Stadt Torone. (Thukyd. V, 3.)

[2]) Auf Kleon bezieht sich wohl auch Fr. VI. wo von jemandem die Rede ist, der für sich die Steuern herunter barbiert, nicht (wie M. 539 meint) auf den oben erwähnten Dionysios.

[3]) Z. 1 ist (glaube ich) zu schreiben ὃ τὴν χωλήν (sc. χεῖρα) ἔχων im Anschluß an fr. incert. 61 und der Vers dann auf den geldgierigen Seher Diopeithes zu beziehen. (Vergl. κυλλήν.)

noch in den Frö. v. 1036 als Tölpel verhöhnt wird; endlich wird noch Fr. 23 der berühmte Prophet Lampon [1]), der Mitgründer von Thurii, als Orakeldeuter bezeichnet (vgl. über ihn Adolf Schmidt, Perikles I, 112). — Was nun den Hauptinhalt des Stückes betrifft, so scheint er in einer ironischen Ausmalung des goldenen Weltalters bestanden zu haben, das in Athen unter dem Regime des gefürchteten Führers der Radikalen zurückkehren werde: dahin scheint auch Fr. V zu gehören, wo der Käse von selbst ins Wasser spaziert, um sich vom Schimmel zu reinigen (was wohl mit M. auf Aufhebung der Sklaverei zu deuten ist); und man muß gestehen, der Zeitpunkt dazu war äußerst passend gewählt: die Adelspartei unter Nikias war durch das so über Erwarten eingelöste Versprechen bezüglich der Spartaner auf Sphakteria völlig verblüfft, die thrakische Expedition durch die Ein=nahme von Torone und Galepsos unter Kleons alleinigem Kommando glänzend inaugurirt; dieser stand in solcher Machtfülle da, daß er sich erkühnen konnte (fr. incert. 21) wie ein souveräner Fürst dem Volke seinen Gruß zu entbieten; diese Selbstüberhebung nach zufälligen Er=folgen charakterisirt der Dichter (fr. incert. 20) gut mit den Worten:

Κλέων Προμηθεύς ἐστι μετὰ τὰ πράγματα. —

Es folgt jetzt ein berühmtes Stück, mit welchem Eupolis seinem Rivalen Ar. gegenüber den ersten Preis gewann. Es sind dies die Ol. 89, 3 an den großen Dionysien gleich nach Kleons Tode zu=sammen mit Ar. Frieden aufgeführten K o l a k e s (vgl. darüber die Rostocker Dissertation von Joachim Töppel, Leipzig 1846 mit an=gehängten Emendationen von F. V. Fritzsche und die erhaltene Didaskalie des Friedens). Ueber die Tendenz des Stückes hat M. (h. cr. p. 135 ff.) sich ausführlich verbreitet, gestützt auf die Fragmente wie die Zeugnisse der Alten: sie bestand in einer scharfen Satire auf das schwelgerische Leben des reichen Kallias [2]), das allmählich zu dessen völliger Verarmung führen sollte (vgl. Aelian IV, 23, Andokides de myster. 131), weshalb er von Andok. als der böse Dämon (*ἀλιτήριος*) in Hipponikos Hause bezeichnet wird. Der Titel des Stückes bezieht sich auf den in zwei Abteilungen auf=tretenden Chor der Schmarotzer (vgl. Schol. z. Ar. Lysistr. v. 1189, M. I, 136) die großenteils aus Sophisten bestanden, wie ja bekannt=lich auch Platon den Protagoras in des Kallias fürstlichem Hause als Gebieter auftreten läßt. — Fr. 1—4, insbesondere das längere erste geben eine treffliche, mit Behagen ausgeführte Selbstschilderung dieser Parasiten; Leute gleichen Metiers schütten sich auch fr. inc. 2 ihr Herz aus; hier ist besonders aus der unverkennbaren Anspielung auf den Kallias *λακκόπλουτος* (v. 4) zu schließen, daß das Fr. diesem Drama angehört. — Fr. 5 und 6 schildern die Ueppigkeit und

---

[1]) Er wurde noch in der sog. mittleren Komödie als Typus eines hoch=fahrenden Wahrsagers vom Dichter Antiphanes in einem eigenen Drama „Lampon" benutzt, vgl M. h. cr. 275, 313.

[2]) Ueber ihn und seine Familie M. I, 131 ff., Töppel p. 10 ff.

Schwelgerei im Hause des Kallias; in Fr. 14 und 15 werden die kostbaren Zurüstungen zum Schmause beschrieben; Fr. 20 bis 25 enthalten Bruchstücke einer Beschreibung von dem Reichtum des Mannes, dessen Verschleppung durch die Schmarotzer Fr. 19 beklagt wird (ebenso in Fr. 31, M. V, 1, p. 37).

Von bestimmten Persönlichkeiten tritt zunächst Kallias hervor, dessen hochgradige, doch nicht attischer Feinheit entbehrende Ueppigkeit in Fr. 17 trefflich geschildert wird[1]). Verschiedene Fragmente be= ziehen sich auf den Protagoras, bei dem besonders der Kontrast zwi= schen Lehre und Leben hervorgehoben wird (Fr. 10—13); auch Alkibiades tritt Fr. 18 als Frauenheld hervor. — Außerdem werden beiläufig erwähnt (Fr. 1 Z. 14), der oft als Ausländer gemeiner Herkunft verhöhnte Tragiker Akestor, über den man Wilh. Karl Kaysers Historia critica tragicorum Graecorum, Göttingen 1845, p. 193 ff., B. rel. com. att. p. 123 ff. vgl.[2]); Fr. 8 a sein Kollege Melanthios, über dessen Neigung zur Schlemmerei man M. 1, 206 vgl.; der bekannte Jünger des Sokrates Chairephon; der Schreier Marpsias, der nur noch Ar. Acharn. v. 701 (s. d. Schol.) vorkommt; endlich der auch in den Demoi Fr. 36 und bei Ar. in den Vögeln v. 877 und Fröschen v. 1437 ff. als ausgemergelter Spießgeselle des Kinesias verhöhnte Kleokritos und Orestes, der bei Ar. Acharn. v. 1167 und Vög. v. 712 u. 149 als nachtschwärmender λωποδύτης erscheint. Der Name des letzteren trägt ein auffallend unattisches Gepräge, so daß man unwillkürlich an einen Ausländer denkt; doch wäre es wohl ein zu kühner Gedanke, wenn man ihn in Erinnerung an die später von dem vertriebenen Dionysius II. in Korinth gespielte Rolle mit dem thessalischen Prinzen dieses Namens identifiziren wollte, der nach einem verunglückten Versuch mit Hilfe der Athener sich der Stadt Pharsalos zu bemächtigen, nach Athen zurückkehrte (Thuk. I, 111) und seitdem aus der Geschichte verschwindet[3]). Man könnte dann den späteren Spitznamen Orestes, der bei Isaios or. 8, §. 3 u. 44 einem Diokles gegeben wird, von eben diesem Abenteurer herleiten. Noch bemerke ich, daß Eupolis nach Fr. 22 in diesem Stücke den jonischen Dialekt anwandte, wahrscheinlich als Sprache des Joniers Protagoras (über ihn B.[4]) 101 ff.). Demselben Stücke sind wahr= scheinlich einzuverleiben die Fr. 9—12, welche den Sokrates in eine nicht schmeichelhafte Parallele mit Protagoras stellen, ja ihm sogar einen Diebstahl schuldgeben (vgl. V, 1, Suppl. Z. 551, Add. p. 37).

Wahrscheinlich in das gleiche Jahr fallen die Astrateutoi (mit

---

[1]) Als Gegenstück dazu wird (Fr. 16) die Sparsamkeit seines Vaters Hipponikos betont.

[2]) Daß unter dem Z. 16 erwähnten Cineus kein Mensch, sondern der Heros der oineischen Phyle gemeint ist, in deren Gebiet das ἱερεῖον sich befand, hat M. Suppl. zu p. 484 richtig gesehen; vgl. Ar. Wesp. 819 ff. die Verwendung des Heros Lykos.

[3]) Vgl. Müller-Strübing „Ar. und die historische Kritik" p. 29 ff. und be= sonders p. 33 Anm., wo auch Strübing an diesen Prätendenten denkt.

[4]) B., wie in Zukunft immer = Bergk.

2

dem Nebentitel Androgynai), von denen M. (I, 177) behauptet, daß
sie Ol. 88, 4 (soll heißen Ol. 89, 2. vgl. II, 436, Anm. 2) aufgeführt worden seien. Diese Behauptung stützt sich aber nur auf das
Scholion zu Ar. Fri. v. 808: ὅτι ὁ Μελάνθιος ὀψοφάγος, προείρηται καὶ παρ' Εὐπόλιδι ἐν Ἀστρατεύτοις, welche Worte ja aber
entweder (wenn man vor προείρηται interpungirt) nur beweisen, daß
derselbe Scholiast die Komödien des Eupolis auch und zwar v o r h e r
commentirt hat; oder (wenn man wie Dindorf nach προείρηται ein
Kolon setzt), daß die Schlemmerei des Melanthios auch in Eupolis
Stück verspottet war. Während also dieses Scholion für die Aufführungszeit des Stückes nichts beweist, gewinnen wir einen sicheren
Anhalt für Bestimmung der Zeit durch Emendation von Fr. I, wo
es heißt:

$$\text{Πείσανδρος εἰς Πακτωλὸν ἐστρατεύετο}$$
$$\text{κἀνταῦθα τῆς στρατιᾶς κάκιστος ἦν ἀνήρ.}$$

Daß hier *Πακτωλὸν* verderbt sei und nicht, wie man früher
wollte, figürlich von der Habsucht des Mannes erklärt werden könne,
hat nach Hanow (Exercitationes criticae in comicos graecos,
Halle 1830, p. 80) auch M. (II, 436) eingesehen; er billigt deshalb
dessen Aenderung *Σπαρτωλὸν* und denkt dabei an den Ol. 87, 4
gegen die Bottiäer unternommenen Zug (Thukyd. II, 79), ohne sich
durch den Einspruch Fritzsches (zu den Thesmoph. p. 317) beirren
zu lassen, der allerdings keine Gründe dagegen angibt. Nun wissen
wir aber nicht nur nicht das geringste von einer Teilnahme des
Peisandros [1] an diesem Zuge, sondern sogar im Gegenteil aus Xenoph.
Sympos. II, 14, daß die Feigheit des Mannes erst Ol. 89, 3, zu
welcher Zeit das erwähnte Symposion als gehalten gedacht wird
(vgl. über den Sieg des Autolykos M. I, 117) notorisch geworden
ist, und zwar dadurch, daß er nicht unter Kleon an der nach Skione
abgehenden Expedition teilnehmen wollte (ὃς νῦν οὐδὲ συστρατεύεσθαι
ἐθέλει). Es ist aber absurd aus der Notiz, daß Peisandros an
einem Zuge gegen Thrakien n i c h t teilnahm, schließen zu wollen, daß
er an einem 6 Jahre früher unternommenen teil genommen habe. —
Nun ist jedoch in der Stelle unseres Komikers mit nackten Worten
die Teilnahme des Mannes an einem Kriegszuge erzählt; es ist
ferner natürlich, daß dem Demagogen daran liegen mußte, möglichst
bald seine gründlich verlorene Reputation (denn auf ἀστράτεια stand
als Strafe die Atimie, vgl. Schömann Staatsaltert. I, 521, Andot.
de myster. §. 74) wiederherzustellen, was nur durch persönliche Teilnahme an einer kriegerischen Aktion möglich war. Da nun die

---

[1] Ueber die beiden Männer dieses Namens, von denen nur der verkappte
Oligarch), der den Verfassungsumsturz in Athen als Abgesandter des Altib.
bewerkstelligte (Thukyd. VIII, 53 ff.), hier in Betracht kommt, siehe M. I,
176 ff., Herzberg Altib. p. 268 ff. Seine Feigheit wird auch von Ar. und
anderen Komikern wiederholt gegeißelt; Platon hat ihn einer eigenen Komödie
gewürdigt.

Boeoter nach Thuk. V, 3 gleichzeitig mit Kleons Operationen gegen Torone das wichtige Kastell Panakton (vgl. Hertzberg p. 94) durch Verrat einnahmen, so schlage ich vor in dem obigen Fr. *Πάνακτον* zu schreiben und anzunehmen, daß Peisandros sich an einem miß=glückten Versuche die Festung, die seitdem in den Händen des Feindes blieb, wieder zu nehmen beteiligte. So gewinnen wir 1) für das Fr. einen befriedigenden Sinn; 2) eine gute Deutung für die Tendenz des Stückes, die gegen ihn und andere Feiglinge gerichtet war, worauf der Titel klar genug deutet; 3) einen passenden Zeitpunkt für die Aufführung desselben bald nach den erwähnten Vorgängen, also wahrscheinlich Ol. 89, 3. In den wenigen übrigen Fr. begegnet uns noch (wie schon er=wähnt) Melanthios; Fr. 4 wird ein Pfauenzüchter erwähnt, wobei wohl an Demos, Pyrilampes' Sohn zu denken ist, (vgl. Antiphons Rede über die Pfauen, deren Fr. man bei Blaß p. 119 ff. findet; Victor Hehn Kulturpflanzen und Hausthiere, Berl. 1877, p. 310) der auch noch in Fr. XVII der Poleis und bei Ar. (Wesp. 98) als junger Elegant erwähnt wird; endlich der Schurke Phrynondas (Fr. 9) und der Seeheld Phormion (Fr. 10), dessen Tod wohl beklagt worden ist (s. o. S. 12). —

Im folgenden Jahre erscheint der Dichter wieder mit zwei Stücken auf der Bühne, dem **Marikas** (B. p. 309)[1] und **Autolykos**. Für das erstere Stück, in dem der elende Hyperbolos mit der bittersten Lauge des Spottes begossen wurde, ergibt sich Ol. 89,4 als Auf=führungsjahr aus den Scholien zu Ar. Wolken v. 549 und 552 (*ὕστερον τρίτῳ ἔτει τῶν Νεφελῶν*); und zwar berichtigt hier Eratosthenes einen Irrtum des Kallimachos, der die Didaskalieen der Unrichtigkeit bezichtigt hatte, weil sie den Marikas 3 Jahre nach den Wolken anführten, während doch die Erwähnung des Marikas in den erhaltenen Wolken (v. 553) das Gegenteil zu beweisen schien, wobei er aber nicht bedachte, daß die ihm (und uns) vorliegenden nicht die wirklich aufgeführten seien[2]). —

Was den Titel des Stückes betrifft, so hat M. (h. cr. p. 137) nachgewiesen, daß unter diesem barbarischen Namen Hyperbolos selbst

---

[1] Die Monographie von Struve: de Eupolidis Maricante, Kiliae 1841 kenne ich nur dem Titel nach.

[2] Cobet: Observatt. critt. in Platonis comoedias, Amstel. 1840, p. 143, jetzt den Marikas schon Ol. 89, 3; ihm stimmt M. Add. V, 1, 3 bei. Auch ist es ja zuzugeben, daß das Stück trotz der Erwähnung von Kleons Tode (schol. Nub. v. 549, 552) sogut wie Ar. „Friede" noch in diesem Jahre auf=geführt werden konnte. Da aber 1) feststeht, daß die Kolakes an den großen Dionysien dieses Jahres gespielt wurden; 2) wahrscheinlich ist, daß auch die Astrateutoi demselben Jahre angehören, so bleibt für ein drittes Stück des=selben Dichters kein Raum (vgl. P. bei M. II, 911). Uebrigens gipfelt die ganze Frage in der Erklärung von *τρίτῳ ἔτει ὕστερον* (vgl. Krüger, Gr. Gramm. I. §. 47, 28, 9), welche Worte bestimmt zu Ar. Wo. v. 563 in der Bedeutung von 3 Jahre nach), Cobet offenbar 2 Jahre nach faßt; für ersteren spricht Thuk. I, 12 *ἐξηκοστῷ* und *ὀγδοηκοστῷ ἔτει ὕστερον* = 60 und 80 Jahre nachher.

2 *

zu verstehen ist, den der Dichter in den Fr. 1—4, 19 in seiner rohen Gemeinheit schildert, so daß gewisse Anklänge an die Figuren des Kleon und Agorakritos in den Rittern unverkennbar sind, wenn es auch unwahrscheinlich ist, daß Eupolis (wie ihm Ar. Wo. v. 554 offen vorwirft: ἐκστρέψας τοὺς ἡμετέρους Ἱππέας κακὸς κακῶς) ein bewußtes Plagiat an diesem Drama verübt hat, da ja Hyperbolos mit dem Kleon und Wursthändler des Ar. im Charakter große Verwandtschaft hatte; Fr. 7 und 8 ist von der Mutter des Hyperbolos die Rede, welche der Dichter nach Ar. Wo. v. 555 im trunkenen Zustande den κόρδαξ tanzend auf die Bühne gebracht hatte; in unserer Stelle hatte Eupolis sie τηλία genannt, was dem Scholiasten zu Ar. Plutos v. 1038 Kopfbrechen verursacht. Da wir aber aus Hermipps Artopolides wissen, daß sie eine Brothändlerin war und τηλία eine breite Platte (sonst πίναξ Ar. Vög. v. 14) bedeutet, auf welcher Brot, Vögel u. dgl. feilgeboten wurden (vgl. Mß. Kommentar II, 503, Pherekrates II, 320), so ist das Epitheton sehr verständlich; in Fr. 7 scheint sie der Demeter für die glückliche Freisprechung ihres Sohnes opfern zu wollen. Man hat hier wohl an die Anklage wegen Entwendung der vom Aegypter Psaapis dem athenischen Volke geschenkten Goldgefäße zu denken, welche der Komiker Leukon in den ein Jahr vorher (Ol. 89, 3) zugleich mit Ar. Fri. aufgeführten Phrateres (worüber man B. p. 106 ff. vgl.) dem Hyperbolos zur Last legt (vgl. M. II, 749) — vielleicht auch Hermipp in den Keckopes Fr. 2 und wahrscheinlich Kratin Thrakerinnen Fr. 3, wo der Dichter sich den Ruhm beimißt, zuerst diesen Unterschleif aufgedeckt zu haben. In Fr. 6 werden die beiden Peisandros erwähnt, von welchen der krumme (στρεβλός) nur noch in Platons Peisandros Fr. 8 und Ar. Vög. v. 1555 beim Scholiasten vorkommt; Fr. 5 werden dem Nikias wohl von Hyperbolos selbst hochverräterische Pläne zugeschrieben, blos — weil er sich öffentlich auf dem Markte zeigte (weder B. noch M. haben v. 4 richtig verstanden, indem sie nicht Nikias als Subjekt zu προνδίδον betrachteten), was allerdings bei dem Manne, der sich fast ganz auf seine vier Wände beschränkte und nur am frühen Abend und Morgen den notwendigen Gang ins Rathaus machte (Plut. Nikias c. 5), eine große Seltenheit war und Absonderliches vermuten ließ. Sonst wird nur noch (Fr. 20) Kleon, auf dessen schimpfliche Flucht vor Amphipolis fr. incert. 37 zu beziehen sein dürfte, als nicht mehr am Leben erwähnt. —

Nach dem ausdrücklichen Zeugnisse des Athenäus l. V, p. 216 e (bei M. I, 117, der den Irrtum des Scholiasten der Wespen z. v. 1020 korrigirt) wurde unter dem Archon Aristion (d. h. Ol. 89, 4), also im gleichen Jahre wie das vorige Stück, der Autolykos aufgeführt [1]), dasjenige Drama, wegen dessen M. geneigt ist, den Dichter herber Bitterkeit zu beschuldigen, da er es über sich gewonnen habe,

---

[1]) Der Dichter bediente sich hier eines Regisseurs in der Person des Demostratos (vgl. B. p. 342).

einen liebenswürdigen, sittsamen Jüngling zur Zielscheibe seines Spottes zu machen — nämlich den Pankratiasten Autolykos, Sohn des Lykon und der Rhodia, Sieger an den großen Panathenäen des 3ten Jahres der 89sten Ol., von dem Xenophon in seinem Symposion eine so anmutige Schilderung entwirft. Hiebei ist aber übersehen: 1) daß offenbar der Dichter in dem Geliebten den Liebhaber, den Wüstling Kallias, treffen wollte; 2) daß Xenophon in seinen Schilderungen ins= besondere athenischer Verhältnisse und Persönlichkeiten durchaus als Parteimann von engbegränztem Horizont erscheint. Wir dürfen daher annehmen, daß das Verhältnis des Jünglings zu dem reichen Lüst= ling nicht ganz unschuldiger Natur gewesen ist, und zwar um so eher, als Xenophon an anderem Orte (Memorabilien I. 3, 8 ff.), an der einzigen Stelle, wo er in diesen Memoiren sich selber vorführt, naiv eingesteht, daß er in erotischen Verhältnissen, offenbar in Hinneigung zu der spartanischen Sitte, einer ziemlich freien Anschauung huldigte.

Es gab aber noch eine zweite Rezension desselben Dramas, wie aus den Citaten der Alten hervorgeht (vgl. M. I, 118); daß dieselbe eine Umarbeitung des ersten Stückes war, sagt Galen vol. V, p. 88 B mit klaren Worten. Daß dieser Umarbeitung das Fr. VII: ἤδη γὰρ Ἀρίσταρχον στρατηγοῦντ᾽ ἄχθομαι zuzuweisen sei, hat M. a. a. O. überzeugend nachgewiesen. Da nun dieser Aristarchos, ein enragirter Oligarch, über dessen fernere Schicksale man B. S. 342 ff. vgl., nach Thukyd. VIII, 98 und Xenoph. Hellen. II, 3, 46, bei dem Sturze der 400 (also für das Jahr Ol. 92, 1 = 412—11) Stratege war und als solcher den Böotern das wichtige Kastell Oinoe durch Miß= brauch seiner Amtsgewalt in die Hände spielte, so kann es nicht zweifelhaft sein, daß der zweite Autolykos in demselben Jahre auf die Bühne gebracht wurde, mithin wahrscheinlich das letzte Stück des Eupolis war, da dieser ja nach den obigen Ausführungen s. S. 9 ff. im Juli des Jahres 411 bei Kynossema blieb. Im übrigen läßt sich über den Inhalt der Umarbeitung nichts sagen, als daß darin Leogoras, der Vater des Andokides, persiflirt wurde, weil er mit der Hetäre Myrrhine sein väterliches Vermögen verjubelt hatte (vgl. B. S. 344, Kayser h. cr. tragic. p. 291); Fr. 8 spielt vielleicht auf seine Fa= sanenzucht an (vgl. Ar. Wo. v. 109); auf ihn geht auch wohl Fr. 12, das M. auf Lykon bezieht. —

In der ersten Bearbeitung wird Fr. V wahrscheinlich auf die Armut des Lykon angespielt, der mit Frau und Sohn in drei kleinen „Nestern" (ἐν τρισὶν καλιδίοις) wohnt, von denen auf jeden eins kommt; Fr. 13 erscheint er als Ausländer, und zwar war er (wie wir aus Kratins Pytine Fr. 23 bei M. II. 131 erfahren) ein armer Schlucker aus Jonien. Da er nun bei Ar. (Wespen v. 1301¹) in einer Gesellschaft von ausgelassenen Schmarotzern erscheint, so war er bei dem bekannten Verhältnis seines Sohnes zu Kallias gewiß auch

---

¹) Wahrscheinlich spielt auch das θαλαττόμεσον in v. 1169 — denn diese Lesart halte ich mit dem Scholiasten des cod. Rav. für die richtige auf die weichliche Ueppigkeit des Joniers Lykon an.

bei diesem ein häufiger Gast; auf ihn geht wahrscheinlich auch Fr. 1.
Ob dieser Lykon mit dem Ankläger des Sokrates identisch ist, darüber
s. unten. Seine Frau wird als Courtisane geschildert (Eupolis Poleis
Fr. 18, Philoi Fr. 10, Lysistr. v. 270 mit den Schol.[1]). Auf das
Verhältniß des Autolykos zum Kallias bezieht sich Fr. 17 (vgl. M.
h. cr. 117). — Schließlich ist noch zu erwähnen, daß Eupolis (Fr. 19)
in diesem Stücke den Ar. verhöhnt hat, weil er im Jahre vorher in
seinem Frieden die Kolossalfigur dieser Göttin aus der Erde hatte
aufsteigen lassen. –

Wohl das berühmteste unter allen Stücken sind die Poleis (vgl.
darüber die Rostocker Dissertation von Raspe: de Eupolidis *Δήμοις*
ac *Πόλεσιν* Lpz. 1832) schon wegen des mannhaften und weitsichtigen
Patriotismus, dem das Stück offenbar seine Entstehung verdankt. Der
Dichter macht hier nämlich kräftig Front gegen die Aussaugung und
Mißhandlung der Bundesgenossen, die seit Perikles Tode wie schon
unter dem kurzen Regime des auf einem Erpressungszuge in Karien
Ol. 88, 1 erschlagenen Schafhändlers Lysikles (Thukyd. III, 19), den
Adolf Schmidt (I, 120, 179) umsonst zu einer gewissen Bedeutung
aufzubauschen bestrebt ist, weil — er der spätere Gatte der Aspasia
war — so besonders seit den Tagen kleonischen Terorismus und alki-
biadeischer Großmachtspläne (darauf deutet Fr. 25) (vgl. Andokides
or. 4, 11 u. 30, Ar. Ri. v. 313, 1319) mehr und mehr zur Maxime
der leitenden Staatsmänner geworden waren, indem er die dadurch
genährte Unzufriedenheit derselben (Hertzberg Alk. p. 233, Thuk. VIII, 2)
mit richtigem Blick als die schlimmste Gefahr für den Bestand des
athenischen Staates erkannte, welche Erkenntniß die Zukunft nur all-
zubald wider ihren Willen auch den minder Einsichtigen aufdringen
sollte. Die einzelnen Bundesstaaten wurden selber in charakteristischem
Kostüm — offenbar als Choreuten — den Augen der Zuschauer vorgeführt (vgl. M. I. 140, Anm. 1): so Tenos mit Scorpionen (Fr. 1,
vgl. Ar. Plutos v. 718 c. schol.[2]), Chios vermutlich in voller See-
mannsrüstung Fr. 2), dann eine unfruchtbare (M. denkt an Seriphos)
Fr. 3; es folgt Amorgos in der bekannten durchsichtigen Kleidung,
endlich das weichliche und goldreiche Kyzikos (Fr. 5) ohne Zweifel in
bezeichnender Tracht. — Die Leiden der Inseln werden in Fr. 33 stark
betont; zugleich aber hervorgehoben, daß sie trotzdem kein Verlangen
zeigen den Herrn zu wechseln, was in Athen bei unwürdiger Behandlung den Sklaven freistand. Einzelne drücken ihren traurigen
Zustand (Fr. 31 u. incert. 53 drastisch genug aus. —

---

[1] Ob man mit M. Autol., Fr. 4 auf sie zu beziehen hat, ist mir zweifelhaft, da es gerade so gut auf die Myrrhine (s. Fr. 10) gehen kann.

[2] Warum M. 11, 508 dies durchaus von Schlangen verstanden wissen
will, sehe ich nach der Erklärung des Schol. zum Plutos nicht ein; wahrscheinlich sind auch die drei tenischen Zwiebelköpfe a. a. O. nicht wörtlich zu
nehmen, wie Bursian (Geogr. v. Griechenland 11, 446) thut, sondern als
komische Bezeichnung für Skorpione zu verstehen, die auf Tenos, wie aus der
Kostümirung zu schließen ist, einheimisch waren.

Was die Aufführungszeit betrifft, so ergibt die Erwähnung der Insel Chios als des treuesten Bundesgenossen der Athener, wie M. p. 141 richtig hervorhebt, als terminus ante quem den Abfall gedachter Insel (Ol. 91, 4) an die Hand; dazu kommt, daß Stilbides, der bekannte Prophet und Vertraute des Nikias, der während der Belagerung von Syrakus starb (Plut. Nikias c. 23), Fr. 15 in einer Weise erwähnt wird, welche ihn in Athen anwesend zu denken nötigt, wodurch der terminus ante quem hinaufgerückt wird auf den Zeitpunkt des Auslaufens der großen sicilischen Armada unter Alkibiades, Nikias und Lamachos (Ol. 91, 1 = 416 Juli). — Es liegt aber durchaus kein Grund vor, wie M. thut, die Aufführung des Stückes noch um 2—3 Ol. weiter hinaufzurücken; jedenfalls fällt es nach Kleons Tode, da 1) Fr. 20 Hyperbolos erwähnt wird, der erst nachher zu vorübergehendem Einfluß gelangte, 2) von den Strategen (Fr. 7) in einem Tone gesprochen wird, wie er nur gänzlich unfähigen oder jedenfalls unerprobten Leuten, nicht aber Männern wie Demosthenes und Kleon gegenüber denkbar ist; dazu deutet das Emporwuchern der Propheten, des erwähnten Stilbides wie des Hierokles (Fr. 16) auf eine etwas spätere Zeit (vgl. Ar. Frieden); nicht minder das Hervortreten des Schreiers Syrakosios (Fr. 8), der bald nachher auf Alkibiades Betrieb das vielbesprochene Psephisma bezüglich des μὴ κωμῳδεῖν ὀνομαστί zu Stande brachte (vgl. Hertzberg Alkib. p. 171) und außerdem nur noch in den Vögeln v. 1297 (Ol. 91, 2) und in dem gleichzeitigen Monotropos des Phrynichos hervortritt. Fassen wir alles dies zusammen und berücksichtigen zugleich, daß die so drückende Anziehung der Steuerschraube, welche auf die Initiative des Alkibiades zurückzuführen ist, kurz nach dem Frieden des Nikias stattfand (vgl. Hertzberg Alkib. p. 119 ff., woselbst man die Belege findet), so ist es um so weniger zweifelhaft, daß unser Drama in den Anfang der 90ten Ol. und zwar auf die großen Dionysien (vgl. Fr. 21) zu setzen ist, als die beiden letzten Jahre der Ol. 89 bereits durch je zwei Stücke ausgefüllt sind. Raspe p. 84 kommt zu keinem bestimmten Resultat. — So ergibt sich, daß der Dichter die Politik des Alkibiades und seiner Kreaturen in wirksamster Weise bekämpfte, indem er den zum Zwecke der Tributzahlung anwesenden Bundesgenossen[1]) ad oculos demonstrirte, wie sie von diesen Leuten zum Besten nicht einmal der Stadt Athen, sondern zur Befriedigung des Ehrgeizes oder der Gewinnsucht einzelner ausgebeutet würden[2]).

In den Fr. finden sich außer den bereits erwähnten noch folgende Persönlichkeiten erwähnt der Stutzer Demos, Pyrilampes Sohn (Fr. 17), von dem bereits in den Astrateutoi die Rede war; auf ihn bezieht

---

[1]) Der Volkswitz der Athener verglich die im Frühling zu diesem Zwecke in Athen eintreffenden Bundesgenossen mit den um die gleiche Zeit geschorenen Schafen (vgl. Ar. Vög. v. 714, fr. comic. anonym. bei M. IV, 637).

[2]) Darüber, daß man einem und demselben Dichter für dasselbe Jahr nicht mehr als zwei Stücke vindiziren darf (es sei denn, daß er eines unter fremder Flagge auf die Bühne brachte), stimme ich mit B. bei M. II, 985 durchaus überein.

M. wol mit Recht auch Fr. 19, wo von Wachtelzucht die Rede ist, welcher Vogel bekanntlich von jungen Sportsmen zu Kämpfen abgerichtet und als Geschenk an geliebte Knaben benützt wurde [1]). Fr. 11 wird Amynias durchgehechelt, der — obschon von bäurischem Wesen — den Stutzer spiele und seine Gesandtschaft schlecht ausgeführt habe. Dieser Mann begegnet uns noch bei Kratin in den Seriphiern (Fr. 8) als Sykophant und Schmarotzer, bei einem Anonymus (IV. 649, Fr. 182) nach Ms. Emendation als Bettler; bei Ar. erscheint er in den Wolken und Wespen als ein weibischer, aber großthuender Ritter von Habenichts. Daß die von Eupolis erwähnte Gesandtschaft identisch ist mit der von Ar. (Wespen v. 1271) persifflirten nach Pharsalos, bestätigt der Scholiast zu letzterer Stelle. Bei derselben, von welcher sonst nichts verlautet, handelt es sich vielleicht um gütliche Erreichung desselben Zweckes, den mit Gewalt zu erreichen mißlungen war, nämlich der Restauration des Prinzen Orestes (vgl. Ad. Schmidt I, 68), wovon oben S. 17 die Rede war [2]). — Ihm schließt sich wie bei Ar. in den Wesp. (v. 84) und Wo. (v. 686) der Lüstling Philoxenos aus Diomeia an (vgl. B. p. 210 ff.), der außerdem von Phrynichos in den Satyroi Fr. 3. (M. II. 598) erwähnt wird. Ferner (Fr. 13) der diebische Demagog Simon, den Ar. in den Wo. v. 351 u. 399 auch als meineidig erwähnt (nicht zu verwechseln mit dem Ritter gl. N. vgl. Ri. v. 242); ob bei Heraklea an das trachinische zu denken ist (worüber man Hermipps Trimeter M. I, 97 vgl.), bleibt zweifelhaft. Dazu kommen noch (Fr. 12) Adeimantos, Sohn des Leukolophides, der hier in komischer Verwertung seines kriegerischen Namens „der Eroberer" (Πορθάων) zubenannt wird; der Sohn, der hier zuerst auftaucht, kam bekanntlich später durch den Unglückstag von Aigospotamoi zu einer traurigen Berühmtheit; vielleicht ist er unter den Feldherren, die (Fr. VII) nicht einmal als taugliche „Weinkiefer" (οἰνόπται) qualificirt werden; auch Theramenes (Fr. 19) Hagnons Adoptivsohn, das spätere Mitglied der Dreißig, begegnet uns hier zuerst. Endlich erscheint wieder die Frau des Lykon (Fr. 18), der „buchsbaumfarbene" Chairephon (Fr. 22) und ein ganz unbekannter Philinos (Fr. 28). —

Im Gegensatz zu den modernen Strategen spricht der Dichter mit Achtung von Kimon (Fr. 10), wenn er sich auch einen Hieb auf seine φιλοποσία wie sein Verhältnis zur Elpinike und seine Spartanerfreundlichkeit nicht versagen kann [3]). Ebenso wird des Miltiades (Fr. 24) in ehrenvoller Weise gedacht. —

---

[1]) Vgl. z. B. K. Fr. Hermann Gr. Privataltert. §. 16, Anm. 16—18.

[2]) Auffallig ist in der Stelle des Eupolis ἔπλευσε, da es kaum glaublich ist, daß Amynias zu Schiff nach Thessalien gereist ist, weshalb man vermuten könnte:

$$\text{ὧν δ'ἕνεχ' ἐπρεσβεύσατο κακὸς ὢν εἴσεται.}$$

[3]) Sonderbarer Weise sieht M. p. 109 darin eine crudelissima vexatio; aber das Verhältnis war ja nach athenischen Begriffen gar kein unmoralisches, sondern eine legitime Ehe, vgl. Ad. Schmidt II, p. 27.

Wir gehen jetzt zu den Bapten über, jener ätzenden Satire auf das Treiben des Alkibiades und seiner Genossen, deren Aufführung dem Dichter zwar nicht wie die oben erwähnte Sage will (deren Kern sogar in einem Distichon ähnlich dem: „dabunt malum Metelli Naevio poetae" verewigt ist, vgl. M. I, 119) das Leben kostete, wohl aber ihm den Haß des ebenso leidenschaftlichen wie genialen Staatsmannes in reichem Maaße zugezogen haben wird. Daß und wie sehr Alkibiades sich getroffen gefühlt hat, beweist zur Genüge das auf sein Geheiß bald nachher eingebrachte und angenommene Psephisma des Syrakosios, wodurch die Freiheit der Komödie wesentlich beschränkt wurde. — Bezüglich der Aufführungszeit weist M. (I, p. 125) richtig nach, daß das Stück der Natur der Sache nach vor dem Aufbruche zur sicilischen Expedition in Scene gegangen sein muß. Wenn er sich aber für die städtischen Dionysien des Jahres 416 (Ol. 91, 1) entscheidet, so scheint mir der Beweis dafür nicht erbracht zu sein; um so weniger als er von einer Anspielung des Dichters auf die Profanation der Mysterien nichts wissen will, sondern den Inhalt des Stückes auf die Verspottung der Kotyttien (vgl. Fr. 9) und die Schilderung des ausschweifenden Lebens des Alkibiades und seiner Genossen beschränkt. Bei dem wenig persönlichen Charakter der erhaltenen Fragmente erscheint es unmöglich das Jahr genau zu fixiren, weshalb sich nur sagen läßt, daß das Drama zwischen Ol. 90, 1 in welchem Jahre Alkib. zum ersten Male als σιγατηγός erscheint, (Thukyd. V, 52; denn daß er zur Zeit der Aufführung dies Amt bekleidete, beweist Themistius or. VIII, p. 110 B. bei M. I. 119) und Ol. 91, 1 aufgeführt worden ist. —

Was den Titel des Stückes betrifft, so findet man die verschiedenen Erklärungen bei M. I, 122 ff. Ich bezweifle nicht, daß der scharfsinnige Gelehrte im Rechte ist, wenn er mit Verwerfung von Fritzsches eigentümlich begründeter Erklärung (= Färber) unter Berufung auf ein Fr. des Menander und eine Stelle des Suidas die Bapten als „Stutzer" erklärt, die das Gesicht schminkten und die Haare färbten (man vgl. den interessanten Aufsatz im „Ausland" Jhrg. 1880 Febr., in welchem die wechselnden Bezeichnungen der Pariser Stutzer für Jahrhunderte mitgeteilt sind [1]); auf diese jungen Herrchen bezieht sich wohl auch fr. incert. 52: τὸ σῶμ' ἔχουσι λεῖον ὥσπερ ἐγχέλεις (vgl. Ar. Daitaleis Fr. 20), sowie auf ein Frauenzimmer von gleicher Art fr. inc. 111; sicher Fr. 14 unseres Stückes, das zu emendiren leider noch nicht gelungen ist. Es scheint, daß diese goldene Jugend Athens sich gegenseitig Spitznamen beigelegt hatte, worunter Batalos (vgl. K. Fr. Hermann Gr. Privataltert. S. 32, Anm. 21). — Einer der Bapten — vielleicht Alkibiades selbst — spricht offenbar Fr. 7 u. 13 und, wenn nicht alles trügt, zum Seher Lampon, dessen Schwur=

---

[1] Ein ähnlicher Gebrauch des Wortes βάπτειν findet sich auch Ar. Ach. v. 112; anders Lobeck Aglaoph. p. 1007 ff., der „Bapten" als offizielle Bezeichnung der Priester der Göttin Kotytto betrachtet.

formel „bei der Gans" (Ar. Vög. v. 521) nach dem mythischen Vorgange des Rhadamanthys bekannt ist; davon scheinen die Formeln
„beim Kohl" und „bei der Mandel" bloße komische Variationen zu
sein; erstere findet sich auch bei Telekleides in den Prytaneis Fr. 4. [1]).
Von bestimmten Persönlichkeiten erscheint nur der eingewanderte
Archedemos (über den man das zu den Ziegen S. 14 Gesagte vgl.);
er ist wohl identisch mit demjenigen, dessen sich Kriton bei Xenophon
(Memorabil. II, 9, 4) mit Erfolg zur Abwehr der Sykophanten bediente, deren Intriguen er aus Erfahrung kannte und daher zu durch-
kreuzen vermochte (vgl. B. rel. p. 336). —

Noch ist zu bemerken, daß Eupolis die Göttin Kotytto (Fr. 9 u. 15)
in nicht sehr dezentem Aufzuge auf die Bühne brachte (vgl. auch fr.
inc. 45, das unserem Drama einzuverleiben ist) nicht nur um die
Orgien der Bapten in möglichst schlimmem Lichte zu zeigen, sondern
auch um den Korinthern etwas am Zeuge zu flicken, bei denen der
Dienst dieser Göttin schon damals in ärgernis erregender Weise verbreitet war (vgl. Lobeck Aglaoph. p. 1009 ff., bes. 1021). —

Endlich reklamirt der Dichter (Fr. 16) einen Teil der Ritter des
Ar. als sein Eigentum, als welches bekanntlich die Verse 1288—1315
anerkannt sind, in welchen außer einem Ausfall auf den bekannten
Feigling Kleonymos die geistreiche Erzählung von der Conspiration
der athenischen Trieren gegen Hyperbolos enthalten ist. —

Es erübrigt ein berühmtes Stück des Dichters, in welchem sein
edler Patriotismus zum vollen Ausdrucke kommt; und zwar geißelt
er, wie in den Poleis die verkehrte äußere Politik, so hier die Zer-
fahrenheit und Mißwirtschaft im Innern des athenischen Staates
(vgl. Raspe p. 83, dem auch M. I, 140 Anm. beistimmt). Aus
dem Titel Demoi darf man ohne Zweifel den Schluß ziehen, daß wie
in den Poleis die einzelnen Bundesstaaten, so hier die einzelnen Gaue
Attikas vom Dichter personificirt auf die Bühne gebracht wurden,
wiederum in der Rolle des Chores. Der Ton ist offenbar gegenüber
früheren Dramen ein wesentlich gedrückterer. Während noch in den
Poleis der Staat als εὐτυχής bezeichnet wird trotz der Unfähigkeit
seiner Feldherren (Fr. 7) und des Unverstandes seiner Staatsmänner,
so ist hier schon die Peripetie eingetreten, was M. II p. 455 mit
Unrecht gegen das vernünftige Raisonnement von Raspe (p. 11), dem
auch Fritzsche gefolgt ist, zu bestreiten versucht. Bei diesem Widerspruch
stützt er sich nämlich nur auf ein bei Galen erhaltenes Fr., das er
selbst erst — allerdings entschieden mit Recht [2]) — als Fr. 4 unter
die Bruchstücke dieses Dramas aufgenommen hat. Der Anfang lautet
mit den Worten Galens so: ταῦτα καὶ ὁ Εὔπολις ἐρωτώμενον
Ἀριστείδην τὸν δίκαιον ὑπὸ τοῦ Νικία ὡς ἐγένου δίκαιος κ. τ. λ.

---

[1]) Anders Lobeck Aglaoph. p. 979 Anm. 2, der das erstere als einen
phrygischen Schwur betrachtet (doch mit dem Zusatz: fortasse); in diesem
Falle wäre es passend im Munde eines Bapten; vgl. auch Kock I, 273.
[2]) Müller-Strübing, p. 287, Anm., setzt es in die Poleis.

Daß hier eine Verderbnis vorliegt, ist zweifellos. M. beschränkt sich darauf zu korrigiren: πῶς γὰρ ἐγένου δίκαιος: was aber aus ver=schiedenen Gründen nicht genügt; denn 1) ist die Form Νικία als gen. bei einem guten Atticisten wie Galen unerhört (vgl. Krüger Gr. Gramm. 1. 42); 2) verlangt der Zusammenhang der Stelle (Galen führt die Antwort des Aristides als ein Beispiel von Gelassenheit bei Beleidigungen an), daß in der Frage etwas Kränkendes enthalten sein muß; 3) wäre eine solche Kränkung gegenüber einem allverehrten Helden dem Charakter des Nikias durchaus unangemessen [1]).

Aus den Fragmenten ergibt sich folgende Sachlage: die früheren Warnungen des Dichters sind in den Wind geschlagen, so daß er von den lebenden Staatslenkern keine Rettung mehr erwartet, da die noch vorhandenen ehrlichen Leute nur Zurücksetzungen erfahren (Fr. 16) und sich daher genötigt sieht, die großen Staatsmänner und Feld=herren der Vergangenheit aus dem Hades heraufzubeschwören, um ihren Rat in der verzweifelten Lage des Vaterlandes einzuholen (man vgl. das Verfahren des Aeschylos in den Persern, des Ar. in den Fröschen). Dies erscheint ihm als das letzte Mittel, um das ἀναβλυ-στορῆσαι καὶ χλοῆσαι τὴν πόλιν (Fr. 12) zu erreichen. Auf diese auf der Bühne höchst wirkungsvolle Composition des Dramas bezieht sich ohne Zweifel Platonios in den Prolegg. de com. II, §. 2: Εὔπολις δὲ εὐφάνταστος μὲν εἰς ὑπερβολήν ἐστι κατὰ τὰς ὑπο-θέσεις . . . ἀναγαγεῖν ἱκανὸς ὢν ἐξ Ἅιδου νομοθετῶν πρόσωπα καὶ δι' αὐτῶν εἰσηγούμενος ἤ περὶ θέσεως νόμων ἤ καταλύσεως. Auch die einzelnen Persönlichkeiten dieser Männer lassen sich feststellen. Es waren Miltiades, dessen marathonischer Sieg als die schwer=wiegendste That eines Strategen gepriesen wird (Fr. 1 u. 2; dann 13); der schon erwähnte Aristides (Fr. 3 u. 4); dann Perikles, der (Fr. 6 u. 13) hier eine so schöne und treffende Würdigung findet, daß jeder, der unbefangen an die Sache herantritt, die Auslassungen Adolf Schmidt's über die gottlose Spötterei der Komiker (Perikles I, 105, II, 230) mit besserem Rechte als auf mangelnder Sachkenntnis be=ruhend und vorurteilsvoll bezeichnen wird, als mit welchem jener den Stab bricht über alle, die in Perikles nicht einen Halbgott, sondern einen Menschen zu sehen sich gewöhnt haben. Wer wird bei dieser ehrlichen Anerkennung der Größe des Perikles dem Komiker verargen, daß er (Fr. 5 u. wohl auch fr. incert. 31) sich einen Scherz über seinen bekannten Zwiebelkopf erlaubt? Noch ist ein vierter Heros vom Dichter citirt worden (M. I, 126) und zwar der ehrwürdige Begründer der athenischen Verfassung: Solon. Wenn daher (Fr. 33)

---

[1]) Wie die Stelle zu emendiren, ist zweifelhaft; man könnte schreiben: ἀπὸ τοῦ Νικιάδου (ein Adliger dieses Namens wurde mit Alkibiades [An-dokides de myster. §. 12] des in Pulytions Hause begangenen Mysterien-frevels angeklagt), da, wie mir mein Kollege Dr. Helmreich freundlich mitgeteilt hat, die Hndschr. des Galen reich ist an Abbreviaturen aller Art; vielleicht auch ἀπὸ τοῦ αἰκίζοντος.

berichtet wird, Eupolis habe den Peisistratos als König eingeführt, so ist das entweder von einer beiläufigen Erwähnung zu verstehen oder auf den Perikles zu beziehen, dessen Aehnlichkeit mit dem Tyrannen für Greise, die jenen noch gesehen, geradezu erschreckend war (vgl. Plutarch Perikles c. 7, Ab. Schmidt II, 208), weshalb die Komiker seine jüngeren Parteigenossen „Peisistratiden“ nannten (Plut. c. 16). — Im Gegensatz nun zu diesen nur zu sehr vermißten (Fr. 11) Begründern und Mehrern des athenischen Staates, die nach ihrer Rückkehr in die Unterwelt göttlicher Ehren gewürdigt werden (Fr. 19), erscheint die gegenwärtige Generation der Politiker als ein entartetes Geschlecht. Unter ihnen treten uns verschiedene Persönlichkeiten entgegen, die erst in dem letzten Drittel des großen Krieges eine gewisse wenig erfreuliche Rolle gespielt haben, so daß auch daraus auf die Zeit nach der sicilischen Katastrophe geschlossen werden muß. Denn es ist eines der obersten Gesetze für das richtige Verständnis und die Beurteilung der alten politischen Komödie nicht zu vergessen, daß die Dichter immer nur solche Persönlichkeiten und Ereignisse mit Aussicht auf Erfolg zum Gegenstande ihrer Angriffe machen konnten, die in jüngst verflossener Zeit Einfluß auf den Gang der öffentlichen Angelegenheiten ausgeübt hatten (man vgl. unsere politischen Witzblätter, Vischer a. a. O. p. 4) und noch übten oder deren sittliche Schwächen eine gewisse Celebrität für sich hatten [1]). —

Nun aber finden wir in den erhaltenen Fragmenten das gesammte Staatswesen, insbesondere aber die Heeresleitung auf das schärfste verurteilt. So läßt sich (Fr. 15) als Wortführer der guten alten Zeit ein Greis, den Raspe (p. 42) und Meineke (II, 461) mit Wahrscheinlichkeit für Myronides, den Sieger von Oinophyta [2]) erklären, da dieser (Fr. 9) von Perikles nach dem Schicksale seines natürlichen Sohnes befragt wird, in den bittersten Worten über den Unterschied der vormaligen [3]) und gegenwärtigen Heerführer vernehmen, welche mit folgender Verurteilung schließen:

$$\nu\nu\grave{\iota}\ \delta'\ \ddot{o}\pi o\iota\ \tau\acute{\upsilon}\chi o\iota\mu\varepsilon\nu$$
$$\sigma\tau\rho\alpha\tau\varepsilon\acute{\iota}o\mu\varepsilon\sigma\vartheta'\ \alpha\grave{\iota}\rho o\acute{\upsilon}\mu\varepsilon\nu o\iota\ \varkappa\alpha\vartheta\acute{\alpha}\rho\mu\alpha\tau\alpha\ \sigma\tau\rho\alpha\tau\eta\gamma o\acute{\upsilon}\varsigma.$$

Wer diese ehrenwerten $\sigma\tau\rho\alpha\tau\eta\gamma o\acute{\iota}$ sind, wird deutlicher aus Fr. 13, wo Miltiades und Perikles angefleht werden, nicht mehr zuzulassen, daß

---

[1]) Vgl. B. bei M. II, 894: in unaquaque fabula omnis Atheniensium et publica et privata vita tanquam in minore quodam mundo repraesentatur.

[2]) Ueber ihn Adolf Schmidt I, 67 ff., der ihn bereits 3 Jahre nach der Schlacht (454) im Alter von 54 Jahren (?) sterben läßt, nur aus dem Grunde weil er seitdem durch Tolmides ersetzt wird. Aber die Quellen sind für diese Epoche so fragmentarisch, daß ihr Schweigen kein ausreichender Beweis ist.

[3]) Unter diesen scheint auch der Seeheld Phormion erwähnt worden zu sein (Fr. 40); denn die Unterscheidung des $\ddot{\alpha}\rho\chi\omega\nu$ von dem $\sigma\tau\rho\alpha\tau\eta\gamma\acute{o}\varsigma$ erklärt M. II, 479 mit Recht für einen Irrtum des Scholiasten.

μειράκια κινούμενα
ἐν τοῖς σφυροῖς ἕλκοντα τὴν στρατηγίαν
(vgl. II, 397, Fr. 2, Z. 3. Suppl. zu II, 463 ¹),
das Kommando führen (vgl. Fr. 14, 17); denn vergleicht man
damit Fr. 37:

Ταδὶ δὲ τὰ δένδρα Λαισποδίας καὶ Δαμασίας
αὐταῖσι ταῖς κνήμαισιν ἀκολουθοῦσί μοι.

so ist nicht zu bezweifeln, daß die besprochenen Persönlichkeiten identisch
sind, zumal wenn man die übrigen Stellen der Komiker über Lais=
podias zu Rate zieht (Damasias ist sonst unbekannt), in welchen teils
seine Säbelbeine verhöhnt werden, um derentwillen er das Himation
über die Knöchel herabwallend trug (ἐν τοῖς σφυροῖς ἕλκοντα) vgl.
B. rel. p. 347, Strattis Kinesias Fr. 6, Theopomp Paides Fr. 3,
Anonymus IV, 643, Ar. Vög. v. 1569) teils seine kriegerischen
Neigungen (Phrynichos Komasten Fr. 3). Ueber die Zeit seines Auf=
tretens belehrt uns Thuk. VI, 105, wonach er Ol. 91, 2 mit zwei
Mitfeldherren einen Plünderungszug gegen die peloponnesische Küste
leitete; später (VIII, 86) wurde er als Gesandter der Vierhundert
von der Schiffsmannschaft den argivischen Demokraten ausgeliefert;
nach den wenigen Fr. der Rede des Antiphon κατὰ Λαισποδίου
(Blaß p. 114) scheint er auch als ἐπίσκοπος in die Bundesstädte
geschickt worden zu sein ²). —

Was ferner die innere Staatsverwaltung betrifft, so richtet sich
der herbste Tadel des Dichters gegen den Rhetor Demostratos, jenen
unseligen Schreier, der als Haupturheber der sicilischen Expedition
bezeichnet wird (vgl. Ar. Lysistr. 390—397 und die Scholien zu 388,
Hertzberg 156 ff.). Er war (Fr. 7 u. 34) aus dem Geschlechte der
Buzygen, woraus Ar. a. a. O. wegen seines jähzornigen Charakters
Cholozyges machte (vielleicht ist auch Fr. incert. 84 Δαμασικόνδυλον
auf ihn zu beziehen unbeschadet der Anspielung auf den Ringer
Damasistratos von Chios M. II, 672); auf ihn geht wahrscheinlich
auch Fr. 20, wo von der Opferung eines προστρόπαιος zum Wohle
der Stadt die Rede ist, was durchaus zu dem Epitheton ἀλιτήριος
in Fr. 7 paßt. Ihm zur Seite steht (Fr. 8 und wol auch 21)
Phaiax, der als der beste Schwätzer aber als ein unfähiger Redner
charakterisirt wird (über ihn B. 357), wozu Ar. Ri. v. 1377 ff.
durchaus paßt; dann der eingewanderte Kleokritos (Fr. 36), als
dessen Mutter bei Ar. (Vög. v. 877) wegen der Liederlichkeit des
Mannes (vgl. d. Scholien) Kybele genannt wird; in den Frö. v. 1437 ff.
erscheint er in enger Verbindung mit Kinesias. — Dazu kommen
noch die blödsinnigen und boshaften (vgl. Lys. or. 28 bei Scheibe
p. 239) Söhne des Hippokrates, der Ol. 89, 1 (Thuk. IV, 101)

---

¹) Süvern (über Ar. Wolken p. 51) übersetzt seltsamer Weise: die lieder=
lichen Bürschlein, welche die στρατηγία bei den Beinen zerrten.
²) Vgl. auch L. Gilbert, Beiträge zur inneren Geschichte Athens im Zeit=
alter des peloponnesischen Krieges Lpz. 1877 p. 276 ff.

als Feldherr der Athener in der Schlacht bei Delion gefallen war; Ar. gedenkt ihrer öfters seit den Georgoi bis zu den Thesmophor. (Vgl. auch Suppl. zu II. 23, V. 351). Mit ihnen wurden wie B. a. a. O. richtig hervorhebt, die Söhne des Perikles in eine wenig erfreuliche Parallele gestellt, die der Vater selbst (Fr. 10) als χριοί (= entartet, undankbar, vgl. die Belege bei M. II, 463) bezeichnet; nur dem νόϑος (Fr. 9) wird ein männlicher Sinn nicht abgesprochen, der aber durch den Gedanken an die mütterliche Abkunft nicht zu voller Entfaltung kommen könne [1]).

Den Reigen beschließen der Prahlhans Theogenes mit dem Spitznamen Καπνός (Fr. 35 u. Suppl. z. p. 474), der vielleicht bei Telekleides in den Hesiodoi Fr. 5 und seit den Wespen bei Ar. ein häufiger Gegenstand des Spottes ist, und der Schuft Phrynondas, von dem schon in den Astrateutoi die Rede war (Fr. 41); außerdem könnte man versucht sein Fr. 23 auf Theramenes zu deuten. — Wenn wir nun die einzelnen uns überlieferten Züge des vom Dichter vor den Augen der Zuschauer entrollten Bildes zusammenfassen, so müssen wir gestehen, daß es ein recht trostloses Gemälde von staatlicher Zerrüttung ist ganz entsprechend der Situation, wie sie den Hintergrund von Ar. Lysistrata bildet, wo ganz Athen nach Männern seufzte, vgl. Lys. v. 524:

ὅτε δὴ δ'ἡμῶν ἐν ταῖσιν ὁδοῖς φανερῶς ἠκούομεν ἤδη:

(die Weiber sprechen zu den Männern)

οὐκ ἔστιν ἀνὴρ ἐν τῇ χώρᾳ μὰ Δί' οὐ δῆτ', εἰφ' ἕτερός τις. —

Dem entsprechend finden wir unter den Führern, die im Jahre 413/12 den ungleichen Kampf gegen die spartanische Uebermacht und das persische Gold aufnehmen, keinen einzigen, der sich entweder vorher oder später einen Namen erworben hatte: der alte Stamm war auf Sicilien gefallen, lauter kraftlose Schößlinge kommen zum Vorschein, deren Thaten gegen die Vergangenheit kläglich abstechen. Da ist zuerst (vgl. Ar. Vög. u. Heroes) der junge Diitrephes, der mit seinen entmenschten thrakischen Peltasten das wehrlose Mykalessos überfällt und von den Boeotern in verdienter Weise heimgeschickt wird (Thuk. VII, 19); dann Aristokrates, der den Abfall von Chios nicht verhindert (ibid. VIII, 9) und an welchem, wie Ar. Vög. v. 125 ahnen läßt. der Name das beste war; dann Strombichides, der Alkibiades und Chalkideus entwischen läßt (VIII, 15) und den erstaunten Griechen seit langer Zeit das erste Beispiel einer schimpflichen Flucht athenischer Trieren gibt; endlich Thrasylles, Diomedon und Hippokles, auf deren Lorbeeren ihre Mitbürger vergebens warten müssen (VIII, 19 ss. [2]). —

---

[1]) Diese abschätzige Beurteilung der Aspasia ruft die Entrüstung Ad. Schmidts gegen den gottlosen Spötter hervor, vgl. I, 179.

[2]) Man vgl. auch die Bemerkungen Grotes IV, p. 275 der deutschen Uebersetzung über den Rückgang der Seetüchtigkeit der athenischen Flotte seit den Tagen Phormio's; daß sie dies selbst fühlten, beweist Ar. Lysistr. v. 801 ff.

Nach diesen Ausführungen können wir nicht umhin, die Demoi in die Zeit zwischen dem Ausgang des sicilischen Zuges und den Wiedereintritt des Alkibiades in die Führung der athenischen Streitkräfte zu setzen, also in das erste oder zweite Jahr der 92ten Olymp [1]). — Nachdem nunmehr die Zeit für zehn Dramen des Eupolis festgestellt worden ist, erübrigen noch fünf, bei denen einerseits die geringe Zahl, andererseits der wenig prägnante Inhalt der Fragmente es nicht gestattet, in Bezug auf die Aufführungszeit über eine gewisse Wahrscheinlichkeit des Räsonnements hinauszukommen.

Wir erwähnen zuerst die Prospaltier (vgl. B. rel. p. 357 ff.), deren Tendenz M. (I, 141) mit Recht als die gleiche bezeichnet, welche Ar. in seinen Ol. 89, 2 aufgeführten Wespen verfolgt, nämlich die Prozeßsucht der Athener zu geißeln. Wenn er aber das Stück vor Ol. 89, 1 (d. i. die Aufführungszeit der ersten Wolken) setzt nur aus dem scheinbaren Grunde, weil in den erhaltenen Wolken eine Anspielung darauf enthalten ist (vgl. Schol. zu v. 533), so passirt dem trefflichen Gelehrten dieselbe Menschlichkeit wie oben dem Kallimachos, daß er den Inhalt der zweiten Wollen mit dem der ersten identificirt, ein Verfahren, woraus keine sicheren Schlüsse gezogen werden können. — Immerhin aber erscheint der Schluß gerechtfertigt, daß das Stück bei gleicher Tendenz auch zeitlich nicht weit von Ar. Wespen entfernt gewesen sei; da dazu (Fr. 6) die Erwähnung der Aspasia als männerbestrickender Helena (vgl. Kratins Cheirones Fr. 4) kommt, was auf ihre bald nach Perikles Tode angeknüpften Beziehungen zu dem reichen Lysikles zu deuten nahe liegt, so ist man jedenfalls berechtigt, das Stück in die erste Periode des Dichters, in die 88ste oder 89ste Ol. zu setzen. —

Bezüglich des Titels ist zu bemerken, daß er die Einwohner eines attischen Demos bezeichnet, welche wegen ihrer Prozeßwut bekannt waren; mit Recht aber verwahrt sich M. gegen B's. kühne Behauptung (p. 357), daß die Spitze desselben eigentlich gegen den aus dem gleichnamigen platonischen Dialog bekannten Euthyphron gerichtet gewesen sei, wofür derselbe nur anführen kann 1) daß Euthyphron ein Prospaltier war, 2) daß er seinen eigenen Vater vor Gericht belangte, während schon der mindestens 20 Jahre später fallende Zeitpunkt dieses Prozesses dagegen spricht. —

In den wenigen Fr. tritt außer der Aspasia kein bestimmter Name hervor; Fr. 1 könnte man bei dem Sohn der thrakischen Bandhändlerin an Kleophon (M. 1, 171) denken, obgleich dieser Demagog erst bei Ar. in den Fröschen auftaucht; der Musensohn (Fr. 4) ist vielleicht Gnesippos, dessen „Fledermausgesänge" auch in den Heloten (Fr. 3) verhöhnt werden (über ihn vgl. M. II, 29 [2]).

---

[1]) Süvern: Ueber Ar. Wolken p. 51, der bei den μειράκια κινούμενα an Alkibiades selbst denkt, setzt das Drama mit Unrecht in die Zeit der größten Machtfülle des jugendlichen Temagogen um Ol. 90, 1.

[2]) Das Fr. invert. 27 beruht wohl auf einer Verwechselung des Namens (vgl. Ar. Wesp. v. 819); wenn nicht, ist es ohne Zweifel den Prospaltiern

Bezüglich der Philoi (M. II, 532 ff.) läßt sich wegen der Erwähnung der Aspasia (Fr. 10) wie der Rhodia, Gemahlin des Lykon, (über welche man das p. 22 zum Autolykos Bemerkte vgl.) vermuten, daß sie gleichfalls der ersten Periode des Dichters angehört haben. Das Sujet scheint (nach Fr. 2, 8, 9) dem der Kolakes ähnlich gewesen zu sein. — Von den beiden übrigen Stücken, den Hybristodiken und den Heloten, ist wenig mehr als der Titel erhalten, so daß sie für uns leere Namen bleiben müssen und ein Versuch Zeit oder Sujet festzustellen nutzlos sein würde. - -

Aus den vorstehenden Erörterungen ergibt sich, daß die dichterische Laufbahn des Eupolis den Zeitraum von Ol. 87, 4 — Ol. 92, 2, also 18 Jahre umfaßt, von welcher Zeit etwa 8 Jahre auf die Jugendperiode, 10 auf die männliche Reise kommen. Der letzteren Periode gehören die Kolakes, der Marikas und Autolykos, die Bapten, die Poleis und Demoi an, sechs berühmte Dramen, von denen vier einen vorwiegend politischen Charakter an sich tragen. Der Verlust der letzteren ist für unsere Kenntnis der innern Geschichte Athens vom Tode Kleons bis zur sicilischen Katastrophe ein unersetzlicher, zumal da sie in eine Zeit fallen, für die uns von den Geistesblüten des mitstrebenden Ar. nur zwei vollständige Dokumente — der Frieden und die Vögel — erhalten sind. —

Wir gehen jetzt zu dem großen und sowohl hinsichtlich der Lebensdauer, wie hinsichtlich der Fortdauer seiner dichterischen Schöpfungen vom Schicksale begünstigteren Rivalen des Eupolis über, zu dem ungezogenen Liebling der Grazien: Aristophanes. — Bezüglich seines Lebens verweisen wir auf die fleißige, nur gar zu breite Arbeit von C. Fr. Ranke „de Aristophanis vita" vor den Ausgaben von Thiersch und Meineke und das geistvolle, aber zu sehr philosophischen Abstraktionen huldigende Buch von H. Th. Rötscher „Aristophanes und sein Zeitalter", Berlin 1827. — Was seine Komödien betrifft, so erscheint es zweckmäßig die erhaltenen neun in diese Periode fallenden, da deren Aufführungszeit und Inhalt gleich bekannt ist, nur in soweit zu berücksichtigen, als es zu einer vollständigen Uebersicht über die Entwickelung des Dichters erforderlich ist.

Ar. also zeigt sich in seiner Jugendperiode von Ol. 88, 1 bis Ol. 89, 3 außerordentlich fruchtbar, indem er jedes Jahr mindestens ein, mehrfach aber zwei Dramen auf die Bühne bringt.

Er debutiert Ol. 88, 1 — also ein Jahr nach Eupolis — mit den Daitaleis [1]) (M. II, 1021 ff.), die wahrscheinlich an den Lenäen durch den Regisseur Kallistratos (nach Hanow Exercitatt. crit. p. 6 Halle 1830 war Kallistratos Protagonist, während Philonides, dem der Chor vom Archon bewilligt war, für den Dichter galt) aufgeführt wurden und ähnlich wie später die Wolken den Kontrast zwischen dem

---

einzuverleiben und beweist dann, daß die scenische Einrichtung der des aristophanischen Stückes sehr ähnlich war.
[1]) Vgl. die Monographie von Fritzsche, Lpz. 1831; Stock I, 438.

Leben der guten alten Zeit und der durch künstlerisch-philosophische Bestrebungen mächtig aufgeregten perikleischen Epoche zur Darstellung gebracht zu haben scheinen, also für die spätere Richtung des Dichters schon sehr bezeichnend sind. Der Titel des Stückes bezeichnet eine aristokratische religiöse Brüderschaft (ähnlich den römischen Epulonen), die sich zu gemeinsamer Feier von Opferschmäusen gebildet hatte (vgl. darüber die Belege bei B. M. II, 1021); und zwar waren es hier die sogenannten Parasiten des Herakles, deren zwölf aus jedem Demos zur glänzenden Begehung der Herakleen (vgl. K. Fr. Hermann Gottesdienstl. Altert. §. 62, 13) aus den ersten Familien des Landes (vgl. darüber das lehrreiche Fr. aus der Epikleros des Diodoros bei M. III, 543) gewählt wurden. Diese vornehmen Herren bildeten nach einer Stelle des Orion bei B. a. a. O. den Chor des Stückes und erschienen als solche im Tempel des Herakles schmausend [1]). Und zwar wurde vor ihnen unter der Leitung des ἄρχων βασιλεύς zur Würze des Schmauses ein in das eigentliche Drama (ähnlich wie bei Shakespeare) eingelegtes Schauspiel — Θέα ἐπιδείπνιος bei Suidas s. v. Δαιταλεῖς — aufgeführt (vgl. B. bei M. II, 1025), dessen Sujet — wie B. gestützt auf die Parabase des Friedens v. 739 ff. ansprechend vermutet — der besonders in Satyrspielen, aber auch in der älteren Komödie beliebte immer mit gewaltigem Appetit gesegnete Herakles war. —

Was die erhaltenen Fr. betrifft, so tritt hier nach der Beschreibung des Schmauses, worauf sich Fr. 1—12 beziehen, ähnlich wie Strepsiades dem Pheidippides ein altfränkischer Vater einem sophistisch gebildeten Herren Sohn gegenüber, der — wie B. sehr hübsch vermutet (p. 1026) — soeben aus der hauptstädtischen Sophistenschule aufs Land zurückgekehrt ist und jetzt in Gegenwart der Honoratioren — eben der Daitaleis — von dem Vater über seinen Schulsack examinirt wird. Er soll ein Skolion des Alkaios und Anakreon singen (Fr. 13), antwortet aber mit einem jener Lieder, wie sie Eupolis den Gnesippos (Heloten Fr. 3) verfaßt zu haben beschuldigt. Da der Vater indignirt ist, ihm die Sitteneinfalt seines anderen auf dem Lande gebliebenen Sohnes entgegenhält (vgl. schol. Nub. v. 529) und Erklärung schwieriger Worte der griechischen Bibel — des Homer — von ihm verlangt, examinirt er seinerseits den Bruder über veraltete Worte der solonischen ἄξονες (Gesetztafeln) Fr. 15, der das für σοφίσματα erklärt (Fr. 48 bei M. V, 1 p. CXXXIII). Die Vorwürfe des Alten über sein stutzerhaftes Aeußere (Fr. 16) beantwortet er mit einer silbenstechenden Kritik der Ausdrucksweise desselben, worin er die Schlagworte des Lysistratos, der Rhetoren, des Alkibiades wiederfindet. Der genannte Lysistratos begegnet uns bei Ar. noch in den Ach., Ritt.

[1]) Um die volle Zahl der Choreuten herzustellen, vermutet B., daß jedem ein (fackeltragender? vgl. Ar. Wesp. v. 284) Page beigegeben gewesen sei; daß der Chor also aus zwei Hälften (12 Jünglingen und 12 Greisen) bestanden habe.

und Wespen als leichtfertiger und hungriger Parasit aus dem Demos Cholarge mit dem Spitznamen χηναλώπηξ. Wer der v. 8 genannte Thrasymachos ist, bleibt ungewiß; Süvern („über Ar. Wolken" Berlin 1826, p. 27) denkt an den Sophisten dieses Namens aus Chalkedon. Schließlich verwahrt der Sohn sich ähnlich wie der Sykophant in den Vög. v. 1432 und im Plutos v. 903 mit Entrüstung gegen die Zumutung zu graben (Fr. 17). Was er gelernt, ergibt sich aus Fr. 18 u. 19. — Daß der Dichter auch hier schon die Richtwut der Athener verurteilt hat, beweisen die Fr. 21, 23—26; ebenso beklagt er die eingerissene Verschleuderung der Staatseinkünfte (Fr. 22), die man früher auf Flotte und Mauern verwendet habe (dahin gehört auch fr. incert. 42). — Von bestimmten Persönlichkeiten wird nur noch (Fr. 35) der verkommene Aristobemos erwähnt, der bei Kratin in den Panopten (Fr. 4) Kimons Grabmal besudelt (Sauppe Abb. p. 20 denkt an das verfallene Haus des Kimon). —

In das folgende Jahr (Ol. 88, 2) auf die großen Dionysien fällt dann das Stück, dem Ar. die Erstlinge seiner Lorbeeren verdankt. Hier warf er kühn dem damals allmächtigen Demagogen Kleon den Fehdehandschuh hin und deckte ähnlich wie später Eupolis in den Poleis vor den Augen der zum Behufe der Zahlung des fälligen Tributes in Athen anwesenden Bundesgenossen die großen Schäden der kleonischen Staatsverwaltung auf, insbesondere seine feile Bestechlichkeit (vgl. Ar. Ach. v. 6), seinen rücksichtslosen Eigennutz in der Aussaugung der Bundesstaaten (vgl. Ach. v. 642 ff.; B. bei M. II, 971).

Obgleich das Sujet des Stückes feststeht, ist der Titel Babylonier[1]) — denn um dieses Drama handelt es sich — verschiedenen Deutungen unterworfen worden. B. (p. 969) meint, der Dichter habe in Eingange des Dramas einen nach persischer Sitte von vielen Trabanten umringten Gesandten des Großkönigs auftreten lassen, und aus diesen Trabanten — welche unter den Babyloniern zu verstehen seien — habe der Chor bestanden, wobei er sich auf zwei Glossen des Hesychios und Suidas stützt, in welchen die Babylonier a) als Barbaren b) als Sklaven erklärt werden. Er muß aber zugestehen, daß eine solche Gesandtschaft keinen historischen Hintergrund habe[2]); und ferner, daß dies nur eine Maskirung der bekannten sicilischen Gesandtschaft, deren Führer der Leontiner Gorgias war und deren Ankunft wahrscheinlich in dasselbe Jahr fällt (vgl. Göller z. Thukyd. II, 34 u. III. 86), sein könne. Da nun darüber kein Zweifel bestehen kann, daß eine ausländische Gesandtschaft (vgl. Acharn. v. 636, wo offenbar auf das vorjährige Drama Bezug genommen wird: πρότερον δ' ὑμᾶς ἀπὸ τῶν πόλεων οἱ πρέσβεις ἐξαπατῶντες πρῶτον μὲν ἰοστεφάνους ἐκάλουν κ. τ. λ.) von besonderer Redefertigkeit (ibid. v. 634 παύσας ὑμᾶς ξενικοῖσι λόγοις μὴ λίαν ἐξαπατᾶσθαι) — offen-

---

[1]) Vgl. die Monographie von Fritzsche, Lpz. 1830: de Babyloniis.
[2]) Wie Kock I, 408 sagen kann: „legatos a rege Persarum redeuntes in scaenam inductos fuisse fragmenta ostendunt" begreife ich nicht.

bar die der Sikeler unter Gorgias — ein wesentlicher Gegenstand der Polemik des Dichters in den Babyloniern gewesen ist, da ferner an den beiden einzigen Stellen der erhaltenen Stücke (Wespen v. 421 und Vögel v. 1701), wo Gorgias erwähnt wird, derselbe als βάρβαρος bezeichnet wird, endlich in den Scholien zu den Wespen v. 418 ausdrücklich bemerkt wird, daß derselbe in einem früheren Drama vorkam (περὶ Θεώρου καὶ Γοργίου ἐν τοῖς πρὸ τούτου εἴρηται), so erscheint es fast zweifellos, daß der Titel eben von den bombastischen Worthelden unter Führung des Gorgias [1]) hergenommen ist, deren blumenreiche Tiraden über das „veilchenbekränzte und glän= zende" Athen — Schlagworte, die niemals ihre Wirkung versagt zu haben scheinen — die leicht erregbaren Athener zu ihrem Unglück für baare Münze nahmen. Demnach liegt in dem Wort Babylonier a) das Fremdartige, b) das Prahlerisch=Aufgebauschte ähnlich wie die Bezeichnung Paphlagonier für Kleon gewiß nicht ohne Anspielung auf seine polternde Rhetorik gewählt worden ist (vgl. z. B. Ri. v. 919 ἀνὴρ παφλάζει und die πομφολυγοπαφλάσματα in den Fröschen v. 249; Tagenisten Fr. 11); es entspricht also in gewissem Sinne den ἐγγλωττογάστορες. wie der Dichter in den Vögeln a. a. O. den Gorgias und seine Schule charakterisirt [2]). —

Die Scenerie muß eine dem seltsamen Aufzuge der fremden Ge= sandtschaft entsprechende gewesen sein. Denn (Fr. 9—14) werden uns im Hafen landende Schiffe vorgeführt, von denen ein Seesoldat (ἐπιβάτης) schwimmend den Strand erreicht. Daß eine derartige Scenerie auf der antiken Bühne nicht unerhört war, beweist z. B. die Abfahrt des Orestes mit seiner Schwester in der taurischen Iphigenie des Euripides. Seltsamer Weise nimmt B. (p. 971 u. 975) einzig auf Ar. Acharner v. 642:

καὶ τοὺς δήμους ἐν ταῖς πόλεσιν δείξας ὡς δημοκρατοῦνται

gestützt an, daß diese Schiffe die der steuerzahlenden Bundesgenossen gewesen seien, was weder durch jene Worte noch durch irgend ein Fragment des Stückes bestätigt wird. Es ist im Gegenteil nicht zu bezweifeln, daß die Gesandten der Sikeler — also die Babylonier — auf diese Weise in einem grotesk entworfenen Abbilde ihrer wirklichen Ankunft den Zuschauern vorgeführt werden [3]). Dafür spricht (ganz abgesehen von der Unmöglichkeit, die Bundesgenossen im Rahmen sei es der Choreuten sei es der Schauspieler unterzubringen) trotz schein= barem Widerspruche Fr. 2, wo es heißt:

Σαμίων ὁ δῆμός ἐστιν· ὡς πολυγράμματος.

Wir haben hier den Ausruf eines erstaunten Zuschauers über

---

[1]) Auf ihn beziehe ich mit Süvern gegen B. Fr. 15, wie auf seinen ge= schnörkelten Stil Fr. 30.

[2]) Anders Gilbert: Beiträge zur inneren Geschichte Athens u. s. w. S. 148, der unter den Babyloniern nach Fr. 2 die athenischen Bundesgenossen versteht.

[3]) Auf ihre gastliche Aufnahme durch die Athener bezieht B. nicht ohne Wahrscheinlichkeit Fr. 20.

die seltsamen Fremdlinge. Das Volk der Samier ist nicht von wirk=
lichen Samiern zu verstehen, sondern wie die zweite Hälfte des Verses
beweist, nur auf die tättowirten Gesichter der Babylonier zu beziehen,
was mit Evidenz aus den Worten des Hesychios ($\varphi\eta\sigma i$ $\tau\iota\varsigma$ $\pi\alpha\rho\grave{\alpha}$ $\tau\tilde{\omega}$
$\overset{,}{A}\rho\iota\sigma\tau o\gamma\acute{\alpha}\nu\epsilon\iota$ $\tau o\grave{v}\varsigma$ $\acute{\epsilon}\varkappa$ $\tau o\tilde{v}$ $\mu v\lambda\tilde{\omega}\nu o\varsigma$ $\grave{\iota}\delta\grave{\omega}\nu$ $B\alpha\beta v\lambda\omega\nu\acute{\iota}o v\varsigma$.
$\varkappa\alpha\tau\alpha\pi\lambda\eta\tau\tau\acute{o}\mu\epsilon\nu o\varsigma$ $\tau\grave{\eta}\nu$ $\ddot{o}\psi\iota\nu$ $\alpha\grave{v}\tau\tilde{\omega}\nu$ $\varkappa\alpha\grave{\iota}$ $\grave{\epsilon}\pi\alpha\pi o\rho\tilde{\omega}\nu$) und Suidas
s. v. $\Sigma\alpha\mu\acute{\iota}\omega\nu$ (M. II, 972) hervorgeht. Wie kommen aber die Samier
zu diesem barbarischen Kopfschmuck? In dem sehr erbitterten Kriege
gegen die Athener (Plut. Perikl. c. 26, Thukyd. I, 115), dessen per=
sönliche Leitung nach deren Abfall (Ol. 85, 1 = 440) Perikles über=
nahm, hatten die Samier die gefangenen Athener mit dem Zeichen
einer Samaina, d. h. eines samischen Schiffes, diese jene mit dem
einer Eule gebrandmarkt. Es lag also einem Komiker nahe die bunt=
bemalten Barbaren als Samier zu bezeichnen nicht ohne Anspielung
sowohl auf die angebliche Erfindung der Buchstaben durch die Samier
als auf die zur Schau getragene Bildung der Fremden. — Auch
Fr. 3 u. 6 bestätigen diese Auffassung. — Die Fr. 7 u. 8 beweisen
klar, daß eben der Chor aus diesen Barbaren bestand und daß er
$\varkappa\alpha\tau\grave{\alpha}$ $\sigma\tau o\acute{\iota}\chi o v\varsigma$ einzog [1]). —

Von bestimmten Persönlichkeiten begegnen wir zunächst dem Phor=
mion, so zwar daß der Dichter auf seinen Prozeß und die ihm auf=
erlegte Geldbuße (B. bei M. II. 977) als ein ungerechtes Verfahren
anspielte und dem wackeren Seehelden wenigstens nach dem Tode —
denn er war im vorhergehenden Jahre gestorben (vgl. darüber das
bei Eupolis Taxiarchen S. 12 Bemerkte) den schuldigen Tribut der Hoch=
achtung darbrachte, indem er anstatt seiner den Gott Dionysos selbst
von den geldgierigen Demagogen vor Gericht ziehen und 200 Drachmen
zahlen läßt (Fr. 16—18); dies hat einen faktischen Hintergrund,
indem nach Böckhs Nachweis (bei M. II, 527) dem Gott die Ver=
mittlerrolle bei Abtragung der Schuld des Phormion zugefallen war.

Sonst wird nur noch (Fr. 26) Peisandros (s. o. S. 18) wegen seiner
Bestechlichkeit verhöhnt; denn daß sich aus Fr. 23 nichts für die Er=
wähnung des Werghändlers Eukrates folgern läßt, bemerkt B. mit
Recht gegen Fritzsche. — Auf die Babylonier folgen gleichzeitig mit
den Numeniai des Eupolis an den Lenäen des folgenden Jahres
(Ol. 88, 3) die ebenfalls durch den Regisseur Kallistratos mit dem
ersten Preise aufgeführten Acharner (vgl. die in der Hypothesis er=
haltene Didaskalie); das erste der uns erhaltenen Dramen, auf dessen
bekannten Inhalt näher einzugehen hier nicht der Ort ist. —

Das Gleiche gilt von den an den Lenäen des folgenden Jahres
durch Ar. selbst gleichfalls mit dem ersten Preise zur Aufführung ge=
brachten Rittern (vgl. die Hypoth. II.), deren schonungslose aber von
patriotischem Geiste eingegebenen Angriffe auf den „Paphlagonier"
Kleon dem athenischen Volksführer im Vereine mit der herben Be=
urteilung des Thukydides für alle Zeiten einen unauslöschlichen Makel

---

[1]) Worauf geht aber Fr. 8: $\grave{\epsilon}\pi\grave{\iota}$ $\tau\rho\epsilon\tilde{\iota}\varsigma$ $\grave{\alpha}\sigma\pi\acute{\iota}\delta\alpha\varsigma$?

angeheftet haben, so daß es auch einem Grote (griech. Gesch. III.
p. 508 ff. d. d. Ueberf.) nicht gelungen ist, die pöbelhafte Karrikatur
des Perikles weißzubrennen. — In das folgende Jahr (Ol.
89, 1) fallen zwei uns verlorene
Stücke: die ersten Wolken und die Holkades (d. i. Schleppschiffe).
Mit dem ersteren Stücke, dessen Mißerfolg der Dichter schwer empfand,
da er selbst es für seine vorzüglichste Leistung hielt (vgl. Wesp.
v. 1044 ff.) und von dem uns bekanntlich eine niemals aufgeführte
Umarbeitung vorliegt, beginnt nach B. (bei M. II, 895) die zweite
Periode des Dichters: die der männlichen Reise, welche abschließt mit
den Fröschen (Ol. 93, 3). So berechtigt es aber ist mit dem letzteren
Drama die Zeit der dichterischen Vollkraft als abgeschlossen zu be=
trachten, so wenig Grund liegt vor mit den ersten Wolken, von denen
uns so spärliche Fragmente erhalten sind, daß wir uns auf Grund
derselben kein klares Bild des Ganzen entwerfen können, die Jugend=
periode enden zu lassen, da die erhaltenen Stücke der beiden folgenden
Jahre, die Wespen und der Friede, im Wesentlichen dasselbe Gepräge
an sich tragen, wie die der früheren Jahre. Es erscheint daher ge=
rechtfertigt, den Beginn der zweiten Periode nicht vor den Anfang
der 90sten Olympiade zu setzen[1]), (so auch Süvern über Ar. Drama
benannt „das Alter", Berlin 1827, p. 22). —

Die ersten Wolken also wurden (nach der in Hypothesis V er=
haltenen Didaskalie) unter dem Archon Isarchos d. h. Ol. 89, 1 an
den großen Dionysien aufgeführt (vgl. d. Scholien zu den erhaltenen
Wo. v. 549, Wesp. v. 1013), unterlagen aber nicht nur der Pytine
Kratins sondern auch dem Konnos des Ameipsias (oder richtiger des
Phrynichos s. unten). In wieweit der Inhalt dem des erhaltenen
Stückes homogen war, wird trotz der gegenteiligen Versicherung von
B. (bei M. II, 1104), die er aber meines Wissens bisher noch nicht
bewiesen hat, meiner Ueberzeugung nach bei der geringen Zahl und
Qualität der erhaltenen Fr. sich der Hauptsache nach für immer unserer
Kenntnis entziehen; im einzelnen dagegen ist von Teuffel in der
Praefatio zu seiner Ausgabe (2te Aufl. bei Teubner Lpz. 1863), der
sich mit Recht vor allem auf die Angaben des wertvollen sechsten Fr.
einer Hypothesis stützt, p. 7 ff. mancher Unterschied scharfsinnig fest=
gestellt worden[2]). Daß die Spitze des Stückes nicht sowohl gegen die
Persönlichkeit des Sokrates als gegen die philosophisch=skeptische Richtung
der durch die Sophisten den jungen Leuten mitgeteilten alle Familien=
bande untergrabenden Bildung und die dadurch beeinflußten politischen
Hetärieen sammt dem sich an ihre Rockschöße klammernden Sykophan=

---

[1]) Bernhardy, Grundriß der griech. Lit. II, 2, p. 638, geht mit Unrecht
soweit den Vögel als den Schlußstein und zugleich den Gipfel der ersten Peri=
ode zu betrachten, obgleich ihm selber die Aenderung in Form und Inhalt
nicht entgangen ist.

[2]) Bei ihm findet man auf p. 4 ff. die bisherige Literatur über diese
schwierige Frage.

tentum gerichtet war, bezeugt der Dichter selbst in den Wespen v. 1038 ff. (mit den Scholien), wo es heißt:

τοῖς ἠπιάλοις ἐπιχειρῆσαι πέρυσιν καὶ τοῖς πυρετοῖσιν
οἳ τοὺς πατέρας τ᾽ ἤγχον νύκτωρ καὶ τοὺς πάππους ἀπέπνιγον
κατακλινόμενοί τ᾽ ἐπὶ ταῖς κοίταις ἐπὶ τοῖσιν ἀπράγμοσιν ὑμῶν
ἀντωμοσίας καὶ προσκλήσεις καὶ μαρτυρίας συνεκόλλων. [1]

Aus den wenigen Fr., die sich bei M. II, 1104 ff. und Teuffel Praef. p. 12 ff. finden, geht 1) hervor — was übrigens kaum eines Beweises bedurft hätte — daß auch hier der Chor aus den Wolken bestand (Fr. 1). Von Persönlichkeiten finden wir nur Phormion (Fr. 4) und wahrscheinlich auch Sokrates (Fr. 8) als Mitarbeiter an den Tragödien des Euripides erwähnt; Fr. 2 endlich bezieht sich, wie die Bemerkung des Suidas beweist, auf den ausgemergelten Jünger des Sokrates Chairephon, dessen Typus offenbar auch in dem ersten Verse des obigen Citats aus den Wespen gezeichnet ist. —

Das zweite Stück desselben Jahres sind die schon erwähnten Holkades, wie sich aus verschiedenen Indizien nachweisen läßt, ohne daß man mit B. p. 1117 auf mindestens zweifelhafte und den Worten des Scholiasten zu den Wespen a. a. O. direkt zuwiderlaufende Annahmen sich zu stützen genötigt wäre. Zu diesem Zwecke ist es nötig, die erhaltenen Fr. nebst den Bemerkungen alter Interpreten heranzuziehen. Zunächst erfahren wir aus der ersten Hypothesis zu Ar. Frieden, daß das Stück für den Frieden und gegen Kleon und Lamachos geschrieben worden ist [2]); da es nun a. a. O. nach den Acharnern und Rittern genannt ist, so folgt daraus mit ziemlicher Sicherheit, daß es auch nachher zur Aufführung kam. Da nun ferner aus den Wespen v. 718 ff. mit den Scholien (vgl. Böckh „Staatshaushalt der Athener", 2te Ausg. I, 127) hervorgeht, daß unter dem Archon Isarchos d. h. Ol. 89, 1 ein Beutezug nach Euböa unternommen wurde (darauf könnte man das Fr. des Anonymus bei M. II, 677 beziehen) um Getreide zu holen, wovon man jedem Bürger 50 Medimnen versprochen hatte; außerdem aber nicht nur aus dem Titel (vgl. Ar. Ri. v. 171), sondern auch aus den Fr. (vgl. 14—16, 24, 28) erhellt, daß die Landung einer Getreideflotte in Athen einen Hauptteil des Stückes ausmachte; da endlich nicht nur bei der bekannten Gebundenheit der Komödie an die jüngsten Zeitereignisse an und für sich anzunehmen wäre, daß der Dichter ein diesen Getreidezug behandelndes Stück noch im selben Jahre zur Aufführung brachte, sondern eine Aufführung. im folgenden Jahre [3]) wegen der sicher in

---

[1] B. bei M. II, 1114 ff. bezieht diese Verse gegen das ausdrückliche Zeugnis der Scholiasten zu v. 1037 und 1038 auf die Holkades.
[2] Vgl. besonders das neuaufgefundene Fr. 400 (Kock I. 495).
[3] Das Stück später anzusetzen ist schon wegen des Ol. 89, 3 erfolgten Todes Kleons unmöglich. Müller-Strübing, „Ar. u. d. histor. Kritik", p. 100 ff., der den ganzen Zug des Isarchos in das Gebiet der Fabel verweist, was hier nicht näher erörtert werden kann, bestreitet mit Unrecht die Beziehung des

dasselbe fallenden zwei Dramen — der Wespen und des Proagon —
unmöglich erscheint: so muß es als unzweifelhaft gelten, daß die Holkades noch im Jahre 89,1 zur Aufführung kamen und zwar, da die
großen Dionysien bereits durch die Wolken besetzt sind, an den Lenäen.
Daß die Lastschiffer selbst den Chor gebildet haben, ist anzunehmen; sie werden sich in ähnlicher Weise über die heillose Dema-
gogenwirtschaft und die Führer der Kriegspartei ausgelassen haben,
wie die athenischen Trieren in der von Eupolis stammenden hübschen
Episode der Ritter v. 1300 ff. gegen den elenden Hyperbolos. —
In den Fr. erscheint zunächst Kleon (Fr. 11) als Schmeichler
des Demos, dem er den Grind vom Kopfe kratzt und die grauen
Haare aus dem Barte zupft, also genau so wie in den Ri. v. 908;
er oder Lamachos stößt Fr. 20 ähnliche Drohungen gegen Sparta
aus wie der Kriegsgott im Frieden v. 242 ff. — In Fr. 13 wird
der schon von Kratin in den Thrakerinnen (Fr. 14) und Ar. in den
Acharnern (v. 710) verspottete Sykophant Euathlos (über den man
B. rel. p. 97 vgl.), der von einem skythischen Bogenschützen abzu-
stammen scheint, als Anwalt Jung-Athens einem gleichgearteten Gegner
gegenübergestellt (vgl. auch Fr. 27); in Fr. 12 begegnen uns die
bartlosen Knaben Straton und Kleisthenes, die bei Ar. seit den
Acharnern (v. 118 ff.) stehende Komödienfiguren sind; der Weichling
Kleisthenes findet sich auch bei Kratin in der Pytine (Fr. 13) und
als „Venustäubchen" bei Pherekrates in der Petale (Fr. 2). —
In das folgende Jahr (Ol. 89, 2) fallen wieder 2 Stücke,
beide auf die Lenäen (vgl. die in der Hypothesis I erhaltene Didaskalie), nämlich die Wespen und der Proagon, beide nach dem
Wortlaute der Stelle, die den Gelehrten viel Kopfzerbrechens verursacht [1]) hat, durch Philonides aufgeführt, denselben Regisseur, der schon
in den Daitaleis hervortritt (vgl. den Scholiasten zu den Wo. v. 531,
M. h. cr. 1, 102), wo er nach Hanow Exercitt. critt. p. 6 die
Rolle des χοροδιδάσκαλος übernommen hatte. Nach Hanow's Deduk-
tion (p. 29), der auch ich mich anschließe, ist — was auch B. p. 911
für unzulässig erklärt, ohne jedoch die ganze Frage befriedigend zu
lösen — an dem Wortlaute der Didaskalie nicht zu rütteln, sondern
διὰ Φιλωνίδου von der Thätigkeit desselben als Protagonisten der
Wespen zu verstehen [2]), für welches Drama Ar. selbst den Chor vom
Archon erlangt hatte, während der Proagon (καὶ ἐνίκα πρῶτος
Φιλωνίδης Προάγωνι), obgleich das geistige Eigentum des Ar., dem

---

Stückes auf die Landung einer Getreideflotte und setzt dasselbe mit wenig
Wahrscheinlichkeit auf die Dionysien des Jahres 424 gleichzeitig mit den
Rittern.
[1]) Vgl. die verschiedenen Erklärungs- und Emendationsversuche bei Hanow
Exercitt. critt. p. 28 ff., B. bei M. II, 911.
[2]) Vgl. auch Fr. Leo im Rhein. Museum 1878 S. 404, der die Didaskalie
so herstellt: ἐδιδάχθη ἐπὶ ἄρχοντος Ἀμεινίου διὰ Φιλωνίδου ἐν τῇ πδ ὀλ.
εἰς Λήναια· καὶ ἐνίκα πρῶτος· δεύτερος ἦν Φιλωνίδης Προάγωνι· Λεύκων
Πρέσβεσι τρίτος.

Archon als ein Stück des Philonides angemeldet worden war. —
Die Wespen also, die den zweiten Preis davontrugen, sind bekanntlich
ebenso wie die Prospaltier des Eupolis eine Satire auf die übergroße
Neigung des athenischen Volkes zur Teilnahme an gerichtlicher
Thätigkeit, welche durch den perikleischen Heliastensold zum Schaden
der besten Bürger und zu Nutz und Frommen der zahlreichen Syko-
phanten allmählich bis zur Manie gesteigert worden war. Das Objekt
der vom Dichter in Scene gesetzten Gerichtsverhandlung ist der tüchtige
Feldherr Laches, dem Veruntreuungen, bezw. Bestechung auf seiner
sicilischen Expedition, einer Folge der in den Babyloniern verhöhnten
Gesandtschaft des Gorgias, zur Last gelegt wurden (vgl. Wespen
v. 240 ff. u. ö). —
Der Proagon dagegen, der als ein Stück des Philonides vors
Publikum trat, verfolgte (vgl. B. bei M. II, 1137) eine literarische
Tendenz, und zwar leitete er die systematische Polemik gegen den
Euripides ein (denn die Angriffe in den Acharnern v. 394 ff. haben ja
nur den Wert einer Episode), die von den erhaltenen Stücken in den
Thesmophoriazusen und Fröschen zum Ausdruck kommt. Der Titel
ist hergenommen (s. d. Belege bei B. a. a. O.) von der General-
probe der aufzuführenden Dramen, wie sie einige Tage vor den großen
Dionysien im Odeion abgehalten zu werden pflegte, weshalb man
annehmen darf, daß das Stück als erstes zur Aufführung gekommen
ist [1]. Wie sehr die gelungene Travestie — denn daß es eine solche
war, beweisen die Fr. — dem athenischen Publikum gefallen hat,
geht daraus hervor, daß es mit dem ersten Preise gekrönt wurde. —
Von den wenigen Fr. führen uns Fr. 2 u. 3 den unglücklichen
Vater, der eben seine Kinder verspeist hat, offenbar eine Karrikatur
des euripideischen Thyestes, in groteskkomischer Weise vor; auch Fr. 5
bis 7 beziehen sich auf ein Gastmahl, ohne Zweifel dasselbe. —
Von bestimmten Personen finden wir nur (Fr. 10) wie schon
bei Eupolis den Schuft Phrynondas. —
Mit dem folgenden Stücke, dem Ol. 89, 3 kurz nach Kleons
Tode an den städtischen Dionysien (vgl. Hypoth. I.) mit dem zweiten
Preise aufgeführten ersten Frieden schließt die erste Reihe der uns
erhaltenen Dramen, die der Jugendperiode angehören, ab. Die
Tendenz desselben entspricht seinem Namen: es war gleichsam eine
Vorfeier des bald darauf nach Kleons und Brasidas' Tode abge-
schlossenen Friedens des Nikias. —
Wie nun schon dieses Stück, über das die Kolakes des Eupolis
den Sieg davontrugen, ein unverkennbares Nachlassen in der dichterischen
Schaffenskraft bekundet, so scheinen auch die folgenden vor der jetzt
im Zenith stehenden Dichtersonne des Eupolis verblaßt zu sein; jedenfalls haben sie sich nur in geringen Bruchstücken bis auf unsere Tage
erhalten.

---

[1] Vgl. Kock I, 510; Aeschin. in Ctesiph. §. 67 mit den Schol. p. 326 ed.
F. Schultz und E. Hiller im Hermes Bd. VII, p. 402 ff.

Es soll indes der Verſuch gemacht werden auf Grund der in den erhaltenen Fr. vorliegenden Indizien die Lücke zwiſchen dem Frieden und jener glänzendſten Perle der ariſtophaniſchen Dichtungen, den Ol. 91, 2 [1]) durch Kalliſtratos an den ſtädtiſchen Dionyſien ſelt= ſamer Weiſe nur mit dem zweiten Preiſe aufgeführten Vögeln (vgl. Hypoth. I.) durch verſchiedene Dramen zu ergänzen.

Zunächſt aber iſt hier eines, wie ich zu erweiſen hoffe, in noch frühere Zeit fallenden verlorenen Stückes zu gedenken, nämlich des G e r a s (vgl. die Monographie von Süvern, Berlin 1827: Ueber Ar. Drama benannt: das Alter). Daß darin der atheniſche Demos in Geſtalt eines kränklichen Greiſes ähnlich wie in den Rittern auf die Bühne gebracht worden iſt, um durch einen Heiland von der Art des Agorakritos verjüngt, als lebensfroher und kraftvoller Mann die Scene zu verlaſſen, hat Süvern teils aus dem Titel teils aus einer geſchickten Combination der erhaltenen Fr. mit geiſtvoller Intuition erſchloſſen (vgl. beſ. p. 21). Was aber die Aufführungszeit betrifft, ſo kann ich mit B. (bei M. II. 995) die Gründe, die ihn bewegen, das Stück Ol. 89, 2 an den großen Dionyſien anzuſetzen (p. 26) nicht als ſtichhaltig anerkennen, noch weniger aber die Berechtigung von B's. Räſonnement, der nur wegen der großen Lücke zwiſchen der Aufführung des Friedens und der Vögel das Stück in eine dem erſteren Stücke naheliegende Zeit ſetzt. Ich bin mit Süvern (p. 24) überzeugt, daß das Fr. 1:

$$ὁφθαλμιάσας πέρυσιν εἶτ' ἔσχον κακῶς$$
$$ἔπειθ' ὑπαλειφόμενος παρ' ἰατρῷ$$

(welche Worte der greiſe Demos ſpricht),

„auf eine in das Jahr vor Aufführung des Geras fallende Thatſache anſpielt", kann aber mit B. und Karl Fr. Hermann (de persona Niciae apud Ar. disputatio, Marburg 1835, p. 13) die Deutung auf den Abſchluß des einjährigen Waffenſtillſtandes mit Sparta durch Niſias (Süvern p. 26) nicht als richtig anerkennen. —

Die Augenkrankheit des Demos muß ein Ausdruck geweſen ſein, bei dem jeder Athener gleich an ein beſtimmtes Leiden des Staates dachte, das dann von dem klugen Arzt, d. h. einem geſcheiten Staats= manne geheilt wurde. Hier bietet ſich uns aber, wenn wir wenige Jahre zurückgehen, eine Schädigung des Staatskörpers, die von keinem Geringeren als Perikles ſelbſt (vgl. Plut. Per. c. 8: οἷον τὸ τὴν Αἴγιναν ὡς λήμην τοῦ Πειραιῶς ἀφελεῖν κελεῦσαι) in einem der wenigen von ihm als authentiſch überlieferten Apophthegmen als Augenfluß (λήμη), den man beſeitigen müſſe, bezeichnet worden iſt. Es iſt dies die ſeit der Niederwerfung ihrer Seemacht la= koniſirende Inſel Aegina, deren Bewohner auch nach Thukyd. I, 67 nicht am wenigſten zum Kriege gehetzt hatten und die in ihrer zwei= deutigen Haltung wie ein peloponneſiſcher Brückenkopf gegen Attika

---

[1]) Vgl. Süverns Monogr. über Ar. Geras. Berl. 1827 p. 23.

und speziell gegen den Piräeus vorgeschoben schien. Daß ein solches „geflügeltes Wort" des großen Staatsmannes, das im Sommer des Jahres 89, 2 (Thut. II, 27) zur völligen Austreibung der Aegineten und Verteilung der Insel an attische Kleruchen führte[1]), noch nach seinem Tode in aller Munde war, wird am besten durch den Umstand bewiesen, daß es sich mit zwei oder drei anderen bis auf unsere Zeit als gut verbürgt erhalten hat (vgl. darüber Ad. Schmidt II, 210, der es auf Stesimbrotos zurückführt). — Aber, wird man einwerfen, dies zugegeben müßte ja das Stück schon Ol. 87, 3, d. h. ein Jahr nach der Expedition gegen Aegina aufgeführt worden sein, denn es heißt ja: ὀφθαλμιάσας πέρυσιν, worauf geantwortet werden muß, daß πέρυσιν nicht nur „im Vorjahre", sondern in weiterem Sinne überhaupt, „in früheren Jahren, einst" bedeutet, wofür man die Belege in den Lexicis findet (vgl. Xenoph. Hell. III, 2, 7; M. II, 648, Fr. 1, Z. 3). —

Wenn man nun annimmt, daß diese Worte in den Anfang des Stückes fallen, daß der altersschwache Demos, der sich in Folge seiner schlechten Augen ins Theater führen lassen muß (Fr. 18), in der Erzählung seines Lebens nach dem Berichte von der durch den guten Arzt Perikles geheilten Augenkrankheit weitergeht zu seinen späteren Schicksalen und zu Klagen über die jämmerlichen Pfuscher, die nach dessen jähem Tode dem Kranken ihre Kunst anpriesen, so stimmt dies vortrefflich zur Erwähnung des Werghändlers (Eukrates[2]) aus dem Demos Melite, der uns (Fr. 24) als „melitischer Eber" vorgeführt wird, welches Prädikat ihm wohl seine Sitten zugezogen haben (vgl. B. bei M. II, 1003). Denn dieser Parvenü war bekanntlich wie der in Karien erschlagene Schafhändler Lysikles (s. o.) einer der unfähigen Demagogen, die sich in der nach Perikles Tod ausgebrochenen allgemeinen Verwirrung des vakanten Staatsruders bemächtigten (vgl. Ar. Ri. v. 128 u. 253; ebenso fr. incert. 87 bei M. II, 1197, das wahrscheinlich unserem Drama angehört). Der drohenden gerichtlichen Verfolgung entzog er sich nach der 2ten Stelle der Ri. durch die Flucht εὐθὺ τῶν κυρηβίων, was Süvern wohl richtig von einer reichlichen Mehlspende (denn er war auch Mühlenbesitzer s. Photios Lexicon s. v. Μελιτέα κάπρον), die er dem Volke darbrachte, erklärt (p. 12)[3]). Auf ihn bezieht sich auch ohne Zweifel — wie M. II, 185 richtig bemerkt ein Fr. des Kratinos (fr. incert. 27). —

---

[1]) Unter denen vielleicht Ar. selbst war, vgl. Prolegg. de com. XIII, Z. 19 bei Dübner in „Scholia gr. in Ar." Paris 1877; das Scholion zu den Acharnern v. 653—54.

[2]) Grote III, 508 nennt ihn ungenau einen Seiler.

[3]) Daß dieser Eukrates von dem erst nach der sicilischen Expedition hervortretenden Bruder des Nikias, der später ein Opfer der Dreißig wurde (Lysias advers. Poliochum §. 4) verschieden ist, hat B. bei M. II, 1004 richtig nachgewiesen; dagegen liegt kein Grund vor den Strategen in Thrakien (Lysistrat. v. 103) für verschieden von dem Demagogen zu halten (vgl. Süvern p. 12, Anm. 2).

Demnach erscheint es wahrscheinlich, daß des Geras den Rittern auch zeitlich nahe steht; denn dieser sonst unbekannte Mensch hat schwerlich die Spottlust der beweglichen Athener lange nach seinem ruhmlosen Abtreten von öffentlicher Wirksamkeit beschäftigt; da nun sein Nachfolger Lysilles schon Ol. 88, 1 umkam (Thukyd. III, 19), Perilles aber Ol. 87, 3 gestorben war, so bleibt für seine politische Wirksamkeit nur Ol. 87, 4. — Aus allem diesem geht hervor, daß das Stück in die 88te Ol. zu setzen ist, also den ersten Dramen des Dichters angehört. —

Was die übrigen Fr. angeht, so bezieht sich 10—12 wohl auf das stattliche Aeußere des verjüngten Greises, der Fr. 2 und 3 ähnliche Tollheiten begeht wie Philokleon in den Wespen, Fr. 4—9 sich jugendlicher Liebeslust hingibt und, wie es scheint, schließlich zum üppigen Hochzeitsmahl schreitet (Fr. 13—17); das Stück endete also ähnlich wie der Frieden und die Vögel (vgl. Süvern p. 21). —

Es ist nunmehr der Beweis für die obige Behauptung zu erbringen, daß mehrere der nur in Bruchstücken auf uns gekommenen Dramen der Zeit von Ol. 89, 3—Ol. 91, 2 angehören.

Unter diesen stehen in erster Reihe die Georgoi, die — wie schon der Titel andeutet — ähnlich wie der Friede ein Loblied des Landlebens und ein Hymnus auf den Frieden sind, der allein es dem Landmanne ermöglicht, ungestört seinem Berufe zu leben, zumal in Attika, wo in Folge der wiederholten Einfälle der Peloponnesier fast die ganze ländliche Bevölkerung innerhalb der Mauern Athens hatte Schutz suchen müssen (vgl. die anschauliche Schilderung in den Rittern v. 792 ff.[1]). B. betrachtet das Drama deshalb (p. 323) als eine zweite Recension des Friedens und stellt diesen beiden Stücken die Moirai und die Stratiotai des Hermippos gegenüber, denen er eigentümlicher Weise die gleiche Tendenz vindizirt, obgleich es ja doch feststeht, daß dieser Komiker, zwar Gegner des ihm viel zu gemäßigten Perikles, aber ein enragirter Anhänger der Kriegspartei war — unter den bekannteren der einzige (vgl. das markige bei Plut. Perikles c. 23 erhaltene Fr.) —; auch im ersten Teil seiner Behauptung geht B. zu weit, da man nur sagen kann, daß beide Dramen ähnlich wie die Ritter und das Geras in Inhalt und Form viel Verwandtes gehabt haben (vgl. Süvern p. 29). — Was nun die Zeit angeht, so beweist Fr. 1, wo Nikias wegen der zu Gunsten Kleons niedergelegten Feldherrnwürde persifflirt wird, daß das Stück nach der Eroberung von Sphakteria[2]) (Ol. 88, 4 im Spätsommer) aufgeführt wurde. Aus Fr. 8 dagegen:

---

[1] Vgl. auch die anmutige Schilderung des friedlichen Landlebens in dem Fr. aus Philemons Pyrrhos bei M. IV, 22.

[2] Dies hat B. nicht bedacht, der das Stück (bei M. II, 985) schon Ol. 88, 4 an den großen Dionysien also noch vor Eintritt dieses Ereignisses aufführen läßt; noch wunderlicher ist die Ansicht Fritzsche's (Quaestt. Aristoph. p. 44 ff.), daß es zu den letzten Dramen des Dichters gehöre.

εἰ γὰρ ἐμοὶ παυσαμένῳ τοῦ πολέμου γένοιτο
σκάψαι κἀποκλάσαι τε καὶ λουσαμένῳ διελκύσαι κ. τ. λ.

folgt, daß der Friede noch nicht abgeschlossen war. Da nun 1) Fr. 16
Laches, Megalles und Lamachos offenbar als Schreckbilder für die
friedlichen Bauern, 2) die Gesandten aus Leontini (Fr.
18) — auf
eine sicilische Expedition ist wahrscheinlich auch zu beziehen Fr. 12,
wo ich vermute: „εἴ γ' ἐκσικελίσαιμι' (B. ἐγκιλικίσαιμι') ἐξολοίμην"
φαϑὶ λέγων — 3) die Söhne des Hippokrates, die bei Ar. zuerst in
den erhaltenen Wolken v. 1001, bei Eupolis nicht vor den Demoi
auftauchen, erwähnt werden; 4) Meletos, der spätere Tragiker und
Ankläger des Sokrates, hier als ganz junger Mensch wegen seines un=
sittlichen Verkehrs mit dem Wüstling Kallias — wie Autolykos in des
Eupolis gleichnamigem Ol. 89, 4 aufgeführten Stücke — gebrand=
markt wird (Fr. 19, wo B. offenbar richtig emendirt ὡς Καλλίου
περαίνοντος αὐτόν [1]): so bleibt für die Aufführung des Dramas,
da das Jahr Ol. 89, 1 wegen der Aufführung zweier Stücke an
verschiedenen Festen — der Wolken und Holkades — ausgeschlossen
ist, nur die Wahl zwischen den großen Dionysien des Jahres Ol. 89, 2,
da die Lenäen bereits durch Wespen und Proagon besetzt sind, und
den Lenäen des folgenden Jahres, dessen große Dionysien schon durch
den Frieden besetzt sind, kurz nach der Aufführung des letzteren Dramas
(vgl. Thukyd. V, 24 mit den Commentaren, K. Fr. Hermann,
Gottesdienstl. Altert. §. 57, 22 u. 58, 5; im April fand der Ab=
schluß des Friedens statt). — Was nun die Fr. angeht, so sind die
wichtigsten schon im Vorstehenden besprochen worden. In den übrigen
kommt (Fr. 2) trotz des friedlichen Sinnes der Landleute, die immer
als die natürlichen Vertreter einer Friedenspolitik betrachtet werden
(vgl. Ar. Frieden v. 508), auch bei ihnen der Spartanerhaß zum
Durchbruch; die Jugend aber schwärmt für den Krieg (Fr. 7); Fr. 9
deutet auf die vielen umlaufenden Prophezeiungen; Fr. 13—15 sind
vom Chor der Landleute gesprochen und enthalten den Ausdruck eines
berechtigten Lokalpatriotismus: Fr. 25, das noch nicht befriedigend
emendirt ist, enthält entweder eine Anspielung auf den Meletos oder
auf das Gesellschaftshaus der tragischen Dichter im Demos Melite
(vgl. die Belege bei M. II, 994). —

In das Jahr nach dem Frieden (Ol. 89, 4) lassen sich mit
Wahrscheinlichkeit die Tagenisten d. i. Schlemmer, Schmarotzer setzen
(vgl. Eupolis fr. inc. II z. I, bei M. II, 547, Kolakes Fr. 7), in
welchem Stück, wie Süvern in der Abhandlung über Ar. Vögel,

---

[1] K. Fr. Hermann im Index Scholarum von Göttingen W. S. 1854/55
leugnet sowohl p. 7 die Identität des Dichters Meletos mit dem Liebhaber
des Kallias (er hält nämlich an der alten Lesart fest) wie die des Vaters des
Autolykos mit dem angeblichen Verräter von Naupaktos und Ankläger des
Sokrates (p. 13), ohne daß seine Gründe überzeugend wären; eine solche Dif=
ferenzirung, die bekanntlich Suidas des öfteren vornimmt, ist aber ohne die
zwingendsten Gründe zu vermeiden, da sie nur fleisch= und blutlose
Schatten schafft.

Berlin 1837, p. 42 richtig hervorhebt, ebenso wie in den Kolakes des Eupolis das üppige Leben dieses antiken Millionärs, der später in Armut starb [1]), einer scharfen Censur unterzogen wurde. B. bei M. II, p. 1147 wirft hier mit Unrecht dem geistreichen Manne ein iusto audacius coniectura augurari vor; ein Tadel, der ihm selber nicht immer erspart werden kann. — Daß der Titel Tagenisten sich gerade auf die Schmarotzer des Kallias bezieht, wird bewiesen 1) dadurch, daß in dem obigen Fr. des Eupolis, das ohne Zweifel den Kolakes einzuverleiben ist, da — wie oben bemerkt — die v. 4 erwähnte λακκοπρωκτία unverkennbar auf den λακκόπλουτος deutet (vgl. M. IV, 643), einer aus dem Parasitenchor das Wort ταγηνίζειν gerade von seinem eigenen Metier gebraucht; 2) dadurch, daß in den Fr. der bekannte Sophist Prodikos [2]) seine Weisheitslehren ebenso dem verwöhnten Gaumen des δεσπότης (Fr. 5) anpaßt, wie in den Kolakes Protagoras: dahin gehört das spitzfindige Raisonnement (Fr. 1), worin das Reich des Pluton über das des Zeus gesetzt wird; das „carpe diem" in Fr. 2; daher die scharfe Verurteilung des Dichters (Fr. 3):

$$\text{τοῦτον τὸν ἄνδρ' ἢ βιβλίον διέφθορεν}$$
$$\text{ἢ Πρόδικος ἢ τῶν ἀδολεσχῶν εἷς γέ τις.}$$

wo unter „diesem Manne" wohl eben Kallias zu verstehen ist. Gewiß ruft auch er (Fr. 14 u. 15) zugleich mit einer Parodirung euripideischer Verse die unterirdische Hekate an; auf seine zur Schau getragene Würde bezieht sich Fr. 28. Ein Ausspruch seiner pessimistischen Philosophie ist auch das von B. nicht verstandene Fr. 22: γενναία βοιώτιος ἐν Ἀγχομενοῦ, wozu Lehrs Supplem. Add, M. V, 1, p. CXLV bemerkt: aliquid tentandum erat; putavi Ἀγχομενός loci nomen esse ut Ὀρχομενός et videtur festivus sermo fieri de anguilla, indem er es mit der Anrufung der Hekate in Verbindung bringt. Er schreibt daher:

γενναία,
Βοιωτὶς δ' ἦν ἐξ Ἀγχομενοῦ.

Der erste Gedanke ist gewiß richtig (man vgl. die Ortsnamen der Unterwelt in Ar. Frö. v. 186 mit den Bemerkungen M. II, 203); an die Schlangen zu denken ist aber schon wegen des Plur. (σπείρας ὄγεων ἑλελιζομένης) mißlich. Weit leichter erscheint die Verbindung mit dem Hymnos auf das Leben in der Unterwelt (Fr. 1), weshalb ich vermute: γενναία βίωσις ἐν Ἀγχομενοῦ (d. h. prächtiges Leben in Hänghcim).

---

[1]) Nach Aelian V. H. IV, 23 trank er in Gesellschaft des jüngeren Perikles, als der ganze Reichtum vergeudet war, Schierling, was jedenfalls soweit es den Perikles angeht, falsch ist, da dieser unter den nach der Arginusenschlacht verurteilten Feldherren war. (vgl. Xenoph. Hell. I. 5, 16 ff.). —

[2]) Er ist vielleicht auch der ἐγχωρίσιτερος in Fr. 25; man vgl. über die Zeit seines athenischen Aufenthalts B. rel. com. p. 336, der ihn Ol. 89 nach Athen kommen läßt.

Fr. 4 u. 5 spricht der Chor der Tageniften, der sich anschickt einen Lobgesang auf seinen Herrn anzustimmen; Fr. 6 u. ff. — 13 gehören dem bei der Tafel präsidirenden Kallias selber an, der besonders Fr. 9 seinen verwöhnten Gaumen selbst schildert; Fr. 16 u. 17 beziehen sich auf den Schluß des Gastmahls und wohl auch des Stückes; Fr. 61 endlich beweist, daß das Drama auch einen Lobgesang auf das goldene Zeitalter enthielt, womit wohl von den Schmarotzern das üppige Leben in Kallias' Hause verglichen wurde. — So ergibt sich aus der ganzen Anlage des Stückes eine solche Aehnlichkeit mit dem Drama des Eupolis, was auch B. bei M. II, 1147 nicht entgangen ist, daß man notwendig auf den Gedanken kommt, Ar. habe, verstimmt durch den Ruhm seines glücklichen Rivalen, der ihn mit den Kolakes besiegt hatte, beschlossen, ihn mit seinen eigenen Waffen zu bekämpfen, ähnlich wie es dieser — wenn das Zeugniß des Ar. Wo. v. 554 Glauben verdient, was nach den erhaltenen Fr. der Fall zu sein scheint — in seinem im gleichen Jahre (Ol. 89, 4) aufgeführten Marikas gegenüber den Rittern machte oder schon gemacht hatte. Daß er in diesem Falle sein Pendant baldmöglichst folgen lassen mußte, liegt auf der Hand, weshalb das Jahr Ol. 89, 4 als wahrscheinlichster Aufführungstermin bezeichnet werden muß, wenn auch zuzugeben ist, daß die ersten Jahre der folgenden Ol. nicht ausgeschlossen sind. Ausgeschlossen ist es aber das Drama der späteren Zeit des Dichters zu vindiziren, schon wegen des bereits Ol. 91, 2 merklich geschwundenen Reichtumes des Kallias (vgl. Vögel v. 284 ff. mit den Scholien), obgleich B. dies bei M. II, 1146 ohne Angabe der Gründe zuversichtlich behauptet.

Es scheint überhaupt, daß Ar. in dieser Blüteperiode des genialen Gegners verzweifelte Anstrengungen gemacht habe, ihm die Palme durch Konkurrenzarbeiten über dasselbe Sujet streitig zu machen, so in den Nesoi, die ohne Zweifel eine ganz ähnliche Tendenz verfolgten wie des Eupolis Poleis, so in dem allerdings späteren Triphales, einem Seitenstücke zu den Bapten. —

Was die Nesoi betrifft, deren Chor wie Fr. 2 beweist aus den Inseln bestand, so setzt zwar B. bei M. II, 1108 obschon zweifelnd — ähnlich wie M. es bei den Poleis gemacht hat — ihre Aufführung erst zur Zeit der Seesiege des Alkibiades im Hellespont 411—09 v. Chr. Da aber von einer besonderen Bedrückung der Inseln, wie sie als Hintergrund des Stückes aus den Fr. 3 u. 4 unzweifelhaft hervorgeht, nach der sicilischen Expedition trotz der entgegengesetzten Behauptung von B., für die er den Beweis schuldig bleibt, nichts bekannt ist (denn die teils erfolgreichen teils erfolglosen Unternehmungen der Athener gegen die abtrünnigen Chios, Lesbos u. s. w. waren staatsrechtlich durchaus in der Ordnung), wohl aber feststeht, daß sowohl nach Perikles' Tode Leute wie der als ἀργυρολόγος in Karien erschlagene Lysikles (s. o.) und die Kreaturen des Kleon (vgl. Ar. Ri. v. 1071, 1319; Fri. v. 171, 639) als in der Zwischenzeit zwischen dem Frieden des Nikias und der sicilischen Expedition die leitenden

Staatsmänner — insbesondere der ehrgeizige Alkibiades — das Recht des Stärkeren gegen dieselben in der rücksichtslosesten Weise geltend machten (man denke nur an die Expedition gegen Melos unter Nikias, die noch dem Libanios Stoff geben mußte zu einer Anklage der atheni= schen Grausamkeit): so ist es angezeigt, das Stück in die 90te Ol. zu setzen, um so mehr da in dem längeren Fr. 1 nicht von herrschendem Kriegszustande die Rede ist, sondern dasselbe ganz wie die besonnene Warnung eines friedlichen Bürgers vor den damals auftauchenden utopischen Großmachtsplänen aussieht, die an die Adresse eines jungen Heißsporn gerichtet ist [1]). Man höre nur den Anfang:

$$\tilde{\omega} \; \mu\tilde{\omega}\varrho\varepsilon \; \mu\tilde{\omega}\varrho\varepsilon \; \pi\acute{a}\nu\tau a \; \tau a\tilde{\upsilon}\iota' \; \acute{\varepsilon}\nu \; \tau\tilde{\eta}\delta' \; \acute{\varepsilon}\tau\iota$$

(d. h. alle diese Herrlichkeiten — welche dann in einer schönen Schil= derung der Segnungen des friedlichen Landlebens weiter ausgemalt werden — sind in dem herrschenden ($\acute{\varepsilon}\nu \; \iota\tilde{\eta}\delta\varepsilon$) Frieden vorhanden, und du Thor schwärmst für den Krieg?). Daß das Drama nicht viel später gesetzt werden kann, beweist auch die Erwähnung des „Affen" Panaitios, der nur noch in den Vögeln v. 440 ff. vorkommt (vgl. B. rel. comp. p. 351). — Er ist — wie auch B. bei M. II, 1111 annimmt — als identisch zu betrachten mit dem Panaitios, den Andokides nach seiner eigenen Aussage (de myster. §. 52 u. 67) mit drei anderen wegen Beteiligung am Mysterienfrevel anklagte, worauf sie noch im Sommer 416 die Flucht ergriffen. Nun ist, wenn es sich nicht um Männer von durchaus hervorragender Bedeutung handelt, daran festzuhalten, daß nur in Athen anwesende Per= sönlichkeiten zum Gegenstand von Angriffen in der Komödie sich eigneten, weshalb das Drama jedenfalls vor diesen Termin fällt. Der Hinweis B's. bei M. II. 1107 auf den Umstand, daß nach dem Anonymos de com. XII. 13 einige den Archippos für den Ver= fasser der Nesoi hielten, nötigt selbst dann nicht an eine spätere Zeit zu denken, wenn man dieser Ansicht Glauben schenkt, die in Berück= sichtigung des abweichenden Charakters der erhaltenen Fr. des Archippos zu verwerfen ist —, da Suidas nur sagt, daß Archippos in der 91ten Ol. im komischen Wettkampf einen Sieg errungen habe, nicht aber, daß er damals zuerst als Dichter aufgetreten sei. —

Was nun die nicht zahlreichen Fr. betrifft, so ist Fr. 1, 2 u. 6 schon behandelt worden; Fr. 3:

$$\acute{\omega}\varsigma \; \acute{\varepsilon}\varsigma \; \tau\grave{\eta}\nu \; \gamma\tilde{\eta}\nu \; \varkappa\acute{\upsilon}\psi a\sigma a \; \varkappa\acute{a}\tau\omega \; \varkappa a\grave{\iota} \; \xi\upsilon\nu\nu\varepsilon\nu\sigma\gamma\upsilon\acute{\iota}a \; \beta a\delta\acute{\iota}\zeta\varepsilon\iota$$

drückt das Mitleid eines Zuschauers mit einer im Chor aufziehenden dem trostlosen Zustande entsprechend kostümirten Insel aus, die (Fr. 4) sich wie die Kinder an Regentagen vergebens nach einem Sonnen= strahle sehnt: $\lambda\acute{\varepsilon}\xi\varepsilon\iota\varsigma \; \check{a}\varrho a \; \check{\omega}\sigma\pi\varepsilon\varrho \; \tau\grave{a} \; \pi a\iota\delta\iota': \; \check{\varepsilon}\xi\varepsilon\chi' \; \tilde{\omega} \; \varphi\acute{\iota}\lambda' \; \mathring{\eta}\lambda\iota\varepsilon.$ — Die übrigen Fr. sind ohne Bedeutung. —

An die Nesoi lassen sich zwei Stücke anschließen, deren Auf=

---

[1]) Vgl. auch Fri. v. 760, wo der Dichter sich schon von jeher als den Vorkämpfer der Inseln bezeichnet.

führungszeit zwar nur annähernd fixirt werden kann, aber jedenfalls
vor die sicilische Expedition, also zwischen Ol. 89, 1 und Ol. 91, 2
fällt: es sind dies die Horen und der Anagyros.
Bezüglich des Anagyros verzichtet B. (p. 959 bei M.) auf
eine genauere Zeitbestimmung, obwohl er zugeben muß, daß in Fr. 7
die Verse 219 ff. aus dem Hippolytos des Eur.[1] parodirt werden.
Diesen Verzicht begründet er mit dem Hinweis darauf, daß dieses
Ol. 87, 4 (vgl. die erhaltene Hypothesis) mit dem ersten Preise auf=
geführte Drama von Ar. nicht nur in früheren, sondern auch in
späteren Stücken (so Thesmoph. v. 276 u. Frö. v. 962 ff.?) in ein=
zelnen Versen parodirt worden sei. Nun aber hat der attische
Lokalmythos vom Heros Anagyros, den B. in zwei Versionen an=
führt und von dem das Stück den Namen trägt[2]); eine solche Aehn=
lichkeit mit der Geschichte des Theseus und der Phaidra, daß ich der
Ansicht bin, der Dichter habe in Anlehnung an eben diesen Mythos
das ganze Sujet des euripideischen Hippolytos, dessen bedenkliche
Frauencharaktere auch Aeschylos in den Frö. v. 1043 ff. dem Gegner
vorwirft, parodiren wollen. Zum Beweise dieser Behauptung hebe
ich folgende Stellen aus:

τὸν υἱὸν ἐπήρωσε (sc. der Bauer aus dem Gau Anagyros)
διαβολῇ πλαστῇ τῆς μητρυιᾶς χρησάμενος. — — —
ἡ δὲ γυνὴ εἰς φρέαρ ἑαυτὴν ἔρριψεν. — 1ste Version.

ὁ δὲ (der beleidigte Heros, der ganz die Rolle der Aphrodite spielt)
τῷ υἱῷ αὐτοῦ ἐπέμηνε τὴν παλλακήν, ἥτις μὴ δυναμένη
συμπεῖσαι διέβαλεν ὡς ἀσελγῆ τῷ πατρί. ὁ δὲ
ἐπήρωσεν αὐτὸν καὶ ἐγκατῳκοδόμησεν. — 2te Version.

Außerdem beweisen die Fr. 1—6, daß im Anagyros ein wie Pheidip=
pides in den Wo. dem adeligen Sport der Pferdezucht sehr zugethaner
junger Mensch vorkam, eine Figur, die sich von selbst als Karrikatur
des Hippolytos ergibt; Fr. 13 scheint auf das durch einen Gott —
etwa Poseidon — vor Eintritt der Katastrophe in der Natur herauf=
beschworene Unwetter zu deuten (vgl. Hippol. v. 1201 ff.). — Dem=
nach ist das Stück, da eine Parodie nach nicht zu langer Zeit auf
die zur Zielscheibe ausersehene Tragödie folgen mußte, noch in die
Jugendperiode des Dichters zu setzen, etwa in die 89te Ol.[3]), wozu
auch der in Fr. 22 ausgesprochene Haß gegen die Argiver stimmt,
deren Charakter schon im allgemeinen von den Athenern wenig günstig
beurteilt wurde (vgl. die von B. bei M. II, 966 angeführte Stelle
des Sophokles), besonders aber in der Zeit vor Abschluß des Nikias=
friedens wegen der egoistischen Achselträgerei, wodurch sie die Einigung
der kämpfenden Parteien zu hintertreiben suchten (vgl. Ar. Fr. v. 475 ff.)
vom Komiker in verdienter Weise gegeißelt worden ist. Dazu kommt,
daß in Fr. 18 einem Rivalen vom Dichter Plünderung seiner Stücke

---

[1] Eur. wie in Zukunft immer = Euripides.
[2] Zum Titel vgl. auch Lysistr. v. 67 c. schol.; Fr. 21.
[3] Vgl. Koct I. 402, der über die Zeit ein: non liquet ausspricht.

vorgeworfen wird, unter dem gewiß mit B. Eupolis zu verstehen ist, dem er ja in den Wo. v. 553 ebenfalls literarischen Diebstahl vor= wirft. Auch die (allerdings unsichere) Erwähnung des liederlichen Ariphrades (bei M. V, 1, CXXVII), der in den Rittern v. 1281 ff. in seiner ganzen Verkommenheit geschildert wird (vgl. über ihn B. rel. com. p. 231), würde dazu stimmen. Dagegen spricht nicht der Hieb gegen den lahmen Koch Perdix (Vater des Kleombrotos in Phrynichos Tragodoi M. II, 599?), der einige Jahre später auch in den Vögeln v. 1292 verhöhnt wird. —

Die übrigen Fr. sind ohne prägnanten Inhalt. —

Wir gehen nunmehr zu dem zweiten Drama: den H o r e n über, welchem Kock I, 535 nach Eustathios den Nebentitel Erechtheus vindizirt. Hier hat B. (bei M. II, 1170) ohne Zweifel recht, wenn er auf Grund der erhaltenen Fr. den Krieg zwischen den einheimischen und fremden Göttern als die Fabel des Stückes bezeichnet, ein Krieg, der in diesem Falle mit Vertreibung der Eindringlinge endete. Für das Eindringen ausländischer Gottheiten in Athen zur Zeit des peloponnesi= schen Krieges sprechen manche Indizien: so die schon um Ol. 84 fallende Aufführung von Kratins Thrakerinnen, deren Tendenz die Bekämpfung des Dienstes der Bendis, einer der Artemis verwandten thrakischen Mondgöttin war (vgl. M. II, 61, B. rel. com. p. 76 ff.), die uns auch in Ar. Lemnierinnen begegnen wird; so das Auftreten des Triballers unter der Göttergesandtschaft in Ar. Vögeln v. 1565 ff., so die Stelle in der Lysistrata v. 388 ff. über die Verehrung des phrygischen Sabazios (vgl. auch Vög. v. 875, Wesp. v. 9; Lobeck Aglaoph. p. 1046 ff.), um dessen Kult es sich auch in unserem Stücke vornehmlich gehandelt haben muß (vgl. Fr. 3 mit Cicero de legg. II, 15). Da nun aus letzterer Stelle: ut apud eum (Ar.) Sabazius et quidam alii dii peregrini iudicati e civitate eiciantur) zugleich hervorgeht, daß wir es mit einer Mehrheit von fremden Gottheiten zu thun haben, so erscheint es wahrscheinlich, daß auf beiden Seiten eine Dreiheit die streitenden Götter repräsentirt hat (etwa auf Seiten der alten Götter Zeus, Athene und Poseidon, auf Seiten der neuen Sabazios, Bendis, Triballos), da ja, wie die Schwurformeln beweisen, (vgl. K. Fr. Hermann Gottesd. Altert. p. 92, Ar. Wo. v. 1234) gerade diese Zahl als die der engeren Landesgottheiten gebräuchlich war, wo sich dann das ζεῦγος τριδουλον (Fr. 11) auf die barbarische Trias gut beziehen ließe [1]). Wie aus der Stelle des Cicero hervor= geht, hat der Dichter hier den alten Göttern zu ihrem Rechte ver= holfen, während er sie anderswo — so den Herakles in den Vögeln, den Hermes im Plutos — um des lieben täglichen Brotes willen bei den Sterblichen Dienste nehmen läßt; daß aber auch in diesem Drama die einheimischen anfangs in schlimmer Lage waren, dafür

---

[1]) Man vgl. auch die bei Gesandtschaften übliche Dreizahl, z. B. Ar. Vög. v. 1565 ff., Gerytades Fr. 1.

kann Fr. 2 als Beweis dienen, wo einer unter ihnen (was B. p. 1172 nicht bemerkt zu haben scheint) verzweifelt ausruft:

$$\dot{\epsilon}\mu o\grave{\iota}\ \varkappa\varrho\acute{\alpha}\tau\iota\sigma\tau\acute{o}\nu\ \dot{\epsilon}\sigma\tau\iota\nu\ \epsilon\dot{\iota}\varsigma\ \tau\grave{o}\ \Theta\eta\sigma\epsilon\tilde{\iota}o\nu^{1})\ \delta\varrho\alpha\mu\epsilon\tilde{\iota}\nu$$
$$\dot{\epsilon}\varkappa\epsilon\tilde{\iota}\ \delta'\ \dot{\epsilon}\omega\varsigma\ \ddot{\alpha}\nu\ \pi\varrho\tilde{\alpha}\sigma\iota\nu\ \epsilon\ddot{\upsilon}\varrho\omega\mu\epsilon\nu\ \mu\acute{\epsilon}\nu\epsilon\iota\nu$$

sich also einem Sklaven gleichstellt, der um aus seiner unerträglichen Lage befreit zu werden, zu dem letzten Mittel: dem Herrentausch, der den Sklaven bei grausamer Behandlung in Athen freistand (vgl. Eupolis Poleis Fr. 33 mit M's. Kommentar) zu greifen beschließt. — Bezüglich der einzelnen Fr. ist zu bemerken, daß in dem längeren Fr. 1 Athene als Sachwalter der alten Götter gegenüber den Beschuldigungen der barbarischen Eindringlinge auftritt (vgl. bes. v. 12; so auch B. bei M. II, 1170). Aus dem Anfange erhellt zugleich, daß der Titel auf den Fruchtsegen der einzelnen Jahreszeiten zu beziehen ist, mit welchem die Schutzgöttin Athene wegen der Frömmigkeit ihrer Landeskinder die Landschaft überschüttet. Von bestimmten Persönlichkeiten erscheinen außer Androkles, dessen Erwähnung (Fr. 5) fraglich bleibt, der Prahlhans Theogenes [2]), der uns in den erhaltenen Stücken von den Wespen (v. 1178) bis zur Lysistrata (v. 62) begegnet, der bekannte Schlemmer Kallias, Hipponikos Sohn, aus dem Demos Melite (Fr. 13), der wohl als ein Anhänger der neuen Götter geschildert war; endlich der wohl auf der gleichen Seite zu suchende Jünger des Sokrates Chairephon, dessen Schattenbild nur in den Wespen, Wolken und Vögeln auftaucht.

Wenn es nun nach den bisherigen Indizien blos wahrscheinlich erscheint, daß die Horen der Zeit nach zwischen die Vögel und die Lysistrata zu setzen sind (Ol. 91, 2—92, 1), in welchem letzteren Drama ja, wie oben erwähnt, des Sabazioskultes bereits als einer beliebten staatlichen Institution gedacht wird, — denn daß es nicht später fällt, beweist schon das die Fruchtbarkeit Attikas in glänzenden Farben ausmalende Fr. 1, in welchem der Dichter sich noch nicht durch die furchtbare sicilische Katastrophe niedergedrückt zeigt — so hoffe ich ein sicheres Kriterium gefunden zu haben, um zu beweisen, daß das Stück vor die Vögel fällt. Es sind dies die Verse 1560 ff. dieser Komödie, wo der bekannte Feigling Peisandros um die Seele (den Mut), die ihn bei lebendigem Leibe verlassen, heraufzubeschwören, es wie Odysseus in der Nekyia macht, worauf es weiter heißt:

$$\varkappa\tilde{\alpha}\tau\ \dot{\alpha}\nu\tilde{\eta}\lambda\vartheta'\ \alpha\dot{\upsilon}\tau\tilde{\omega}\ \varkappa\acute{\alpha}\tau\omega\vartheta\epsilon\nu$$
$$\pi\varrho\grave{o}\varsigma\ \tau\grave{o}\ \lambda\alpha\tilde{\iota}\mu\alpha\ \tau\tilde{\eta}\varsigma\ \varkappa\alpha\mu\acute{\eta}\lambda o\upsilon\ \text{(daß er als }\dot{o}\nu o\varkappa\acute{\iota}\nu\delta\iota o\varsigma\ [\text{M. II, 501}]$$
$$\text{statt des schwarzen Schafes schlachtet)}$$
$$X\alpha\iota\varrho\epsilon\varphi\tilde{\omega}\nu\ \dot{\eta}\ \nu\upsilon\varkappa\tau\epsilon\varrho\acute{\iota}\varsigma.$$

Da nun Chairephon 1) in den Wolken v. 594 als $\dot{\eta}\mu\iota\vartheta\nu\acute{\eta}\varsigma$ bezeichnet

---

wird; 2) der Scholiast a. a. O. anmerkt ἐκ τῶν χθονίων ἀνῆλθεν [1]); 3) er seitdem vollkommen aus der Komödie verschwindet: so ist nicht zu zweifeln, daß Ar. hier in der That auf seinen kürzlich erfolgten Tod anspielt. Dafür spricht auch die ähnliche Wendung im Frieden v. 313, wo der kurz vorher bei Amphipolis gefallene Kleon ὁ κάτωθεν Κέρβερος heißt; ebenso v. 649: ἀλλ' ἵνα τὸν ἄνδρ' ἐκεῖνον οὖπερ ἔστ' εἶναι· κάτω. Hieraus ergibt sich denn mit Notwendigkeit, daß die Horen kurz vor den großen Dionysien des Jahres Ol. 91, 2 aufgeführt sind. —

Die Todeszeit des Chairephon aber gibt weiter einen sicheren Anhalt zur Bestimmung des terminus ante quem für zwei Stücke des Ar., deren geringe Fr. bisher die Versuche ihre Zeit zu fixiren vereitelt haben, nämlich die Dramata und Telmessier. Ueber die Zeit des ersteren Stückes schweigt B. ganz, das letztere möchte er nach Fr. 3, das er ohne Grund auf Platon bezieht, unter die späteren Stücke setzen (M. II, 1159). Von dem ersteren gab es eine doppelte Bearbeitung: Δράματα ἢ Κένταυρος und Δράματα ἢ Νίοβος, deren letztere aber schon bei den alten Grammatikern Zweifel bezüglich der Aechtheit hervorrief, indem der Anonymos im Leben des Ar. §. 13 es dem Archippos zuschreibt (daß es eine Parodie auf eine tragische Bearbeitung der Niobidensage war, ergibt sich mit Wahrscheinlichkeit aus dem Scholiasten zu Eur. Phönissen v. 159). — Bezüglich der ersteren, die hier allein in Betracht kommt, schließt B. (M. II, 1055) aus dem Titel, daß sie Herakles bei Pholos zum Gegenstand gehabt habe, jedoch ohne die Sache zu beweisen. Dagegen hat er gewiß Recht mit der Annahme, daß der Dichter ähnlich wie in den Daitaleis dem Publikum als Einlage ein besonderes Stück — wohl die Karrikatur eines Trauerspiels — vorgeführt habe. Während die Fr. keinen ausreichenden Anhalt zur Bestimmung des Sujets geben [2]), erhellt aus Fr. 6 nach den obigen Ausführungen, daß es vor den Vögeln aufgeführt sein muß. Da aber in Fr. 4 Athen mit unverkennbarer Anspielung auf das Regime des βυρσοπώλης als Βύρσα (Lederstadt) bezeichnet wird (was B. entgangen ist), so ist es noch vor den Tod des Kleon (Ol. 89, 3 Novbr.) zu datiren. Wilamowitz Observ. critt. p. 11 ff. schließt aus dem Scholion zu Ar. Wesp. v. 60, wo er für δράμασιν Δράμασιν schreibt, ansprechend, daß das Stück vor den Wespen aufgeführt worden sei (vgl. Kock I, 460).

Die Tendenz des zweiten Stückes, der Telmessier, läßt sich aus dem Namen erschließen; die Telmessier nämlich, Einwohner einer karischen Stadt, welche nach Fr. 1 u. 2 den Chor bildeten, waren wegen ihrer Wahrsagekunst berufen (s. die Belegstellen bei M. II, 1158). Ar. führte nun (vgl. Fr. 1—8) einen der damals in Athen weit-

---

[1]) Denn die folgende Version ὡς ἀνοκλήτως δὲ παραβάλλοντα αὐτὸν εἰς τὰ δεῖπνα, welche im cod. Ravennas fehlt, erscheint als ein verunglückter Erklärungsversuch eines Späteren. --

[2]) Daß ein Schwans darin vorkam, beweisen Fr. 3—5; auf die unbändige Roheit des Kentauren geht wohl Fr. 2, auf lascive Tänze Fr. 10.

4 *

verbreiteten orakelſüchtigen Menſchen [1]) ein (vgl. Thut. VI, 24, 31; Plutarch Nikias c. 8) — etwa den Nikias ſelbſt — welcher ſich von ihnen, den Abbildern der vielen damals die Stadt beunruhigenden Propheten, denen wir in den Rittern, dem Frieden, den Vögeln begegnen, die Zukunft deuten ließ. Den ſeltſamen Apparat, den ſie bei ihren Prophezeiungen ſo gut wie in moderner Zeit Caglioſtro für nötig hielten, perſifflirt der Dichter in den Fr. 4—8; Fr. 9 u. 10 ſcheinen Bruchſtücke eines gegebenen Orakels zu ſein. — Da Chairephon in Fr. 14 als Sykophant perſifflirt wird, ſo ergibt ſich für die Aufführung die Zeit vor Ol. 91, 2. — Aus Fr. 13 b. h. dem Vorkommen des Namens Ariſtyllos ſchließt B. (M. II, 1162) auf eine Verſpottung Platons, wobei er ſich auf Ekkleſiazuſen v. 674 und Plutos v. 314 ſtützt; jedoch ohne ausreichenden Grund, da Ariſtyllos, wie er ſelber zugibt, nicht nur von Ariſtotles gebildeter Koſename, ſondern ein ſelbſtändiger Eigenname war und man nicht einſieht, wie ein höchſtens 14 Jahre alter Knabe (Platon iſt früheſtens Ol. 87, 4 geboren vgl. Clintons Fasti Hellen. p. 67) die Aufmerkſamkeit des Komikers auf ſich lenken konnte. —

Wir kommen jetzt zu dem Jahre Ol. 91, 2, das wegen der Aufführung der Vögel, jenes vielleicht genialſten Produktes der komiſchen Muſe der Griechen, als Höhepunkt in der Entwickelung des Dichters gelten muß. Seltſamer Weiſe wurde das herrliche Drama, in deſſen Bewunderung alle modernen Kritiker einig ſind, ſoweit auch ihre Urteile bezüglich der Tendenz des Stückes auseinandergehen (vgl. Burſian: Sitzungsber. der kgl. bay. Akademie der Wiſſenſch. philoſoph.-philol. Claſſe 1875 [2]), durch Kalliſtratos an den großen Dionyſien nur mit dem zweiten Preiſe aufgeführt (vgl. die in der 2ten Hypoth. erhaltene Didaskalie [3]).

In daſſelbe Jahr und zwar auf die Lenäen fällt der Amphiaraos (Hypoth. II), in dem Bentley, Süvern u. A. — ſo ſehr auch B. p. 950 dieſe Auffaſſung bekämpft — offenbar mit Recht ein Abbild des Nikias geſehen haben, der ebenſo wie jener die Sieben vor dem Zuge gegen Theben die von den hochfliegenden Plänen des Alkibiades verblendeten Athener vor der tollkühnen ſiciliſchen Expedition, die zur Zeit der Aufführung des Stückes in die Wirklichkeit zu treten begann, gewarnt hat (vgl. Hygin. p. 78). Daß übrigens dieſer politiſchen Seite des Stückes eine parodiſtiſche zur Ergänzung diente, iſt wahrſcheinlich [4]), wenn auch die Behauptung B's. (rel. com. p. 119), daß

---

[1]) Auf dieſe Schwäche der Athener ſpielt Ar. im 4ten Fr. des 2ten Friedens an (M. II, 1066).

[2]) Vgl. auch W. Behaghel „Geſchichte der Auffaſſung der ariſtophaniſchen Vögel" Abtl. I u. II. Programme des Gymnaſiums zu Heidelberg 1878 u. 1879.

[3]) Die Hypoth. I ſchildert die damalige politiſche Lage Athens ganz falſch; richtig dagegen iſt auch in Bezug auf die Tendenz des Stückes das in der zweiten gefällte Urteil; ebenſo iſt richtig hervorgehoben, daß das eben erlaſſene Geſetz des Syrakoſios den Dichter verhindert habe τοὶς κακῶς πολιτευομένους φανερῶς ἐλέγχειν.

[4]) Fr. 6 iſt augenſcheinlich einem tragiſchen Verſe nachgebildet.

Ar. in den Wespen v. 1510 auf das Satyrdrama Amphiaraos des Sophokles angespielt habe durch die Bemerkung des Scholiasten nicht bewiesen wird. — Daß der Dichter sich der mythischen Persönlichkeit des Amphiaraos bediente um den Angriff auf einen damals hoch= angesehenen Feldherrn und Staatsmann zu maskiren findet, ebenso wie die Art der Polemik gegen die kürzlich begonnene sicilische Expedition in den Vögeln seine Erklärung in dem eben erlassenen Psephisma des Syrakosios (vgl. B. bei M. II, 949). — Was die Fr. betrifft, so ist der Greis, der in schwerer Krankheit Hülfe sucht (vgl. Fr. 3 u. 4), dessen kindische Angst bei dem leisesten Geräusch, in dem er sofort ein Omen zu sehen scheint, gut verhöhnt wird (Fr. 1) — wie B. p. 952 richtig bemerkt — ohne Zweifel der athenische Demos, den wir ja auch in den Rittern und im Geras in gleicher Maske fanden. Er wird (Fr. 2) von einem Weibe gepflegt; sucht dann das Heilorakel des Amphiaraos (in Oropos?) auf (vgl. darüber K. Fr. Herm. Gottesd. Altert. §. 41, 8), wo ihm (Fr. 8—11) in dunkler Weisheit Bescheid erteilt wird. In Fr. 12 u. 13 verjüngt er sich vor unseren Augen, worauf er ebenso muthwillige Streiche be= geht (Fr. 14 u. 15), wie Philokleon in den Wespen. Nach Fr. 5 scheint er sich bei dem Heros, dessen Tochter Jaso (Fr. 7) auch beteiligt war, als ein Bewohner des Demos Lamptrai vorgestellt zu haben. — Von bestimmten Personen wird nur der Schuft Phrynondas (Fr. 18) erwähnt, den wir schon aus dem Proagon kennen. —

Zeitlich schließt sich an den Amphiaraos [1] ein Drama, dessen Tendenz nach den erhaltenen wenig prägnanten Fr. angeben zu wollen ein unnützes Bestreben scheint, die Heroes. B. allerdings sagt bei M. II, 1068, daß es gegen die überhandnehmende Gottlosigkeit der Athener gerichtet gewesen sei; jedoch den Beweis bleibt er schuldig. —

Daß dem Titel entsprechend die Heroen den Chor gebildet haben, darf man aus Fr. 1—3 ohne Bedenken schließen, ebenso daß sie mit der ihnen gezollten Verehrung unzufrieden waren. Hieraus aber einen allgemeinen Tadel in Bezug auf die abnehmende Religiosität zu folgern ist unstatthaft, da die Heroen als chthonische Wesen vor= wiegend als böse Dämonen erscheinen, deren bloßer Anblick dem Men= schen gefährlich wird (vgl. das lehrreiche Scholion zu Ar. Vö. v. 1490 mit M. II, 409 und K. Fr. Hermann Gottesd. Altert. §. 16, 2 ff., M. zum Menander p. 158). — Dagegen läßt sich auf Grund des Fr. 4, wo Diitrephes genannt wird, auf dessen Barbarentum (vgl. Platons Heortai Fr. 5. M. II, 626) wohl auch Fr. 5 wie auf seinen schnell erworbenen Reichtum Fr. 9 zu beziehen ist, derselbe, der in den Vögeln v. 798 ff. als namenloser Parvenü anftaucht:

εἰτ' ἐξ οὐδενὸς
μεγάλα πράττει κἀστὶ νυνὶ ξουθὸς ἱππαλεκτρυών,

und v. 1442 als Sportsman par excellence geschildert wird, die Aufführungszeit auf die Zeit zwischen Ol. 91, 2 und 4 fixiren; denn

---

[1] Kock schreibt nach Dindorf Ἀμφιάρεως.

in letzterem Jahre starb er bereits an einer bei Mykalessos empfangenen Wunde, wo er mit den von ihm in ihre Heimat zurückzuführenden thrakischen Peltasten die oben erwähnte Metzelei angerichtet hatte (Thukyd. VII, 29, B. bei M. II, 1069). Er kann also nicht mit dem Ol. 92, 1 im Frühjahr nach Thrakien geschickten Strategen Diotrephes (Thuk. VIII, 64) identisch sein[1]). Von den im Vorstehenden nicht besprochenen Fr. könnte man das sechste von dem einem brod= losen Heros erteilten Rate verstehen, seine Dienste auf dem Wein= markte als Krugträger ($\dot{\alpha}\mu\varphi o\varrho\epsilon\alpha\gamma o\varrho\acute{o}\varsigma$) an den Meistbietenden zu verdingen (man vgl. die dem Hermes im Plutos v. 1168 zugemutete Beschäftigung); auch Fr. 13 ff. lassen sich auf ähnliche Sklavendienste deuten.

Wir kommen nunmehr zu zwei erhaltenen Stücken, die bereits nach dem Eintritte der sicilischen Katastrophe fallen, nämlich zur Lysistrata und den ersten Thesmophoriazusen.

Die Lysistrata, deren Titel schon die Tendenz klar anzeigt, wurde nach Hypoth. I. aufgeführt unter dem Archon Kallias, d. h. Ol. 92, 1 (= 412) durch Kallistratos. Die gedrückte, um nicht zu sagen ver= zweifelte Stimmung des Stückes, die sich vergebens hinter einem gewissen Galgenhumor, der sich in den derbsinnlichsten Spässen Luft macht, zu verstecken sucht, sticht gewaltig von dem kühnen Flug der Dichterphantasie in den Vögeln ab. Nur am Schlusse (v. 1247 ff.) in den schönen lakonischen Liedern entfaltet der Genius freier die ge= lähmten Schwingen. Süvern (über Ar. Wolken p. 44) hat aus den Worten über die Umtriebe des Peisandros und seiner Partei= genossen v. 490 ff. ebenso scharfsinnig wie überzeugend auf Grund der Berichte des Thukyd. nachgewiesen, daß das Stück vor Konstituirung des Regiments der Vierhundert, also an den Lenäen aufgeführt worden sein muß. —

Hieran reiht sich ein berühmtes Stück, von dem leider nur geringe Fr. erhalten sind, nämlich der Triphales[2]), das wie schon der von Süvern in der Abhandlung über Ar. Wolken Berl. 1826 p. 62 ff. richtig erklärte Titel beweist, die· geschlechtlichen Ausschweifungen des Alkibiades geißelte (zum Titel vgl. man das Orakel in der Lysistrata v. 771). Während man nun von vornherein geneigt sein könnte zu glauben, daß das Drama in die Zeit der Machtfülle dieses enfant terrible Attikas d. h. zwischen den Frieden des Nikias und den Anfang der sicilischen Expedition zu setzen sei, beweisen die Fr. 9 u. 10 — wie B. rel. com. p. 343 nach Süvern's Vorgange a. a. O. richtig betont hat — daß es erst der Zeit angehört, wo auf Alkibiades Betrieb die Demokratie faktisch zu bestehen aufgehört hatte, indem sie durch das Regiment der Vierhundert ersetzt war. Denn wie B. a. a. O. nach=

---

[1]) So auch Müller=Strübing „Ar. u. d. histor. Kritik" p. 613.
[2]) Müller=Strübing p. 117 Anm., der das Stück „Triphaletes" (!) nennt, hat sein Versprechen beweisen zu wollen, daß das Drama nicht gegen Alki= biades gerichtet gewesen sei. bisher noch nicht eingelöst.

gewiesen hat, sind die dort erwähnten Jberer[1]) des Aristarch identisch mit den *ιοξόται βαρβαρικώτατοι*, mit welchen dieser Erzoligarch, der nur noch in Eupolis zweitem Autolykos Fr. 7 (M. II, 442) vorkommt, als seine Pläne Athen durch den Bau von Eetioneia den Spartanern in die Hände zu spielen besonders durch das Theramenes Verdienst (vgl. Fr. 8) vereitelt waren, sich in das Kastell Oinoe warf und diesen festen Punkt unter Mißbrauch seiner Amtsgewalt den Böotern verriet (Thuk. VIII, 92, 98). Die Strategie dieses Mannes nun, die in Fr. 9 als gegenwärtig vorausgesetzt wird, fällt nach der Stelle des Thuk. und Xenophon Hellen. II, 3, 46 in Ol. 92, 1—2; dazu stimmt auch die Anspielung auf die drei drakonischen Strafen des Thera= menes (Fr. 8):

$$\text{Ἐγὼ γὰρ ἀπὸ Θηραμένους δέδοικα τὰ τρία ταυτί,}$$

die auch Polyzelos im Demotyndareus persifflirt und die nach dem Scholiasten zu Ar. Frö. v. 541 in Halseisen, Schierling und Ver= bannung bestanden; ob diese Strafen aber von ihm bei der Konsti= tuirung oder beim Sturze der Vierhundert zum Schutze der bestehen= den Verfassung beantragt wurden, diese scheinbar kaum zu lösende Frage ist auf Grund verschiedener Indizien dahin zu entscheiden, daß das erstere der Fall war. Denn 1) wird in Fr. 9 wie schon er= wähnt die Strategie des Aristarch als zu Rechte bestehend voraus= gesetzt, während sie durch den Sturz der Vierhundert illegal wurde; 2) wäre es mindestens sehr gewagt gewesen, den Alkibiades nach seiner restitutio in integrum, die, nachdem er schon im Mai des Jahres Ol. 92, 1 vom Heer auf Samos zum Feldherrn erwählt worden war, Anfang Juli des Jahres Ol. 92, 2 (vgl. Hertzberg p. 279 u. 289) erfolgte, in so scharfer Weise anzugreifen (wie denn überhaupt kein vorwiegend politisches Stück des Ar. nach Wieder= aufrichtung der solonischen Verfassung nachweisbar ist); 3) scheint auch die Fr. 7 erwähnte persische Kopftracht auf den Aufenthalt des Alki= biades bei Tissaphernes zu deuten. Demnach trage ich um so weniger Bedenken, die Aufführung des Triphales auf die großen Dionysien (März) des Jahres Ol. 92, 1, d. h. kurz nach Konstituirung des Regimes der Vierhundert zu setzen, als beide Feste des nachfolgenden Jahres, wie unten gezeigt werden wird, bereits durch je ein Stück besetzt sind. Wenn Süvern (p. 65) das Stück zwischen die Auf= lösung der Vierhundert und die Zurückberufung des Alkibiades setzt, so bedenkt er dabei weder, daß diese beiden Ereignisse fast zusammen= fallen noch (und das ist entscheidend), daß in dieser Jahreszeit gar keine Dramen in Athen aufgeführt wurden[2]). —

---

[1]) Jberische Söldner waren schon länger in Athen angeworben, wie aus der Rede des Alkibiades vor Verwirklichung der sicilischen Expedition bei Thuk. VI, 90 hervorgeht; man vgl. auch die „bockbärtigen" Jberer bei Kratin in den Malthakoi (M. II, 78).

[2]) B. rel. com. p. 343 nimmt die Vermutung Süverns ohne Gründe für Wahrheit. —

Leider sind die erhaltenen Fr. wenig umfangreich, doch gestatten sie den Schluß, daß der Dichter das Leben des verzogenen Lieblings der Athener, dessen Verhältniß zum athenischen Volke er in den Fröschen v. 1425 sehr schön bezeichnet hat in den Worten:

ποϑεῖ μὲν, ἐχϑαίρει δὲ, βούλεται δ' ἔχειν.

von Mutterleibe an verfolgt hat (Fr. 1[1]) u. 13); er läßt ihn charak= teristisch genug (vgl. Süvern p. 62) unter dem Archon Phalenios geboren werden; in Fr. 2 tritt die leidenschaftliche Verehrung zu Tage, die dem schönen Jüngling von den Gesandten der jonischen Staaten Chios, Klazomenai, Ephesos, Abydos entgegen gebracht worden war (vgl. Süvern p. 65, Wespen v. 675 ff., Hermipps Stratiotai Fr. 1 bei M. II, 402); von dem längeren Aufenthalt in letzterer Stadt mit seinem Oheim Axiochos erhielt er wahrscheinlich den Spitznamen Abydos, wovon später die Rede sein wird. Auch Fr. 7 und 11 sind ohne Zweifel auf ihn zu beziehen, das erstere auf sein Auftreten als persischer Satrap, der die κυρβασία trug; das letztere (Ἑρμῆς τρικέφαλος) auf die herablassende Vermittlerrolle, die er zwischen Athen und Persien spielte, nicht ohne Anspielung auf seine Beteiligung am Hermenfrevel. Es ist demnach kaum zu bezweifeln, daß der Dichter mit diesem Drama vor allem die damaligen Be= strebungen des Alkibiades bekämpft hat sich seine Rückkehr nach Athen auf irgend eine Weise zu erringen. —

Noch ist zu bemerken, daß in Fr. 15 die heruntergekommenen Söhne des Hippokrates vorkommen.

In das folgende Jahr fallen die erhaltenen Thesmophoriazusen, wie aus den Bemerkungen des Scholiasten zu v. 190: γέρων γὰρ τότε Εὐριπίδης ἦν· ἔκτῳ γοῦν ἔτει ὕστερον τελευτᾷ und v. 841: ἤδη γὰρ ἐτεϑνήκει (Λάμαχος) ἐν Σικελίᾳ τετάρτῳ ἔτει πρότερον mit Notwendigkeit hervorgeht, da Euripides im Anfange von Ol. 93, 3 (vgl. Clinton Fasti Hell. p. 87), Lamachos am Schlusse von Ol. 91, 2 (im Juni) gestorben ist (Thukyd. VI, 101[2]). Daß die Haupttendenz des Dramas in einer Parodirung der tragischen Poesieen des Agathon und Euripides — die mit einer Verhöhnung des Privatlebens beider Männer Hand in Hand geht — besteht, ist bekannt. —

Im engsten Zusammenhange mit dem erhaltenen Stücke stehen die verlorenen zweiten Thesmophoriazusen, welche noch von Demetrios aus Troezen (Athen. I, p. 29 A) Θεσμοφοριάσασαι betitelt wurden, woraus B. (M. II, p. 1075), indem er damit die Nachricht des Schol. zu v. 299, daß in dem verlorenen Stücke die personificirte Kalligeneia den Prolog sprach, kombinirt, mit Recht schließt, daß — während im

---

[1]) Dies erklärt Süvern p. 63 merkwürdiger Weise von einem Davonlaufen des Triphales, während es nach den Worten des Scholiasten sich auf den Ge= burtsakt selbst bezieht und an die Hebammen gerichtet ist. —

[2]) So auch Bernhardy Gr. Lit. II, 2, 660 nach Hanow und Jaep; R. Enger in der Praef. seiner Ausg. p. VI, Bonn 1844 setzt es mit Unrecht schon in das vorhergehende Jahr (vgl. auch Müller=Strübing p. 123 Anm.).

erhaltenen Stücke die Handlung sich am Tage der Νηστεία¹) (v. 80 c. schol.), dem Hauptfesttage (vgl. K. Fr. Herm. Gottesd. Altert. §. 56, 17 u. 18) abspielt, der dritte Festtag: die Kalligeneia als Zeitpunkt der Handlung zu denken ist²); wenn man nicht etwa auf Grund der Benennung des Demetrios und darauf, daß die Kalligeneia schon im Prolog auftritt, die Annahme vorzieht, daß das ganze Fest bereits als abgeschlossen gedacht wird. Dazu stimmen auch die Fr., in denen (vgl. Fr. 3; 18 mit des Pollux Worten zu der Stelle: ὡς εἰς πότον εὐτρεπιζομένων τῶν γυναικῶν) wiederholt von den Vorbereitungen zu einem Festschmause die Rede ist, den Schömann (Gr. Staatsaltert. II, 428 vgl. auch K. Fr. Herm. a. a. O.) auf diesen Tag setzt. Die Haupttendenz des Stückes sucht B. a. a. O. ohne Zweifel mit Recht in der Bekämpfung des üppigen Wohllebens der athenischen Frauen; dies beweist das sehr lehrreiche Fr. 6, wo eine Legion von Toilettegegenständen aufgezählt ist, ebenso Fr. 4, 5 u. 23. Uebrigens läuft eine gegen Agathons Antithesen (Fr. 7³) und Euripides etymologische Grillen (Fr. 9) speziell im Hinblick auf dessen Antiope (vgl. d. Schol. zu Platons Gorgias p. 484 *E*), viel= leicht auch auf den Theseus (vgl. Fr. 26) gerichtete literarische Polemik nebenher, während des Komikers Krates rätselhaftes τάριχος ἐλεφάν- τινον als Beispiel verlorener Höhe komischer Produktion (Fr. 15) nicht ohne Ironie gepriesen wird (dies Fr. der Samioi bei M. II, 244 ist wohl neben den in Kratins Kleobulinai enthaltenen das älteste Beispiel eines Rätsels in der komischen Poesie). Was die übrigen Fr. im einzelnen angeht, so wird in 1 die Liebhaberei der Frauen für seine Weine, in 3 ihre Leckerhaftigkeit gegeißelt; aus Fr. 11 könnte man auf die Anwesenheit der Pylagoren und des Hieromnemon schließen; in Fr. 12 und 13 erscheint ein Sklav, der sich ähnlich wie Xanthias im Anfange der Frösche geberdet; Fr. 14 deutet wohl auf einen Festzug der Frauen; Anspielungen auf bestimmte Persönlichkeiten außer den genannten Dichtern fehlen. Noch ist zu bemerken, daß der Dichter in Fr. 16 mit großem Selbstgefühl von dem Werte seiner eigenen Dichtung spricht, die er die beliebten Anrufungen der Musen und Charitinnen nicht bedürfe.

Nach den obigen Ausführungen ist es kaum zweifelhaft, daß diese zweiten Thesmophoriazusen in dasselbe Jahr wie die erhaltenen zu setzen sind, so daß sie das im vorigen Stück nicht erschöpfte Thema wieder aufnehmen und zu Ende führen. — Wir sind demnach berech= tigt die erhaltenen auf die Lenäen als das zeitlich frühere Fest, die verlorenen auf die großen Dionysien des Jahres zu fixiren. —

In das letzte Jahr der 92sten Ol. ist der uns verlorene erste Plutos gefallen, wie aus der Bemerkung des Scholiasten zu v. 173

---

¹) Die gleiche Personifikation der Δορπία finden wir bei Philyllios im Herakles bei M. II, 859 (vgl. Schömann Staatsalt. II, 485).

²) Hierher gehört auch wohl fr. com. anonym. CXXXIX bei M. IV, 640, Hesychios s. v. Κρέωρον.

³) Vgl. dazu O. Jahn bei M. V, I, CXXXVII.

des erhaltenen erhellt, daß jenes Stück 20 Jahre vor dem zweiten Plutos aufgeführt worden sei (vgl. B. rel. com. p. 402). Aus den unbedeutenden Fr. läßt sich über den Inhalt nichts entnehmen; zieht man aber Titel und Zeitverhältnisse in Betracht, so wird es wahrscheinlich, daß der Dichter angesichts des finanziellen Ruins des Staates wie der einzelnen Bürger, nachdem auch der Nibelungenhort Athens — die 1000 Talente des Perikles — durch den wechselvollen samischen Krieg verschlungen worden waren, in irgend einer Weise den niedergeschlagenen Athenern die Rückkehr des blinden Gottes wenigstens für die lustigen Tage des bacchischen Festjubels hervor=gezaubert hat. —

An das Stück lassen sich mit Wahrscheinlichkeit die Phönissen zeitlich anreihen, da 1) aus den Scholien zu den Fröschen v. 33 folgt, daß das gleichnamige Drama des Euripides wie dessen Hypsi=pyle und Antiope in den Anfang der 93sten Ol. fällt, da diese Stücke im dritten Jahr derselben (vgl. die Hypoth. zu Ar. Fröschen) δράματα πρὸ ὀλίγου διδαχϑέντα genannt werden; 2) aus Fr. 1, 2 und 4 mit Evidenz hervorgeht, daß das euripideische Stück nicht blos im Vorbeigehen persiflirt, sondern seinem Hauptgehalte nach parodirt wurde. B., der dies bei M. II, 1167 Dindorf gegenüber diktatorisch leugnet, weil es dem Geiste der Komödie widerspräche, scheint weder das ausdrückliche Zeugnis des Aristoteles, wodurch diese Tendenz für die Phönissen des gleichzeitigen Komikers Strattis (M. I, 233) kon=statirt wird, noch die Gleichheit des Titels noch endlich den Charakter der erhaltenen Fr. hinreichend gewürdigt zu haben. Man höre nur wenigstens das erste Fr.:

$$\text{Ἐς Οἰδίπου δὲ παῖδε διπτύχω κόρω}$$
$$\text{Ἄρης κατέσκηψ' ἔς τε μονομάχου πάλης}$$
$$\text{ἀγῶνα νῦν ἑστᾶσιν.}$$

Diese Verse gehen so genau in die tragische Situation ein, daß sie nicht als beiläufige Verhöhnung gelten können, sondern als integrirender Teil eines der Hauptsache nach parodistisch angelegten Stückes zu betrachten sind, womit nicht ausgeschlossen ist, daß der Dichter nicht auch andere diesen beliebten Stoff behandelnde Tragiker gegeißelt habe, jedoch unter vorwiegender Bekämpfung des Euripides [1]). So auch van de Sande Bakhuyzen (de Parodia in comoediis Aristoph. Traiecti ad Rhenum 1877), welcher p. 196 bemerkt: eandem Ar. quam Eur. historiam in Phoenissis tractavit; vgl. auch Kock I, 533. —

---

[1]) Derselben Ansicht bin ich in Bezug auf die Danaides und den Polyidos, vgl. Hygin p. 31 u. 115, die ich im wesentlichen als Parodieen der gleich=namigen Tragödien des Eur. betrachte; die Zeit derselben ist nach den erhaltenen Fr. nicht festzustellen, außer daß die im Polyidos unverkennbare Tendenz vor den Wahrsagern zu warnen (so auch B. bei M. II, 1133) den Gedanken an die Zeit vor der sicilischen Expedition nahe legt; vgl. auch das zum Anagyros Bemerkte. —

In Fr. 4 wird nebenbei die Einbildung der Athener auf ihr Autochthonentum — was B. entgangen zu sein scheint — das Eur., wie er ja nicht minder als Ar. selbst den Schwächen seiner Lands= leute schmeichelt, öfter verherrlicht hat (vgl. z. B. Jon v. 260 ff., 469, 1060), sehr hübsch ironisirt, indem die athenischen Nesseln als die Urpflanzen besungen werden. In diesen κρανααί ἀκαλήφαι, wie der Ausdruck lautet, steckt aber noch eine doppelte Anspielung: einmal auf die beliebte Bezeichnung Kranaosstadt für Athen (vgl. Acharn. v. 75, Vögel v. 123, Lysistr. v. 481), dann aber auf das herbe, streitsüchtige Naturell τὸ λίαν στρυφνὸν καὶ πρίνινον ἦθος (Wesp. v. 877) zumal der älteren Generation, das in den Wespen v. 884 geradezu als ἀκαλήφη bezeichnet wird[1]) (vgl. den Schol. zu der Stelle, aus welchem hervorgeht, daß der Grammatiker Krates[2]), der auch in den Wespen v. 352 und in den Fröschen v. 294 sowie im dritten Argument des Friedens als Interpret des Dichters citirt wird, die Phönissen erklärt hatte). Aus Fr. 5 könnte man schließen, daß Ar. auch hier den Schauspieler Hegelochos verhöhnt hat, über den man Frö. v. 303 mit den Scholien vgl.

In das dritte Jahr der 93ten Ol. fällt endlich dasjenige Stück, in dem sich Ar. noch einmal zu dem höchsten Grade seiner dichterischen Schöpfungskraft erhebt: ich meine die Frösche, welche laut der er= haltenen Didaskalie an den Lenäen durch Philonides mit dem ersten Preise aufgeführt wurden, also die verdiente Anerkennung selbst bei dem wankelmütigen und schwer zu befriedigenden athenischen Publikum fanden. Nach diesem zweiten Höhepunkt seiner Dichterlaufbahn, der reifsten und letzten Frucht seiner Mannesjahre, erlahmt seine Ge= staltungskraft und der kühne Schwung seiner Phantasie mehr und mehr, worauf gewiß das unglückliche Geschick Athens, das nach dem furchtbaren Schlage von Aigospotamoi schon im März des folgenden Jahres den vereinigten Streitkräften des Lysander und Pausanias erlag, um dann dem Schreckensregime der Dreißig und dem daraus hervorgehenden Bürgerkriege zu verfallen, nicht am wenigsten einge= wirkt hat. Dennoch wandte er noch vier volle Ol. hindurch der komischen Bühne seine Thätigkeit zu, deren eingehende Betrachtung jedoch dem Zwecke dieser Abhandlung zuwiderlaufen würde. Es sei also nur bemerkt, daß dieser letzten Periode des Dichters außer den beiden erhaltenen Stücken (den Ekklesiazusen und dem zweiten Plutos) folgende Dramen zuzuweisen sind: Gerytades, Daidalos, Σκηνάς

---

[1]) Die neben den Nesseln genannten ἴγνα, die vom Dichter auch Thes= mophor. v. 910 (vgl. dazu den Kommentar Fritzsche's) in komischer Weise als besonderes Merkmal des euripideischen Menelaos verwendet werden, sind auch hier ohne Zweifel eine Anspielung auf die mit Gemüsen handelnde Mutter des Eur., die zu den uralten Athenerinnen beigezählt wird (vgl. die Erklärung des Schol. ἴγνον δέ ἐστιν εἶδος ἀγρίου λαχάνου κ. τ. λ.). —

[2]) Dies ist wohl nicht der Pergamener, sondern der mit Chamaeleon gleich= zeitige Athener d. N., Nachfolger des Polemon in der Akademie, der Bücher περὶ κωμῳδίας geschrieben hat (vgl. M. h. cr. p. 9). —

κατ[α]λαμβάνουσαι, Danaides, Pelargoi, Kotalos und Aiolositon, deren vorwiegend literarisch=parodistischen Charakter schon die Titel ahnen lassen. — Noch ist indes eines Stückes zu erwähnen, das als etwa gleich= zeitig mit den Fröschen betrachtet werden muß, nämlich der Lemnierinnen. Was das Sujet der Lemnierinnen angeht, so polemisirt B. (bei M. II, 1096) heftig gegen die Ansicht Dindorfs, daß dasselbe in der Parodirung von Euripides Hypsipyle bestanden habe, indem er über= haupt von einer systematischen Parodirung einzelner Tragödien durch ganze Komödien nichts wissen will, obschon dies Verfahren mit zahl= reichen Beispielen zu belegen ist, und insbesondere der euripideischen Tragödie erst die späteren Schicksale der Hypsipyle als verlaufter Sklavin vindizirt. Aber mit welchem Rechte? Hygin, der doch nach allgemeiner Ansicht wesentlich den Inhalt einzelner Tragödien wiedergibt, erzählt unter Lemniades (ed. Moriz Schmidt Jena 1872) die ganze Geschichte seit dem bößlichen Verlassen der Lemnierinnen seitens ihrer Ehegatten. Freilich wäre immerhin zuzugeben, daß es unerweislich sei, daß gerade die euripideische Tragödie dieses Namens dem Komiker zur Zielscheibe seines Witzes gedient habe, da ja auch Sophokles Lemnierinnen und Aeschylos eine Hypsipyle gedichtet hat, obgleich eine derartige Annahme bei der bekannten freundlichen Stellung des Ar. zu den beiden anderen großen Tragikern wenig wahrscheinlich wäre. Nun aber finden sich in den erhaltenen Fr. unverkennbare Seitenhiebe gerade gegen den Euripides, so in Fr. II:

Θόας βραδύτατος ὢν ἐν ἀνθρώποις δραμεῖν [1])

wodurch die etymologische Deutung des Namens Thoas – wie auch B. bei M. II, 1098 zugeben muß — durch Euripides (vgl. Jphigen. Taur. v. 32:

Θόας ὃς ὠκὺν πόδα τιθεὶς ἴσον πτεροῖς
εἰς τοὔνομ' ἦλθε τόδε ποδωκείας χάριν.)

ebenso treffend persiflirt wird wie in den zweiten Thesmophoriazusen Fr. 9 (M. II, 1083):

Ἄμφοδον ἐχρῆν αὐτῷ τεθεῖσθαι τοὔνομα

die euripideische Deutelei des Namens Amphion (man vgl. die von B. a. a. O. angezogene Stelle des Etymol. Magnum). Ebenso ist es wohl nicht zufällig, wenn der Gebrauch des Wortes ἄρκτοι (Harpokration s. v. ἀρκτεῦσαι) sowohl aus Euripides Hypsipyle als aus Ar. Lemnierinnen in der Bedeutung αἱ ἀρκτευόμεναι παρθενοι (vgl. K. Fr. Hermann Gottesdienstl. Altert. §. 62, 12) angeführt wird. — Demnach erscheint es schon mit Rücksicht auf den Titel wahr= scheinlicher, daß der Hauptinhalt des Stückes in der Verspottung des Tragikers bestand, als daß der Titel nur eine Hülle für die tiefere und eigentliche Tendenz des Ar., welche in der Bekämpfung des über=

---

[1]) Wozu Cobet Mnemos. IV, p. 315 bemerkt. quia haec omnia e tra-goedia παρῳδῆσθαι palam est.

handnehmenden Bendisdienstes bestanden habe, gewesen ist. Diese Ansicht Bz. (bei M. II, 1096) gründet sich auf die Fr. VII:

καὶ τὴν κρατίστην δαίμον' ἧς νῦν θερμός ἐσθ' ὁ βωμός;

und VIII: Μεγάλην Θεόν, zu welcher Glosse Hesychios bemerkt Ἀρ. ἔφη τὴν Βένδιν. — Nun ist ja die Vorliebe der Athener in der Zeit sinkender Religiosität für die Einführung fremder Kulte bekannt genug (vgl. B. rel. com. p. 109); und zwar nimmt unter diesen die thrakische Göttin Bendis neben den Samothrakischen und Lemnischen Kabiren (K. Fr. Hermann Gottesdienstl. Altert. §. 62, 1, §. 65 Anm. 5—9) eine bevorzugte Stellung ein, weshalb diese Kulte von konservativen Naturen wie Kratin in den Thrakerinnen (M. II, 66) und Ar., wenn auch von diesem mehr scherzhaft, bekämpft werden (vgl. über seine Stellung zu den samothrakischen Mysterien Fri. v. 277 ff.). Daß eine solche Polemik auch in diesem Stücke nebenhergelaufen ist, soll nicht geleugnet werden, verträgt sich aber auch sehr gut mit der Fabel der Tragödie, da die ungetreuen Gatten der Lemnierinnen thrakische Weiber ehelichten, bei denen ja gerade die Artemis Bendis hieß (vgl. d. Scholien zu Platons Politik 327 A). —

Was die Aufführungszeit angeht, so gewinnen wir einen sicheren Anhaltspunkt aus dem Scholion zu Ar. Frö. v. 53, wonach das Drama des Euripides erst kurz vor Ol. 93, 3 aufgeführt worden ist [1]). Da nun jeder zugeben wird, daß eine Parodie auf ein ganzes Stück zu einer Zeit aufgeführt werden mußte, wo dasselbe den Zuschauern seinem Hauptgehalte nach noch lebendig vor der Seele schwebte, so sind die Lemnierinnen etwa gleichzeitig mit den Frö. zu setzen, fallen also an das Ende der Blütezeit des Ar. — Dazu stimmt auch das Fr. über die Allmacht der Göttin Bendis, deren offizielle Anerkennung in Athen Böckh im Berl. Lektionskatalog vom J. 1839 frühestens in Ol. 92 setzt (vgl. auch die Hypothesis zu Platons Timaios). —

Von den Fr. gibt das erste eine kurze Schilderung von Lemnos; 2—4 beziehen sich auf die Fabel der Tragödie; 5 u. 6 lassen die bedrängte Lage Athens durchblicken; 7, 8 u. 9 betreffen den Kult der Bendis. Von den übrigen ist Fr. 13 von Belang, wo ein verkommener, sonst unbekannter Mensch namens Dorillos verspottet wird, den die Scholiasten für einen Tragiker erklären (vgl. Kayser h. cr. tragic. p. 276); daß die Lemnierinnen den Chor gebildet haben, ist wohl nicht zweifelhaft. —

Nachdem nunmehr die Entwickelung der beiden diese Periode wesentlich bestimmenden Komiker, soweit es nach den erhaltenen Fr.

---

[1]) Daß die Worte des Schol. πρὸ ὀλίγον διδαχθέντα nicht gar zu eng zu fassen sind, geht aus der Bemerkung des Schol. zu Platons Gorgias 4+ k. kombinirt mit dem 9ten Fr. der zweiten Thesmoph. (M. II, 1083) hervor, woraus sich ergibt, daß die Antiope schon vor Ol. 92, 2 als der wahrscheinlichen Aufführungszeit dieses Stückes gedichtet worden ist. Wenn dagegen Sauve Balhunzen nach Ribbeck in den Vögeln v. 1381 eine Anspielung auf die Antiope findet, so ist zu bemerken, daß aus dem zufälligen Gleichlaut zweier formelhafter Worte (ταῖσιν μεληδών) nichts zu schließen ist.

möglich, bis zu einem Punkte verfolgt worden ist, der als der Schlußstein der alten Komödie im engeren Sinne des Wortes bezeichnet
werden muß, ist es unsere Aufgabe den an dieser Epoche beteiligten
Komikern z w e i t e n Ranges nach dem Zeitpunkte ihres geschichtlichen
Auftretens eine eingehendere Untersuchung zu widmen. Zu denselben
gehören: K r a t i n, dessen Blütezeit in eine frühere Zeit fällt, weshalb
er für diese Zeit nur sekundäre Bedeutung hat, wenn er auch wie der
greise Sophokles im Oedipus auf Kolonos durch die Spottreden
seiner jüngeren Rivalen angespornt sich in der Pytine noch einmal
zu einer Leistung ersten Ranges erhebt[1]); dann H e r m i p p o s, der
heftige Gegner des Perikles und Vorkämpfer der Kriegspartei, dessen
Wirksamkeit ebenfalls zum Teil vor das Auftreten des Ar. und
Eupolis fällt (Bernhardy Gr. Lit. §. 121 Anm. 1 bezeichnet ihn mit
Unrecht als „kleinen Kläffer"); ferner Phrynichos, der geistreiche und
nicht selten glückliche Nebenbuhler des Ar.; der großenteils unpolitische,
ethisch-soziale Stoffe bearbeitende, also in die Fußstapfen des Krates
tretende P h e r e k r a t e s; der minder fruchtbare, doch zuweilen siegreiche
T e l e k l e i d e s; endlich der erst gegen das Ende der Periode auftretende,
vorwiegend literarische Sujets behandelnde P l a t o n. —
    Zur Vervollständigung des Gesammtbildes sind schließlich die
gleichzeitigen Komiker d r i t t e n und v i e r t e n Ranges, soweit sich über
ihre Zeit und den Inhalt ihrer Dramen etwas sicheres oder wahr-
scheinliches eruiren läßt, einer kurzen Besprechung zu unterziehen.
Dahin gehören die Dichter: Lysippos, Kallias, Aristomenes, Leukon,
Ameipsias, der zu Phrynichos in dem gleichen Verhältnisse gestanden
zu haben scheint wie die bekannten Regisseure Kallistratos und Philonides, zu Ar. (vgl. Bursian: Sitzungsber. der Akad. d. Wiss. phil.-
hist. Klasse 1875 S. 375 Anm. 1); dann Metagenes, Polyzelos,
Philyllios, endlich gegen das Ende der Epoche die namhafteren Theopompos und Strattis nebst dem vielverhöhnten Sannyrion.
    K r a t i n, der Ol. 65, 1 geborene Aeschylos der Komödie, dessen
Tod zwischen Ol. 89, 1 und 3 fällt (vgl. M. h. cr. p. 44, Ar.
Fried. v. 700[2]) wandte sich erst in vorgerücktem Alter dem Dichten
zu. Seinem scharfen und feurigen Geiste, der insbesondere in der
Erfindung der Fabel sehr glücklich war, war es vergönnt in Anlehnung an den großen Jambographen Archilochos die Komödie zu
einer der Tragödie ebenbürtigen Kunstgattung zu erheben (vgl. Prolegg.
de com. II, 1), indem er wie Aeschylos die scenischen Verhältnisse
durch Einführung des dritten Schauspielers umgestaltete[3]). Seine

---

[1]) Krates als ein durchaus unpolitischer Dichter ist in Bezug auf die Zeit-
geschichte von geringer Bedeutung, zumal da die erhaltenen Fr. auch quantitativ
von geringem Umfange sind, weshalb wir ihn hier übergehen; aus Ar. Rittern
v. 537 ff. geht hervor, daß er Ol. 88, 4 schon gestorben war.
[2]) Vgl. auch Julius Richter in seiner Ausgabe (Berlin 1860) zu der Stelle;
B. (rel. com. p. 187 ff.) erklärt die Worte des Ar. willkürlich. —
[3]) Seine Bedeutung haben schon die Alten gebührend gewürdigt, weshalb
wir unter seinen Interpreten Männer wie Didymos, Symmachos und Aristarch
finden (vgl. B. rel. com. p. 66, 264).

Blütezeit fällt demnach vor den Beginn des peloponnesischen Krieges (vgl. B. rel. com. p. 185 ff.), liegt also außerhalb des Rahmens dieser Abhandlung. Ihr gehören von seinen 21 Stücken, deren Titel man bei M. I, p. 55 findet, sicher folgende fünf an: 1) Die Archilochoi aufgeführt kurz nach Kimons Tode, also um Ol. 82, 4 (vgl. M. II, 25); 2) die Thraterinnen aufgeführt kurz nachdem Perikles dem drohenden Ostrakismos glücklich entronnen war, also um Ol. 83, 4 (M. I, 46); 3) die Drapetides, deren Zeit M. II, 43 wohl mit Recht kurz vor Thuriis Gründung, also vor Ol. 84, 1 ansetzt[1]); 4) die Odyssēs, das erste Beispiel einer rein parodistischen Komödie ohne Chorlieder und Parabase, welche M. II, 93 und nach ihm B. rel. com. p. 142 mit großer Wahrscheinlichkeit zwischen das Archontat des Morychides und Euthymenes d. i. Ol. 85, 1—4 ansetzt, in welchem Zeitraume die Freiheit der Komödie durch ein Gesetz wesentlich be= schränkt war (vgl. den Scholiasten zu Ar. Acharner v. 67); 5) die Kleobulinen, die ihrem Inhalt nach dem vorigen Stücke sehr ver= wandt, wahrscheinlich demselben Interregnum angehören; sie sind des= halb interessant, weil sie — wie die Odyssēs die parodistische — die später so beliebte Rätselkomödie einführen (vgl. M. I, 277). — Da nun von den übrigen acht wegen mangelnder Kriterien für die Zeit= bestimmung sich nicht fixiren lassen, die jedoch fast sämmtlich der früheren Epoche angehören (nämlich die Bukoloi, Empipramenoi, Euneidai, Malthakoi, Nomoi, Pylaia, Plutoi und der Trophonios), so kommen für uns acht Stücke in Betracht, welche teils mit Sicherheit, teils mit Wahrscheinlichkeit nach dem Ausbruch des Krieges zu setzen sind. Zur zweiten Klasse gehören zunächst die Cheirones, welche neben der Pytine für das vollendetste von allen gelten müssen und etwa als reifste Frucht der Mannesjahre den Vögeln des Ar. zu vergleichen sind; mit welcher Sorgfalt der Dichter daran gearbeitet hat, beweist Fr. 22, worin er sich selbst rühmt, es kaum in zwei Jahren ausgearbeitet zu haben, weshalb es durchaus verkehrt ist die Kunst= werke der alten Komödie, wie es die modernen Historiker mehr oder weniger thun mit unseren Gelegenheitspossen auf eine Stufe zu stellen. Die Tendenz war nach den erhaltenen Fr. eine wesentlich politische gerichtet gegen den großen Staatsmann, der zum Entscheidungskampfe gegen Sparta gedrängt hatte oder noch drängte[2]) und deshalb als Sohn der Zwietracht und des Kronos bezeichnet wird (vgl. besonders die berühmten Fr. 3 und 4); ihm wird der Verlust der früheren goldenen Zeit Schuld gegeben, deren Wortführer ohne Zweifel der

---

[1]) Dagegen bezieht B. rel. com. pp. 46 u. 61 den Titel des Stückes auf die unter Lampons Leitung zur Gründung der neuen Stadt auswandernden heimatmüden Athener, was zu widerlegen hier zu weit führen würde.

[2]) Denn möglicher Weise fällt das Stück, wie B. p. 220 annimmt, noch vor den offenen Ausbruch des Krieges, jedenfalls aber in eine Zeit, wo der Beginn der Feindseligkeiten vor der Thür stand; Cobet: Observatt. critt. in Platonis com. reliquias Amstel. 1840 p. 22 ff. setzt es bald nach Ol. 85, 4 und erklärt so sehr hübsch die besonders diesem Drama zugewendete Sorgfalt; vgl. auch Kock I, 82. —

Chor der Cheirones als Träger uralter Lebensweisheit gewesen ist (vgl. Fr. 1, 2, 9 u. 11). Ja es wird Solon aus der Unterwelt heraufbeschworen (Fr. 5), um den Staat wieder in die rechte Bahn zu lenken; von seinen ὑποϑῆκαι ist daher gewiß auch in Fr. 9 die Rede, nicht wie M. II, 154 und B. 225 meinen, von denen des Hesiodos (vgl. Bergk Anthol. Lyr. p. 12 ff.) — Von bestimmten Persönlichkeiten werden außer Perikles, dessen Meerzwiebelkopf auch bei der Heraufbeschwörung des Solon (Fr. 7) eine komische Verwendung findet, und Hera=Aspasia (vgl. Kayser h. cr. tragic. p. 133) (Fr. 4; sie ist vielleicht auch die ithakesische Wachtelmutter in Fr. 14) angegriffen in Fr. 8: Peisias, Osphyon und Diitrephes, die wohl identisch sind mit den αὐτοφόρτοι in Fr. 20. Von diesen ist der zweite, dessen Namen Fritzsche unglücklich zu emendiren versucht hat, ganz unbekannt; der letzte ist wohl identisch mit dem in Ar. Vögeln v. 798 und v. 1442 persifflirten Parvenü, von welchem schon die Rede war (p. 54), sowie mit dem Vater des Nikostratos, der uns bei Thuk. III, 75 als Stratege begegnet und später mit Laches Ol. 90, 3 im August bei Mantinea fiel (vgl. Thuk. V, 61 u. 94). Peisias zeigt im Charakter große Aehnlichkeit mit seinem später zu erwähnenden Sohne, dessen Name dem Scholiasten zu den Vögeln v. 767 unbekannt war; er hieß übrigens Meles (vgl. Pherekrates Agrioi Fr. 4) und war Kitharöde, wahrscheinlich identisch mit dem Vater des Kinesias (M. II, 257). Außerdem begegnet uns in Fr. 17 noch der auch von Ar. in den Wolken v. 922 persifflirte Sykophant Pandeletos. — Noch ist zu bemerken, daß in mehreren Fr. die damals sich Bahn brechende Richtung der Musik verurteilt wird (so Fr. 6, 10, 12, 19), ein häufig von den Komikern (so von Kratin in den Bukoloi und den Euneidai), welche auch in dieser Beziehung konservativen Grundsätzen huldigten, behandeltes Thema. —

Noch zu Lebzeiten des Perikles muß ein nicht minder berühmtes Stück: die **Nemesis** aufgeführt worden sein, das aus äußeren wie inneren Gründen in die Zeit der großen Pest zu setzen ist und eine herbe Kritik der perikleischen Staatsverwaltung und ihrer Erfolge vom Standpunkte eines Aristokraten von altem Schrot und Korn, dessen Ideal die glänzende Rittergestalt Kimons gewesen war (vgl. Archilochoi Fr. 1), enthalten hat. Der Titel ist ohne Zweifel auf die Schicksalsschläge zu beziehen, die den Perikles kurz vor dem Tode sowohl hinsichtlich der Erreichung seiner politischen Ziele, als hinsichtlich seiner Familienverhältnisse durch den Verlust der tüchtigsten Staatsbürger wie seiner eigenen legitimen Söhne heimsuchten (Aelian B. H. VI, 10, XIII, 24; Plut. Per. c. 36, Thuk. II, 47 ff.[1]). Es ist daher als wahrscheinlichster Aufführungstermin das Jahr Ol. 87, 3 zu bezeichnen, da die Pest im Sommer des vorhergehenden Jahres ihren Anfang nahm und Perikles schon im September des folgenden starb.

---

[1] Vgl. auch Zündels Brief an M. Suppl. Addend. z. p. 85, wo Fr. 10 unter Berücksichtigung der Worte Plutarchs und Aelians trefflich erklärt ist.

Weder M. noch B. haben irgend eine Bemerkung über die Zeit; nur hat ersterer den handgreiflichen Irrtum des Sch. zu Ar. Vög. v. 521 aufgedeckt; vgl. Kock, Com. fr. I. p. 47. Aus den Fr. geht hervor, daß er und Aspasia hier unter dem Bilde des Zeus und der Leda auf die Bühne gebracht waren (vgl. Fr. 1, 2 u. 10), und zwar unter Anlehnung an den attischen Lokalmythos von Zeus und Nemesis (vgl. M. II, 81), weshalb es — worauf auch die Fr. 1—4 deuten — wahrscheinlich ist, daß beide als Vögel kostümirt waren (Zeus = Perikles als Schwan). Die Fr. 7 u. 10 scheinen auf das Streben des Perikles zu deuten, Sparta zu demütigen. Erwähnt wird auch der berühmte Prophet Lampon (Fr. 11)[1]), was sehr gut zu der obigen Zeitbestimmung paßt, da Thuk. II, 8 u. 21 ausdrücklich die Menge der χρησμολόγοι in Athen zu Anfang des Krieges bezeugt; dann der Flötenspieler Chairis, dessen Verschiedenheit von dem gleichnamigen Kitharöden, die der Scholiast zu Ar. Vög. v. 859 behauptet, M. (II, 257) mit Recht leugnet. Ganz dasselbe gilt von der Bemerkung des Scholiasten zu B. 11, der zwei Kitharöden des Namens Exekestides unterscheidet, wie schon B. zu Ar. fr. incert. 59 (M. II, 1189) erkannt hat. —

Das dritte in die gleiche Zeit zu setzende Stück sind die Horen, ein Drama, über dessen Tendenz und Hauptinhalt ein sicheres Urteil zu fällen bei der geringen Prägnanz der Fr. unmöglich erscheint (vgl. M. II, 172, Kock I, 89). Da aber außer dem in den Cheirones persifflirten Peisias (Fr. 13) und dem schon von Ekphantides (M. II, 14) verspotteten Demagogen Androkles (Fr. 22) hier zum ersten Male der junge Hyperbolos als praktischer Politiker auftaucht (Fr. 14), so muß das Stück in die Zeit gleich nach Perikles Tode gesetzt werden, da bei dessen Lebzeiten ein junger Mensch ohne Namen und Familie schwerlich als Redner zu debütiren gewagt hätte, während sich nach seinem Dahintritt in der allgemeinen Bestürzung eine Reihe unfähiger Menschen, denen es nur an der nötigen Frechheit nicht fehlte, an der Leitung des steuerlosen Staatsschiffes versuchten; ein solcher Parvenü — wahrscheinlich Hyperbolos selbst[2]) — wird auch in Fr. 4 geschildert; wie die Verachtung eines solches Menschen wohl in Fr. 6 ausgedrückt ist. Daß Dionysos selbst im Stücke eine Rolle spielte, beweist Fr. 7; ebenso geht aus den Fr. 1 u. 2 hervor, daß der Lyriker Gnesippos, Kleomachos' Sohn, den auch Eupolis verspottet hat, wegen seiner weichlichwollüstigen Lieder, die etwa den modernen Offenbachiaden entsprochen haben mögen, scharf mitgenommen wurde. —

Es folgen jetzt mehrere Stücke, die den ersten Erzeugnissen der aristophanischen Muse parallel laufen. Das erste derselben, die mit Ar. Acharnern an den Lenäen Ol. 88, 3 mit dem zweiten Preise aufgeführten Cheimazomenoi sind ganz verloren (vgl. die Hypoth. 1),

---

[1]) Ueber ihn vgl. B. rel. com. p. 46, 49, 51 ff.
[2]) Man vgl. Andokides Fr. 5 (ed. Blaß), wo von H. Vater gesagt wird, daß er noch jetzt als Staatssklave (ἐστιγμένος) in der Münze frohne.

weßhalb es dahingestellt bleiben muß, ob sich — was wahrscheinlich ist — der Titel auf die damalige schwankende Lage des athenischen Staatsschiffes bezieht[1]), nachdem die Landmacht Athens nicht nur Ol. 88, 23 bei Tanagra unter Hipponikos und Eurymedon (Thuk. III, 91) eine empfindliche Niederlage erlitten hatte, sondern auch aus dem kühnen Zug des Demosthenes ins Innere von Aetolien (ibid. c. 97—98) nicht ohne schwere Verluste hervorgegangen war; ja auch die Pest hatte kurz vorher (ibid. c. 87) in einem zweiten Anfalle durch neue Verheerungen im Bunde mit Erdbeben auf Euböa und in Attika die anfängliche Siegeszuversicht gar sehr herabgestimmt. —

Hieran schließt sich sehr wahrscheinlich ein Stück, dessen Fr. dem Titel entsprechend darauf deuten, daß es sich wesentlich um die aktionische delische Festfeier gedreht hat — die Deliades (vgl. K. Fr. Hermann Gottesdienstl. Altert. §. 60, 14). Es erscheint daher auf= fallend, daß es weder B. noch M. in den Sinn gekommen ist das Drama in Beziehung zu setzen zu der Thukyd. III, 114 ff. erzählten Ol. 88, 3 im Winter vorgenommenen Reinigung der heiligen Insel. Mit dieser war nämlich in Folge eines Orakels, das ohne Zweifel wegen des Thuk. II, 8 berichteten, seit Menschengedenken unerhörten Erdbebens auf der Insel eingeholt worden ist, eine Erneuerung, be= ziehungsweise Erweiterung der uralten schon im homerischen Hymnus auf Apollon gefeierten jonischen Festspiele verbunden (die Worte des Thuk. lauten: τὰ δὲ περὶ τοὺς ἀγῶνας καὶ τὰ πλεῖστα κατελύθη ὑπὸ ξυμφορῶν ὡς εἰκὸς πρὶν δὴ οἱ Ἀθηναῖοι τότε τὸν ἀγῶνα ἐποίησαν καὶ ἱπποδρομίας ὃ πρότερον οὐκ ἦν), von welchen die Frauenchöre — also Deliades = die das delische Fest feiernden Weiber — einen Hauptteil bildeten. — Von den Fr. deutet gleich das erste, in welchem der aus Aegypten eingewanderte Lykurgos (M. II, 32), der uns in Pherekrates Agrioi wieder begegnet, verhöhnt wird, auf eine Festprozession; ebenso Fr. 2 (vgl. B. rel. com. p. 39 ff.); auf den der Sage nach von den Hyperboreern herstammenden Gebrauch des Gottesdienstes unter freiem Himmel bezieht sich Fr. 5 (vgl. Herodot IV, 33 ff.); Fr. 8 und 9, vielleicht auch 6 sind an den Chor der Frauen gerichtete Worte. — Aus der demnach vorhandenen engen Beziehung zu dem erwähnten Ereignis ergibt sich, daß das Drama in der nächstfolgenden Zeit etwa Ol. 88, 3 oder 4 an den großen Dionysien aufgeführt worden ist, da die Lenäen beider Jahre schon durch je ein Stück — die Cheimazomenoi und Satyroi — besetzt sind.

Das letztere Drama, das bis auf den Titel verloren ist, brachte der greise Dichter nach der erhaltenen Didaskalie Ol. 88, 4 an den Lenäen zugleich mit den Rittern des Ar. (vgl. die Hypoth. 2) auf die Bühne. Es wurde mit dem zweiten Preise gekrönt. —

Noch bleibt dasjenige Drama zur Besprechung übrig, das den Namen des greisen Kratin auch bei seinen jüngeren und meist glück= licheren Rivalen, die ihn schon als eine morsche Ruine zu betrachten

---

[1]) Kock I, 82 citirt passend Ar. Frö. v. 361.

geneigt waren (vgl. Ar. Ri. v. 400, 531 ff. [1]), wieder zu Ehren brachte: die im folgenden Jahre an den großen Dionysien zugleich mit Ar. Wolken und Phrynichos [2] Konnos aufgeführte P y t i n e (vgl. die Hypoth. 5). — In dieser letzten Perle seiner dichterischen Schöpfungs= kraft geißelte der Komiker sich selbst als den durch eine neue Geliebte — die Flasche — der angetrauten Gattin — der komischen Muse — abspenstig gemachten Sünder (vgl. die Fr. 1—3, 6, 8), der dann zur Einsicht seiner Sünden gebracht (Fr. 9) reumütig zum Gebote der Pflicht zurückkehrt. Dieser selbstlose Humor begeisterte die Athener so, daß ihm einstimmig der erste Preis zuerkannt wurde zum großen Aerger des Ar., der diese Zurücksetzung als eine Verkennung des nach seiner Meinung vollendetsten seiner Stücke nur schwer ertrug (vgl. Wesp. v. 1015 ff., 1043—1050). — In den erhaltenen Fr. tritt zunächst die böslich verlassene Komödie selbst auf, deren Klage auf gerichtliche Scheidung nur durch das Dazwischentreten der Freunde des Dichters verhindert wird (vgl. den Schol. zu Ar. Ri. v. 400 mit Fr. 1—3, M. h. cr. p. 48); ihr antwortet der Dichter, daß er als Wassertrinker nichts Gescheites leisten würde (Fr. 4—6 [3]); in dem berühmten Fr. 7 schildert er mit berechtigtem Selbstgefühl die un= versiegbare Quelle seiner poetischen Schöpfungskraft folgendermaaßen:

$$\text{ἄναξ Ἄπολλον τῶν ἐπῶν τῶν ῥευμάτων.}$$
$$\text{Καναχοῦσι πηγαί, δωδεκάκρουνον τὸ στόμα}$$
$$\text{Ἰλισσὸς ἐν τῇ φάρυγι· κ. τ. λ.}$$

Im folgenden Fr. beraten die Freunde über die Mittel und Wege seine Trunksucht zu heilen; daß die gewählten Mittel erfolgreich sind, geht aus den reumütigen Worten des schon erwähnten Fr. 9 hervor. Die Fr. 17 und 18 sind wie M. II, 128 richtig gegen Fritzsche bemerkt. nicht etwa auf die Komödie, sondern auf die viel= geliebte Flasche zu beziehen, deren Schicksal dem greisen Dichter Sorge macht. — Auf seine Fragen erteilt dann die Komödie positive Rat= schläge bezüglich der in seinen Dichtungen zu befolgenden Grundsätze; er soll den Weichling Kleisthenes (vgl. B. rel. p. 206), der damals ein schöner Jüngling gewesen sein muß (Fr. 13 mit Add. p. 21), beim Würfelspiel schildern; soll den Hyperbolos auf dem Lampenmarkt lassen (Fr. 14), wohl als unwürdigen Gegenstand komischer Angriffe, wie das auch Ar. in den erhaltenen Wolken v. 551 ff. ausspricht. — Von bekannten Persönlichkeiten finden sich außerdem verspottet der Sophist Antiphon, Lysidonides Sohn [4]) (Fr. 21), der von Ar.

---

[1]) Wenn der Scholiast v. 526 ff. eine Anspielung auf die von ihm citirten Verse aus Kratins Pytine Fr. 7 (M. II, 119) finden will, so ist das ja ein offenbarer Anachronismus, da die Pytine erst ein Jahr n a c h d e n R i t t e r n aufgeführt worden ist.

[2]) Diese Bezeichnung wird später bei Besprechung der Dramen dieses Komikers begründet werden.

[3]) Darauf bezieht sich auch wohl fr. inc. 107 M. II, 210.

[4]) Er ist verschieden von dem Athamusier, vgl. M. II, 131; vit. Anti-phontis §. 13, Xen. Hell. II, 3, 40 mit den Erklärungen der Herausgeber.

und Eupolis so bitter verhöhnte Chairephon (Fr. 22), der spätere Ankläger des Sokrates Lykon s. oben p. 21, Vater des Pankratiasten Autolykos, Gemahl der wegen galanter Abenteuer öfter durchgehechelten Rhodia, ein eingewanderter Jonier (vgl. B. rel. p. 422 ff., Suppl. zu p. 444 [1]).

Noch ist ein Stück zu besprechen, dessen Zeit sich zwar nicht genau fixiren läßt, das aber auf Grund verschiedener Anspielungen auf bestimmte Persönlichkeiten in die letzte Periode des Dichters zwischen Ol. 87 u. 89 anzusetzen ist. Was die Tendenz der Seriphier betrifft — denn um diese handelt es sich — so findet M. II, 135 darin eine Parodirung der Irrfahrten der Jo in Aeschylos Prometheus, gestützt vor allem auf die Erwähnung des thrakischen Berges Kisthene (Aesch. Prometheus v. 818) in einem von ihm diesem Stücke mit Recht zugewiesenen Fr. Soviel erhellt allerdings aus Fr. 1 und 2, daß jemandem, der eine weite Meerfahrt unternehmen will, die Völker, die er auf seiner Reise berühren werde, beschrieben werden. Da nun aber in Fr. 12 die Andromeda von Kratin als δελέαστρα bezeichnet wird, da ferner die Insel Seriphos, die in Fr. 6 von einem Ankömmling freudig begrüßt wird, bekanntlich die Heimat des Perseus ist (vgl. Hygin p. 62), da endlich nach der Stelle des Aeschylos (πρὸς Γοργόνεια πέδια Κισθήνης) das obenerwähnte Kisthene-Gebirge eben der Wohnort der Gorgonen ist, so erscheint es unzweifelhaft, daß Perseus, den auch M. II, 132 als den in den beiden ersten Fr. Angeredeten erkannt hat, Träger der Haupthandlung ist und daß wir die Parodie einer diesen Mythos behandelnden Tragödie vor uns haben [2]), zumal da die Fr. 7, 9 und 11 beweisen, daß in dem Stücke verschiedene termini technici der Tragödie vorkamen.

Demnach sind auch die Worte:

$$\chi\alpha\acute{\iota}\rho\varepsilon\tau\varepsilon \; \pi\acute{\alpha}\nu\tau\varepsilon\varsigma \; \ddot{o}\sigma o\iota \; \pi o\lambda\acute{\upsilon}\beta\omega\tau o\nu \; \pi o\nu\tau\acute{\iota}\alpha\nu \; \Sigma\acute{\varepsilon}\rho\iota\varphi o\nu$$

nicht mit M. p. 137 dem Chor zu geben, der sich doch auch nicht wohl selbst begrüßen könnte, sondern als Worte des Perseus zu betrachten, der mit dem Gorgonenhaupte glücklich zu seinen Landsleuten zurückkehrt. Hier ist indes zu bemerken, daß an die Andromeda des Euripides nicht gedacht werden kann, da sie erst Ol. 91, 4 aufgeführt wurde (vgl. den Schol. zu Ar. Frö. v. 53). Zur Verwendung in einer Komödie waren übrigens die Seriphier besonders geeignet, da sie im Rufe der hellenischen Krähwinkler standen sowie zu Solons Zeiten die Bewohner von Pholegandros und Sikinos (vgl. Libanius p. 526 D ed. Morelli; fr. com. anonym. 295 c und wohl auch 296 a bei M. IV, 672, die wahrscheinlich aus unserem Stücke stammen; dies ist auch zu verwerten zur Erklärung des Scriphischen Hündchens in Ar. Acharn. v. 542), weshalb wohl auch Ar. den Namen Seriphos gleichbedeutend mit Sparta gebrauchte (M. II, 1219 fr. incert. 248,

---

[1]) Interessant ist Fr. 11 als Beweis, daß Kratin ganze Verse des Archilochos wörtlich herübernahm; die Schilderung der Leiden der athenischen Trieren in Fr. 12 erinnert an die anmutige Dichtung des Eupolis in Ar. Ri. v. 1300 ff.
[2]) Aehnlich Kock I. 75.

wozu Photios bemerkt: διὰ τὸ σκληρῶς ζῆν), offenbar mit einem Seitenhiebe auf die rohe, bäurische Lebensweise der Spartaner. Ob auch Kratin das Wort in diesem Sinne verwendete, wissen wir nicht; doch scheint es nicht unwahrscheinlich, wenn man die Witze über den Namen Sparta in der Nemesis (M. II, 84) berücksichtigt. Was nun die oben erwähnten Persönlichkeiten betrifft, die für die Zeitbestimmung entscheidend sind, so tritt uns abgesehen von Androkles (vgl. Suppl. Abb. z. p. 14) zunächst Hyperbolos entgegen; denn auf ihn ist Fr. II v. 2:

ἔς τε πόλιν δούλων ἀνδρῶν νεοπλουτοπονήρων

zu beziehen, da diese δουλόπολις auch in Eupolis Marikas wohl als dessen eigentliche Heimat erwähnt wird (vgl. Fr. 19); darauf deuten auch die im Marikas Fr. 3 ausdrücklich hervorgehobenen intimen Beziehungen des Marikas zu den Barbieren, die im folgenden Verse unseres Fr., über dessen Schreibung man das oben p. 13 Bemerkte vgl., unter den Bewohnern der Sklavenstadt aufgeführt werden[1]). Unter ihnen wird Dionysios genannt (vgl. Suppl. Abb. zu p. 135), der nach M. II, 539 auch bei Eupolis im Χρυσοῦν Γένος Fr. 6 ge= meint ist, wenn nicht eher an den selbstsüchtigen Politiker Hyperbolos in eigener Person zu denken ist. Außerdem erscheint in Fr. 8 der Weichling Amynias, den Kratin nach dem Scholiasten zu den Wespen v. 74 und zu den Wolken v. 686 als übermütigen Schmarotzer ge= schildert hatte. Dieser Mann, ein beliebtes Stichblatt der Komiker, der schon in Eupolis Poleis (Fr. 11) erwähnt wurde, erscheint bei Ar. nur in den Wespen und Wolken, weshalb Julius Richter in dem Kommentar zur angeführten Stelle der Wespen ihn bald nachher sterben läßt. Sei dem wie ihm wolle, er scheint jedenfalls mit dem Archon des Jahres Ol. 89, 2 (vgl. den Schol. zu Ar. Wolken v. 31) identisch zu sein (auch mit dem Vorsteher der Erechtheischen Phyle bei Antiphon περὶ τοῦ χορευτοῦ §. 13?) und nur einige Zeit vor= und nachher eine politische Rolle gespielt zu haben, wofür die von Ar. und Eupolis verhöhnte thessalische Gesandtschaft ein Beweis ist; er gehört auch wohl zu den Fr. 13 erwähnten Aussaugern des Staatssäckels. Endlich enthält Fr. 2:

οὕτω σταθερῶς τοῖς λωποδύταις ὁ πόρος πεινῶσι παφλάζει

vielleicht eine Anspielung auf den Paphlagonier Kleon. Faßt man diese Indizien zusammen, so erscheint es notwendig das Stück in die letzten Jahre Kratins zu setzen, etwa gleichzeitig oder kurz nach der Ol. 89, 1 aufgeführten Pytine.

Dem Kratin schließen sich zeitlich zwei Komiker an, die zum Teil noch vor Beginn des großen Entscheidungskampfes gegen Sparta die Politik des leitenden Staatsmannes zur Zeit seiner größten Macht= fülle von der Bühne herab mit gleich rücksichtsloser Schärfe bekämpfen,

---

[1]) Man vgl. auch die Ausführungen Ms. (h. cr. p. 138) über das Wort Marikas als Sklavenname, Platons Hyperbolos Fr. 1—5 (M. II, 669).

wenn auch von verschiedenen Standpunkten ausgehend — ich meine
Hermippos und Telekleides.

Der erstere (M. I, 91 ff.), dessen Einäugigkeit gut zu seinen
herben Sarkasmen paßt (s. Suidas s. v.), war ein enragirter Chau-
vinist und Radikaler, um diese modernen Ausdrücke zu gebrauchen.
Ihm erschien der bedächtig operirende Perikles als ein lahmer Zau-
derer, den man mit allen Mitteln zur kriegerischen Aktion drängen
müsse. Wenn aber Adolf Schmidt (I, 162) ihn, weil er die Aspasia
der Asebie angeklagt hatte (vgl. Plutarch Perikl. c. 32) — ein Faktum, welches M. a. a. O. Ol. 86, 4 ansetzt — als von der Koalition der Feinde des großen Staatsmannes vorgeschobenen Stroh-
mann bezeichnet, so verkennt er ebenso sehr den aufrichtigen, warm-
herzigen Patriotismus des Komikers als Bernhardy, der ihn als
kleinen Kläffer charakterisirt, seine dichterische Kraft. Zum Beweise
mag wenigstens das erste Fr. aus den Moiren hier stehen, das von
Plut. Perikl. c. 33 aufbewahrt der markigen Sprache nach Aeschylei-
scher Gravität nahekommt:

> Βασιλεῦ Σατύρων, τί ποτ᾽ οὐκ ἐθέλεις
> δόρυ βαστάζειν, ἀλλὰ λόγους μὲν
> περὶ τοῦ πολέμου δεινοὺς παρέχει
> ψυχὴν δὲ Τέλητος ὑπέστης;
> κἀγχειριδίου δ᾽ ἀκόνῃ σκληρᾷ
> παραθηγομένης βρύχεις κοπίδος [1]
> δηχθεὶς αἴθωνι Κλέωνι.

In diesem Drama, dessen Haupttendenz M. II, 395 und B.
p. 318, 323 richtig in der Anspornung zum Kampfe gegen Sparta
gefunden und im Anschluß an Thukyd. II, 21 und Ar. Ri. v. 792
aus einer bestimmten Zeitstimmung heraus erklärt haben, ist uns ein
Nachhall des unwilligen Murrens überliefert, mit dem die sammt
aller Habe in die Stadt zusammengepferchten und großenteils in
elenden Baracken untergebrachten Bewohner Attikas (man vgl. darüber
die anschaulichen Schilderungen des Thuk. u. Ar. a. a. O.) die pein-
liche Unthätigkeit ertrugen, in welcher sie nach Perikles Ratschluß ver-
harren und ruhig ansehen mußten, wie die blühenden Saaten, Wein-
berge und Oelpflanzungen unter den Hufen der feindlichen Rosse wie
unter den Axthieben der Soldaten der Vernichtung anheimfielen (vgl.
Andokides Fr. 4 ed. Blaß). Darnach kommt B. p. 318 zu dem
Schlusse, daß das Drama Ol. 87, 2 aufgeführt sei, während M. h.
cr. p. 91 sich für das vorhergehende Jahr entscheidet. Wir haben

---

[1] Die ed. minor hat παραθηγομένου βρύχεις (βρύχεις) κοπίδας, was
M. II, 397 erklärt: gladios devoras, aber κοπίς heißt in der alten Gräzität
wohl nur Messer, Opfermesser; ich möchte daher vorschlagen: παραθηγομένου
βρύχεις κοπῶν (= fremis languescens), welches Verbum bei den Komikern
häufig ist z. B. Ar. bei M. II, 1077 u. 1181; bes. ganz ähnlich Eupolis II, 492.
Kock will schreiben: ψυχὴν δ᾽ ἀτέλεστος ὑπεξίστης! s. I, 237.

in Fr. 4 nach meiner Ueberzeugung ein Kriterium für die Aufführungs=
zeit, das noch nicht beachtet worden ist. Hier heißt es nämlich:

$$\dot{o} \; Z\varepsilon\dot{v}\varsigma \; \delta\dot{\varepsilon} \; \tau o\dot{v}\tau\omega\nu \; o\dot{v}\delta\grave{\varepsilon}\nu \; \dot{\varepsilon}\nu\vartheta\nu\mu o\dot{v}\mu\varepsilon\nu o\varsigma$$
$$\mu\dot{v}\omega\nu \;^1) \; \xi\nu\nu\dot{\varepsilon}\pi\lambda\alpha\tau\tau\varepsilon \; \Theta\varepsilon\tau\tau\alpha\lambda\iota\varkappa\grave{\eta}\nu \; \tau\grave{\eta}\nu \; \ddot{\varepsilon}\nu\vartheta\varepsilon\sigma\iota\nu,$$

b. h. „der großmächtige Perikles aber kümmerte sich um diese Ver=
heerungen keinen Deut, sondern knetete schläfrig den thessalischen Brocken".
Daß dies nicht blos wörtlich $= \tau\grave{o}\nu \; \mu\acute{\varepsilon}\gamma\alpha\nu \; \psi\omega\mu\acute{o}\nu$, sondern figür=
lich zu verstehen ist, darüber kann — obschon weder M. noch B.
etwas davon sagt — jemandem, der die Art der Komiker beobachtet hat,
kein Zweifel sein. Schlagen wir jetzt aber die Stelle des Thut. auf,
so finden wir gleich nach der Schilderung des Murrens als Taktik
des Perikles erzählt, daß er nichts that ($\delta\iota' \; \dot{\eta}\sigma\nu\chi\acute{\iota}\alpha\varsigma \; \mu\acute{\alpha}\lambda\iota\sigma\tau\alpha \; \ddot{o}\sigma o\nu$
$\dot{\eta}\delta\acute{\nu}\nu\alpha\tau o \; \varepsilon\ddot{\iota}\chi\varepsilon\nu$) als von Zeit zu Zeit die Reiterei auszuschicken gegen
die böotischen Reiter, und zwar Athener und Thessalier, die in
Gemäßheit alter Verträge als Hülfskorps anwesend waren (Thut. II,
c. 22); es kam dann zu einem Reitertreffen bei Phrygioi, in welchem
die Athener und Thessalier anfangs im Vorteil waren ($o\dot{v}\varkappa \; \ddot{\varepsilon}\lambda\alpha\sigma\sigma o\nu$
$\ddot{\varepsilon}\sigma\chi o\nu$), bis sie sich bei dem Heranrücken der Hopliten mit Verlust
einiger Leute zurückziehen mußten. Dies geschah zur Zeit des ersten
Einfalles der Peloponnesier im Sommer Ol. 87, 1, weshalb das
Drama mit B. erst im folgenden Jahre aufgeführt worden sein kann.
Was den Titel betrifft, so verzichtet M. II, 395 auf eine Er=
klärung, während B. a. a. O. ihn seltsamer Weise ohne diese Ansicht
zu begründen von den Moren der Spartaner versteht. Am nächsten
liegt es doch wohl an eine Personifikation der verschiedenen Welt=
alter in der Rolle der Choreuten zu denken, da Fr. 3:

$$\varepsilon\ddot{\iota} \; \delta' \; \ddot{\iota}_{\jmath}\nu \; \tau\grave{o} \; \gamma\acute{\varepsilon}\nu o\varsigma \; \tau\tilde{\omega}\nu \; \dot{\alpha}\nu\vartheta\rho\acute{\omega}\pi\omega\nu \; \tau\tilde{\omega}\nu \; \nu\tilde{\nu}\nu \; \tauo\iota\acute{o}\nu\delta\varepsilon \; \mu\acute{\alpha}\chi\varepsilon\sigma\vartheta\alpha\iota \;^2)$$

beweißt, daß in der Parabase die verschiedenen Phasen in der Ent=
wickelung des menschlichen Geschlechts einander gegenübergestellt waren,
und zwar die eiserne Gegenwart einer goldenen Urzeit, wie aus den
folgende.. Versen hervorgeht. —

Was die Fr. betrifft, so ist der in 1 Z. 4 erwähnte Teles sonst
ganz unbekannt. In Bezug auf den Sinn des Verses $\psi\nu\chi\grave{\eta}\nu \; \delta\grave{\varepsilon}$
$T\acute{\varepsilon}\lambda\eta\tau o\varsigma \; \dot{\nu}\pi\acute{\varepsilon}\sigma\tau\eta\varsigma$ ist zu bemerken, daß M. II. 396 sonderbarer Weise
erklärt: Teletis animum et virtutem pollicitus es, während doch
der Gegensatz zu den $\lambda\acute{o}\gamma o\iota \; \delta\varepsilon\iota\nuo\acute{\iota}$ — wie Coraës richtig hervorhebt —
den Sinn verlangt: „aber bewiesen hast du den Mut eines Feiglings".
Man könnte deshalb (wie Sintenis zu Plut. Per. c. 33 thut) diesen
Teles mit dem aus Ar. bekannten Prahler und Feigling Teleas identi=
ficiren (vgl. B. p. 373, Ar. Vög. v. 168 ff.[3]), und zwar wird eine
derartige Identificirung um so wahrscheinlicher, wenn man berüc=

---

[1] ad v. $\mu\acute{v}\omega\nu$ vgl. Add. zu p 399 (M. V, 1, 33) und III, 4.
[2] Ich möchte vorschlagen in Berücksichtigung des Folgenden $\mu\alpha\chi\varepsilon\sigma\vartheta\alpha\iota$;
Kod I. 236 verzweifelt an der Emendation des Verses.
[3] Warum J. Richter den im Frieden v. 1008 erwähnten Schlemmer für
eine andere Person erklärt, ist nicht einzusehen.

ſichtigt, daß dem Perikles von Teleklcides in den Heſioboi (Fr. 4,
M. II, 367) eine Neigung zur Tochter des Teleas, der Korintherin
Chryſilla angedichtet wird. — Durch den erſten Fehler wird M. dann
auch (p. 397) genötigt das Folgende nicht, wie natürlich, von der
Feigheit, ſondern von der Prahlerei des Perikles zu verſtehen und
βρύκειν κοπίδας zu erklären = gladios devorare. Das iſt aber
ein eigentümlicher Eiſenfreſſer, der dies nur thut δηχθεὶς αἴθωνι
Κλέωνι, ganz abgeſehen von den ſchon erwähnten ſprachlichen Bedenken. Will man κοπίδας beibehalten, ſo iſt βρύκεις κοπίδας zu
erklären: „du verſchlingſt ſpartaniſche Feſteſſen", welche Schwelgerei
ebenſo gut zu dem Βασιλεῦ Σατύρων als zur ἔνθεσις Θετταλική
in Fr. 4 paßt (man vgl. auch Fr. 3, 4: κατεβρόχθισεν ἂν τὴν
Πελοπόννησον ἅπασαν).

In ſehr kurzen und ſchneidigen Worten iſt in Fr. 2 die kriegeriſche
Begeiſterung geſchildert, mit welcher wohl das ganze Drama abſchloß.—
In dem erwähnten Fr. 3 wird der auch von Teleklcides (M. II, 366)
in den Heſioboi verhöhnte Tragiker Nothippos als Schlemmer perſiflirt;
der in Fr. 5 und 6 geſchilderte Zecher, der, wenn ihm beim Leeren
eines Humpens ein Unglück widerfahren ſollte, all' ſeine Habe dem
Dionyſos vermacht, iſt vielleicht der weinſelige Kratin; in Fr. 7 endlich
ſcheint die ſtets wachſende Macht des Perikles ironiſirt zu werden,
indem es den Anſchein gewinne als wolle er dem Diagoras, Terthreus
Sohne, über den Kopf wachſen. Den Perikles zu dem philoſophiſchen
Atheiſten Diagoras von Melos (vgl. B. 171 ff., Fritzſche z. Ar. Frö. v. 320),
der hier gewiß unter dem Sohne des Terthreus d. h. des Wunder-
mannes (Gauklers) zu verſtehen iſt [1]) (man vgl. die ähnlichen Bil-
dungen: Amphnias ὁ Σέλλος, Antimachos ὁ Ψακάδος u. a.), in Beziehung zu ſetzen mußte einem Komiker bei der bekannten Vorliebe
des großen Staatsmannes für Männer wie Anaxagoras, Protagoras,
Damon nahe liegen. —

Um eine Olympiade ſpäter fallen die Phormophoroi, ein Drama,
das nach den lehrreichen, längeren Fr. 1 u. 2 wie Kratins Odyſſes
die in der mittleren Komödie ſo häufigen Parodieen Homers und
anderer Epiker eingeleitet hat und deſſen Zeit ſich nach hiſtoriſchen
Anſpielungen in Fr. 1 ohne Schwierigkeit beſtimmen läßt. Es werden
nämlich B. 7 ſ. unter den mannigfachen Lebensgütern, welche von
dem als Schiffskapitän gedachten Dionyſos in Athen eingeführt werden, aufgezählt:

χαὶ παρὰ Σιτάλχου ψώραν Λαχεδαιμονίοισιν
χαὶ παρὰ Περδίχχου ψεύδη ναυσὶν πάνυ πολλαῖς.

Der erſte dieſer Verſe kennzeichnet offen genug den Spartanerhaß
des Odryſenkönigs Sitalkes, des treueſten Verbündeten Athens, welcher

---

¹) Der Scholiaſt zu Ar. Frö. v. 320 fabrizirt nach bekannter Manier
wieder zwei Männer dieſes Namens, weil er wußte, daß der Melier ein Sohn
des Teleklytos (oder Teleklcides, Suidas s. v.) war und den Witz des Komikers
nicht verſtand; zu ὁ Τέρθρεως vgl. auch Suppl. Add. z. II, 261.

in seinem Attifismos soweit ging, daß er seinem Sohne Sabolos das athenische Bürgerrecht erwarb (vgl. Thuk. II, 29, 95 ff.; Ar. Acharn. b. 141 ff., wo er in komischer Uebertreibung, wie ein Lieb-haber den Namen des geliebten Knaben, das Lob der Athener an die Wände kritzelt, während sein Sohn ein warmer Verehrer athenischer — Bratwürste ist); der zweite die Treulosigkeit des Makedoniers Perdikkas, der fortwährend den Ueberläufer von einer Partei zur andern machte (vgl. Thuk. I, 57, 62; II, 95; IV, 79, 82, 132; V, 83). Dazu kommt noch b. 10:

$$\varkappa a i \ K \varepsilon \varrho \varkappa v \varrho a i o v \varsigma \ \dot{o} \ \Pi o \sigma \varepsilon \iota \delta \tilde{\omega} \nu \ \dot{\varepsilon} \xi o \lambda \acute{\varepsilon} \sigma \varepsilon \iota \varepsilon \nu$$
$$\nu a v \sigma \iota \nu \ \dot{\varepsilon} \pi i \ \gamma \lambda a \varphi v \varrho a \tilde{\iota} \varsigma, \ \dot{o} \tau \iota \dot{\eta} \ \delta \iota \chi a \ \vartheta v \mu \dot{o} \nu \ \ddot{\varepsilon} \chi o v \sigma \iota \nu,$$

welche Worte, wie M. II, 409 richtig betont, auf die inneren Zwistigkeiten in Kerkyra bezogen werden müssen. Der grauenhafte Bürgerkrieg aber, der, das erste Anzeichen der inneren Korruption in den griechischen Staaten, die unglückliche Insel in ihrer Blüte knickte und zu Greueln führte, von denen Thuk. III, 70 ff. eine ebenso ab-schreckende als lebenswahre Schilderung entwirft, spielte sich ab im Sommer Ol. 88, 12. Da nun der Bürgerkrieg auf Kerkyra in dem vorstehenden Fr. als gegenwärtig geschildert wird, so bleibt für Auf-führung des Stückes die Zeit bis zum Anfang des Jahres Ol. 88, 4, wo nach der Erstürmung des von den Oligarchen besetzten Berges Istone mit Hülfe der Athener und der grausamen Ermordung der Gefangenen der Bürgerkrieg mit dem endgültigen Siege der Demo-kraten endete (vgl. Thuk. IV, 48). Es ist demnach aller Wahrschein-lichkeit nach in das zweite oder dritte Jahr dieser Ol. gefallen [1]). — Was den Titel betrifft, so ist er zu beziehen auf den Import der vielen in den beiden ersten Fr. aufgezählten ausländischen Waaren (φορμός = Waarenballen, vgl. M. II, 5; 1014) und demnach zu übersetzen die „Frachtschiffer"; als solche sind zu denken die Ge-fährten des Dionysos, welche den Chor gebildet haben werden. — Während in Fr. 1 die vorzüglichsten Erzeugnisse der einzelnen Länder überhaupt aufgezählt werden, läßt der Dichter im folgenden die verschiedenen Weinsorten Revue passiren. — Von den wenigen übrigen Fr. ist nur das 7te zu erwähnen, in welchem der Komiker Phrynichos des literarischen Diebstahls beschuldigt wird (vgl. M. h. cr. 150). —

Durch mehr als eine Olympiade sind von diesem Drama die Artopolides getrennt, die nach dem Vorgange des Eupolideischen Marikas (vgl. Ar. Wo. v. 553 ff., B. rel. p. 314) den Lampenfabri-kanten und Demagogen Hyperbolos angriffen, der, nachdem Kleon bei Amphipolis gefallen, dessen Platz auf der Rednerbühne sich an-maßte und eine Zeitlang zum Abscheu aller gesinnungstüchtigen Patrioten behauptete, bis er in Folge einer geschickten Koalition zwischen den Hetärieen des Nikias und Alkibiades — nach anderen des Phaiax —

---

[1]) Aehnlich Wilamowitz bei Kock I, 242.

zu großer Ueberraschung des souveränen Volkes dem Ostrakismos zum letzten Opfer fiel und als Verbannter nach Samos ging, wo er später in einem Volksaufstand in einer seines Lebens würdigen Weise umkam (Thuk. VIII, 73). Hermippos hat diesen gemeinen und rohen Charakter, von dem, wie ich glaube, Ar. Züge für seinen Wurst=händler verwendet hat (obschon er selbst Wo. v. 554 das gerade Gegenteil behauptet), wie später Ar. den Euripides, in seiner Mutter, einem gemeinen Marktweib angegriffen, für die B. p. 312 wohl richtig den Namen Dokō hergestellt hat [1] (man vgl. Kratins Göttin der Sykophanten Δεξώ und Δωρώ bei M. II, 58, Suppl. zu p. 228). Diese Dokō nun erscheint uns in Fr. 1, wie sie für die Rettung ihres Sohnes den Göttern opfern will; in derselben Situation scheint sie sich in Eupolis Marikās Fr. 7 (M. II, 502) zu befinden. Diese Rettung kann man auf die Freisprechung in einem Prozesse beziehen, in den er durch die Entwendung der vom Aegypter Psapis dem athenischen Volke gesandten Goldgefäße verwickelt worden war (vgl. Lenkons Phrateres Fr. 1 bei M. II, 749). In Fr. 2 gibt ihr jemand die Ehrentitel:

ὦ σαπρά καὶ πασιπόρνη καὶ κάπραινα:

in Fr. 3 wird sie ebenso wie ihr Sohn vom Komiker Platon (M. II, 669) wegen des barbarischen Dialektes verhöhnt. Es kann nicht zweifelhaft sein, daß der Chor dem Titel entsprechend aus den werten Colleginnen der Dokō bestanden hat, zu welchen die Fr. 6 genannte γελγόπωλις (Tändlerin) zu zählen ist. —

Sonst hat sich nur noch ein Fr. (5) erhalten, dessen verderbter Text am besten von Cobet Observatt. critt. in Platon. com. p. 128 emendirt worden ist (vgl. die Hermannsche Lesart bei M. V, 1, 32; die Fritzsche bei M. II, 385), in welchem der „große" Peisandros von Acharnai verhöhnt wird. — Aus dem als historischer Hinter=grund des Stückes deutlich erkennbaren Einflusse des Hyperbolos geht hervor, daß das Stück nach Kleons Tode zu setzen ist; dies wird durch die obige Stelle der Wolken nicht nur bestätigt, sondern dahin erweitert, daß es nach Ol. 89, 4 als der Aufführungszeit von Eupolis Marikās fällt (s. o. p. 19). Demnach bleibt nur die Wahl zwischen den zwei ersten Jahren der 90ten Ol., da Hyperbolos bereits Ol. 90, 3 = Janr. od. Febr. 417 durch den oben erwähnten Ostrakismos ver=bannt worden ist (vgl. Hertzberg Alkib. p. 113 mit Anmerk. 35, wo diese Zeitbestimmung gegen die abweichende Ansicht M'z. und Fritzsche's näher begründet wird, B. p. 309). —

In die gleiche Zeit sind die Kerkopes [2] zu setzen, bezüglich deren M. I, 94 zweifelt, ob unter ihnen die mythischen Kobolde dieses

---

[1] Dagegen M. I p. 93, 189 Anm.; aus dem Scholion zu den Thes=mophor. v. 840 erfahren wir, daß der Name der Mutter von dem Homeriker Seleukos (vgl. Dindorfs Adnot. zu der Stelle) dem Polybios als Gegenstand eines Problems aufgegeben wurde.

[2] Ueber das Wesen dieser Kobolde vgl. man Kratins Archilochoi Fr. 14 (M. I, 24) mit den Suppl. Add. zu dieser Stelle; B. rel. com. p. 24. —

Namens oder leibhafte Menschen ähnlichen Gelichters zu verstehen seien. Auf Grund der Fr. muß man sich für das letztere entscheiden, wobei die Kerkopen und der Syrphax (Gesindel) des Komikers Platon als Analoga dienen können. Diese Annahme wird wesentlich gestützt durch Ar. Vög. v. 1407, wo Kinesias dem in unserem Drama Fr. 1 verhöhnten Leotrophides einen Chor fliegender Vögel aus der Ker=topischen Phyle ausbilden soll, vgl. Kock Fr. I, 233. — Die Codd. haben zwar Κεκροπίδα, wofür aber Bergt mit Recht Κεκωπίδα schreibt, da der Scholiast zur Erklärung gerade die Stelle aus den Kerkopen heranzieht. Demnach sind unter Kerkopes die zweifel=haften Existenzen: Sykophanten, Demagogen, Lügenpropheten u. s. w. zu verstehen, an denen in Athen zur Zeit des peloponnesischen Krieges kein Mangel war. Zu letzteren gehört der in Fr. 6 als Κολακο-γωροκλείδης — diese Schreibart ist vorzuziehen[1]) — bezeichnete Hierokleides, dessen Name ebenso sinnreich seinen Thaten entsprechend umgemodelt ist wie von Kratin der des Androkles in Androkolonokles (M. II, 171), von Ar. der des Kleonymos in Kolakonymos (Wesp. v. 592) u. a. — Daß dieser auch von Phrynichos in den Komasten Fr. 4 (M. II, 587) unter demselben Spitznamen verhöhnte Hierokleides mit dem aus Ar. Frieden v. 1043—1126 bekannten hungrigen Wahr=sager Hierokles aus Oreos auf Euböa, den auch Eupolis in den Poleis Fr. 16 (M. II, 515) persiflirt, identisch ist, hält nach Dobree auch M. a. a. O. für wahrscheinlich[2]). Auf sein Konto ist auch wohl der in Fr. 2 erwähnte Diebstahl einer Opferschale zu setzen, was ganz zu Ar. Frieden v. 1118 stimmen würde, wo Hierokles den Opferbraten annektirt.

In Fr. 1 wird geschildert, wie die Armen sich Dionysos gegen=über, der im Stücke selbst auftrat, mit brefthaften Opfertieren durch=helfen, die noch magerer seien als Leothrophides und Thumantis. Da nun Hierokles, an dem man wohl auch bei dem in den Vögeln v. 960 ff. auftretenden χρησμολόγος zu denken ist, erst kurz vor Ar. Frieden aus Oreos eingewandert zu sein scheint und seit den Ol. 91, 2 mit Ar. Vögeln aufgeführten Komasten des Phrynichos ganz aus der Komödie verschwindet (vermutlich ging er in seine Heimat zurück); da ferner der leichtfüßige Dithyrambendichter Leotrophides nur noch in Ar. Vög. v. 1406 und in Theopomps Kapelides Fr. 1 (M. II, 800) vorkommt, der immer hungrige Prophet Thumantis nur in den Rittern v. 1266 ff., so erscheint es gerechtfertigt, das Stück in Ol. 90—91 zu setzen als in eine Periode, in welcher die χρησμολόγοι wie die Pilze aus dem Boden schossen (vgl. das p. 52 zu den Tel-messiern Bemerkte). —

---

[1]) So auch Kock I, 234.
[2]) Ebenso scheint der im Plutos v. 84 ff. und den Pelargoi Fr. 11 (M. II, 1129) verhöhnte lakonisirende reiche Filz Patrokles identisch zu sein mit dem in den Vögeln v. 790 erwähnten Demagogen Patrokleides mit dem Spitznamen Νεᾶς, der (Andocides de mysteriis §. 77 ff.) nach der Schlacht bei Aigos-potamoi das Psephisma über Aufhebung der Atimie einbrachte. —

Das letzte Stück des Hermippos, deſſen Aufführung ſich mit Wahrſcheinlichkeit auf einen beſtimmten Zeitpunkt fixiren läßt, ſind die Stratiotai, in welcher Komödie, wie nicht nur aus dem Titel, ſondern auch aus Fr. 1 hervorgeht, Soldaten den Chor bildeten. Daß der Hintergrund der Handlung eine überſeeiſche Expedition iſt, erhellt ebenfalls aus dieſem Fr. 3. 1:

$$\chi\alpha\tilde{\iota}\varrho' \ \tilde{\omega} \ \delta\iota\alpha\pi\acute{o}\nu\tau\iota o\nu \ \sigma\tau\varrho\acute{\alpha}\tau\epsilon\nu\mu\alpha, \ \tau\acute{\iota} \ \pi\varrho\acute{\alpha}\tau\tau o\mu\epsilon\nu;$$

Nun aber antwortet der Gefragte dem neu Ankommenden:

$$\tilde{\eta}\sigma\vartheta o\nu \ \tau\grave{o}\nu \ \text{'}A\beta\upsilon\delta o\nu \ \dot{\omega}\varsigma \ \dot{\alpha}\nu\dot{\eta}\varrho \ \gamma\epsilon\gamma\acute{\epsilon}\nu\eta\tau\alpha\iota;$$

Daß hier unter ὁ Ἄβυδος eine bis dahin wegen ihrer Weichlichkeit verrufene Perſönlichkeit zu verſtehen iſt, ſcheint mir mit B. rel. com. p. 324 troß Mß. Einſpruch (II, 402) ſicher [1]. Da nun Antiphon in ſeinen λοιδορίαι Ἀλκιβιάδου (Fr. 69 ed. Blaß) von einer Ver=gnügungsreiſe des eben mündiggeſprochenen Alkibiades nach Abydos berichtet, unternommen um den Umgang mit dem ſchönen Geſchlecht zu lernen (μαϑησόμενος παρὰ τῶν ἐν Ἀβύδῳ γυναικῶν ὅπως κ. τ. λ.) — eine Anſicht, die zwar wegen der Quelle Zweifel er=wecken könnte, aber ſowohl bei M. wie bei B. Glauben findet und durch das Zeugnis des Lyſias (Fr. 4 bei Scheibe), wonach ſein Oheim Axiochos ihn begleitete, der nach Andoc. de mysteriis §. 16 ſpäter mit ihm des Myſterienfrevels angeklagt wurde, beſtätigt wird —; da ferner in Ar. Triphales Fr. 2 von einer dringenden Einladung des Mannes in die verſchiedenen joniſchen Städte, u. a. auch nach Abydos die Rede iſt (ὁ παῖς iſt wohl Alkibiades, der Angeredete ſein Oheim Axiochos), ſo liegt es nahe in unſerer Stelle an ihn zu denken. Da aber ferner die Bezeichnung ὁ Ἄβυδος in weiteren Kreiſen nur verſtanden werden konnte zu einer Zeit, wo dieſe leicht=fertige Fahrt noch in aller Munde war, und ſeine Mündigſprechung Ol. 86, 4 = 433/32 nach vollendetem 18ten Lebenjahre erfolgt war (Herßberg Alk. p. 23 mit den Anm. 33 angeführten Belegen), woran ſich nach Antiphon die Reiſe unmittelbar anſchloß, ſo muß die über=ſeeiſche Expedition, an welcher er beteiligt war, nicht lange nach dieſer Zeit unternommen worden ſein. Nun ſetzt B. p. 325 das ἀνὴρ γεγένηται in die 89te Olymp., ohne zu bedenken, daß wir aus dieſer Zeit von keiner ſolchen Unternehmung wiſſen, an welcher Alkibiades teilgenommen hätte. Nimmt man aber auf die hiſtoriſchen That=ſachen rückſicht, ſo kommt man faſt von ſelbſt auf den zweiten Zug der Athener nach Potidäa unter Phormions Kommando (Herßb. p. 39) im Sommer 431 (Ol. 87, 1, vgl. Thuk. I, 64), an welchem be=kanntlich der junge Alkibiades in Sokrates Geſellſchaft als Hoplit teilnahm und ſich ſo auszeichnete, daß er — allerdings durch des

---

[1] Dobree Advers. II, p. 399 läßt einen ξεναγός reden, der abydeniſche Mietſoldaten zuſammengebracht habe, ohne zu bedenken, daß von dergleichen Condottieri vor dem Ende des peloponneſiſchen Krieges ſo gut wie gar nicht die Rede iſt; auch iſt nicht einzuſehen, wie ὁ Ἄβυδος ſoll bedeuten können „abydeniſche Söldner".

letzteren Vermittlung — den Preis der Tapferkeit davontrug (f. d. Belege bei Herzberg Anm. 58, vgl. auch Jsokrates or. 16 §. 29). Da nun diese Ereignisse noch v o r das Stück fallen, wie aus Fr. 1 folgt, und verschiedene Fr. (f. 1—6, besonders das letztere) beweisen, daß im Stücke selbst der Aufbruch der Soldaten und Seeleute zu dem Zuge und ihre Ankunft am Bestimmungsorte geschildert war, so kann bei den neuankommenden Truppen nur an die weitere Absendung eines Hülfskorps unter Hagnon und Kleopompos (Thuk. II, 58), welche Ol. 87, 2/3 im Sommer stattfand, gedacht werden. Demnach ist die Aufführung des Stückes sehr wahrscheinlich auf die Lenäen oder großen Dionysien des Jahres Ol. 87, 3 gefallen. — Daß die Stratiotai nur eine Ueberarbeitung der Moiren gewesen seien, schließt B. p. 323 aus den zum Teil wörtlich gleichlautenden Fr. Jedenfalls durchweht beide Dramen der gleiche kriegerische Hauch.

Die Fr. 2—4 schildern, gerade umgekehrt wie Ar. im Frieden v. 1197 ff., die Verdrängung aller friedlichen Beschäftigungen durch die Vorbereitungen zum Kampfe; in Fr. 5 sehen wir die athenischen Seeleute sich zur Seefahrt rüsten; in Fr. 6 werden die Opfer vorm Ausrücken ins Feld dargebracht (vgl. Schömann Gr. Staatsaltert. II, 219); in Fr. 8 handelt es sich um den Verkauf erbeuteter Sklaven. —

Die noch übrigen vier Dramen des Hermippos[1]), die größten= teils parodistischer Art gewesen zu sein scheinen, wie z. B. die Ἀθηνᾶς Γοναί den Reigen der später so beliebten Göttergeburten eröffnen (vgl. M. I, 279 ff.), lassen sich wegen der geringen Zahl und Qualität der erhaltenen Fr. nicht zeitlich fixiren, weshalb wir nunmehr zu dem Dichter übergehen, dessen Name zugleich mit dem des Hermippos als der eines erbitterten Gegners des Perikles genannt wird. —

Telekleides, der nach den Prolegg. de comoedia VII nur sechs Stücke schrieb, von denen fünf Titel erhalten sind, fällt seiner dichteri= schen Wirksamkeit nach teils vor den Anfang des Krieges, teils in dessen erstes Drittel. — Von seinen Dramen entziehen sich zwei — die Apseudeis[2]) und Sterroi — wegen des geringen Gehaltes der wenigen Fr. einer näheren Zeitbestimmung.

Unter den drei übrigen erscheinen die Hesiodoi als das zeitlich erste Drama und zwar von literarisch=parodistischer Tendenz, was nicht nur aus dem Titel, sondern auch aus der Verhöhnung verschie= dener Dichterlinge in den Fr. hervorgeht. Zunächst begegnet uns der ältere Philokles, der Enkel des Aeschylos und Vater des Morsimos (Fr. 1), über den man Kayser h. cr. tragic. p. 46 ff. vgl.; er wird von den Komikern öfter wegen seiner Kleinheit und seines abnorm geformten Kopfes verhöhnt (vgl. Thesmoph. v. 168 mit den Scholien),

---

[1]) Denn nur 9 Titel sind erhalten, während er nach Suidas 40 Stücke verfaßt hat; die drei übrigen sind: Europe, Theoi und Demotai.

[2]) Aus dem Schol. zu Ar. Wesp. v. 506, wozu man M. Addenda II, p. 366 vgl., geht hervor, daß sich Ar. a. a. D. auf die Schilderung des Schlem= mers Morychos in den Apseudeis bezieht, mithin daß das Stück v o r Ol. 89, 2 fällt; vgl. Kock I, 212.

weßhalb ihn Ar. in den Vögeln v. 1295 mit der Haubenlerche (κορυδός) vergleicht ¹). Ich schlage daher vorher an unjerer Stelle im
Anschluß an den Dindorf'ſchen Emendationsverjuch (in der Adnotatio
zu den Schol. der Thesm. a. a. O.) zu ſchreiben:

*Ἀλλ' ἡ τάλαινα Φιλοκλέα βδελύττεται
ὅτι κορυδός ἐστιν Ἀισχύλου φρόνημ' ἔχων* ²)

und bin mit Dindorf überzeugt, daß unter *ἡ τάλαινα* die tragiſche
Muje zu verſtehen iſt, der des großen Ahnen kleiner Enkel Gewalt
anthut. Der zweite diejer Dichterlinge iſt der ſchon von Hermipp in
den Moiren verhöhnte Nothippos (Fr. 3); ebenſo ſind wohl die
herrenlojen Fr. 2 u. 3, in welchen Mnesilochos (über welchen man
Ar. Thesmophoriazujen vgl.) und Sokrates dem Euripides bei ſeinen
dichteriſchen Produktionen hilfreiche Hand leiſten, mit demselben Dindorf hierherzuziehen (M. h. cr. I, 88, Suppl. zu p. 371, 735),
nicht minder fr. incert. 7, in welchem derielbe Tragiker wie bei Ar.
(z. B. Acharn. v. 478 u. ö.) für den Kerbelhandel ſeiner Mutter
büßen muß. —

Doch fehlt es auch nicht an politiſchen Anjpielungen. So wird
in Fr. 4 der Olympier Perilles wegen ſeiner Liebe zur Corintherin
Chrysilla, Tochter des Teleas und Freundin des Dichters Jon von
Chios mitgenommen, ein Fragment, das Adolf Schmidt I, 107 Anm. 3
willkürlich für einen bloßen ſchlechten Kalauer erklärt, um die Behauptung aufrecht erhalten zu können, daß „die Mitwelt den Perilles niemals der Hetärenliebe beſchuldigt habe"; derſelbe Perilles ſcheint auch
unter *ὁ παιδέρως Ζεύς* in fr. incert. 26 gemeint zu ſein. In
Fr. 8 begegnen wir dem ſchon aus Ekphantides und Kratin bekannten
Demagogen Androtles, der als „Beutelichneider" bezeichnet wird; er
wurde Ol. 92, 1 als heftigſter Gegner des Alkibiades von den oligarchiſch-
gejinnten Hetäricen ermordet (Thuk. VIII, 65; Andoc. de myster.
§. 27). — Endlich taucht (Fr. 5) der Windbeutel und Weichling
Theogenes auf, von dem ſchon in Ar. Horen die Rede war. — Alle
Indizien zuſammengenommen erſcheint es gerechtfertigt das Stück in
die letzte Lebenszeit des Perilles um den Beginn des peloponnejiſchen
Krieges zu ſetzen. (Wilamowitz vermutet nach Kock I, 212, daß es
Ol. 87, 2 od. 3 aufgeführt ſei).

In die gleiche Zeit fallen wahrſcheinlich die Prytaneis, von denen
nur ſpärliche ſichere Fr. übrig ſind. Da aber 1) der Titel für die
politiſche Tendenz des Stückes ſpricht; 2) nach Fr. 5 in demjelben das
Leben unter Themiſtokles Regime ohne Zweifel im Gegenſatz zur peri-
kleiſchen Staatsverwaltung geprieſen wurde — vgl. die ſchöne Würdigung der Verdienſte des Themiſtokles beim Komiker Platon fr. inc. 1
(M. II, 679) — ſind wir umjomehr berechtigt, die in den herrenlojen
Fr. enthaltenen Invektiven gegen Perilles diejem Stücke zuzuweiſen,

---

¹) In den Wespen v. 1509 gibt er ihm die Prädikate Krabbe und Spinne
(vgl. den Scholiaſten zu der Stelle).
²) Kock's Konjektur I, 214 iſt ſehr matt.

als sie allen Anzeichen nach in die übrigen Dramen des Dichters nicht hineinpassen. Da ist vor allem das uns von Plutarch aufbewahrte Fr. 4, in welchem die Allmacht des großen Staatsmannes in ebenso lebhaften Farben geschildert wird.wie die des Kleon in Ar. Rittern v. 75 ff.; Fr. 6 ist auf sein Drängen zum Kriege gegen Sparta zu beziehen ähnlich wie Ar. Frieden v. 606 ff.; Fr. 5 schildert, wie er nach Unterwerfung Aeginas in die Stadt zurückkehrt:

$$\text{'Oδ ἀπ' Ἀιγίνης νῄσου χωρεῖ δοϑιῆνος ἔχων τὸ πρόσωπον}$$
(vgl. B. rel. com. p. 331).

Das „Furunkelgesicht" des Perikles, worin wohl eine Anspielung auf die gegen die Aegineten ausgeübte Härte liegt (vgl. Aelian V. H. II, 9), ist auch heranzuziehen zur Erklärung einer weder vom Scholiasten noch von den modernen Erklärern befriedigend gedeuteten Stelle in den Wespen, wo Philokleon von seinem Sohne „einer in Zwiebeln gehüllten Furunkel" verglichen wird (v. 1172 δοϑιῆνι σκόροδον ἠμφιεσμένῳ [1]), und zwar nachdem er gefragt hat, wem unter den Vornehmen er gleiche; denn diese zwiebelumhüllte Furunkel muß als komische Wendung für den kriegerischen Perikles gefaßt werden. Da nun die Verheerung Aeginas durch Perikles in dem ersten Jahre des Krieges Ol. 87, 1/2 = 431 stattfand (vgl. Thuk. II, 27) und zwar im Sommer, und der Dichter von diesem Ereigniß als einem eben erst geschehenen spricht, so ist das Stück in das Jahr Ol. 87, 2 zu setzen. Noch ist zu bemerken, daß unter dem Λάχης in Fr. 1 wohl Kleon gemeint ist, der auch von Hermippos in den Moirai Fr. 1 mit einem bissigen Hunde verglichen wird (ebenso Ar. Wespen v. 895 [2]); der beim Kohl Schwörende (Fr. 4) ist wohl der Seher Lampon.

Etwas später sind die Amphiktyones zu setzen, in welchen das selige Leben der Menschen in der Urzeit, als dessen Spender ein Gott — Dionysos? — erscheint, dem ewigen Streit und Hader der Gegenwart gegenübergestellt wird (Fr. 1). Insbesondere hat hier der Dichter nach dem Titel wie nach den Fr. 2 u. 4 den altehrwürdigen Gerichtshof der Amphiktyonen der damaligen Prozeßwut der Athener als Spiegel vorgehalten und ähnlich wie Eupolis in den Prospaltiern und Ar. in den Wespen vor den unheilvollen Folgen dieser Volkskrankheit gewarnt, die Ar. auch in den Rittern v. 752 ff. und 1111 ff. treffend schildert. Demnach kann das Stück in ähnlicher Weise wie die Eumeniden des Aeschylos als das Plaidoyer eines Dichters für die althergebrachten Rechtszustände gelten.

Von bestimmten Persönlichkeiten erscheint nur der Rhetor und Wahrsager Diopeithes, Freund des Nikias, (über den man Lobeck

---

[1] Aehnlich ist der bekannte Gebrauch von ἐσκοροδισμένος z. B. Acharn. v. 165, 195, eine von den mit Zwiebeln gefütterten Kampfhähnen herübergenommene Metapher; vgl. auch Hermippos Theoi Fr. 3 bei M. II. 390.

[2] Fr. 6 lautet bei M. δοριγόνοι· τὸν δολογονοῦντα, wozu dieser: Δοριγόνος quo pacto τὸν δολογονοῦντα significare possit, non intelligo. Es ist ohne Zweifel zu schreiben: δοριγόνον· τὸν δορυφοροῦντα vgl. Ar. Ri. v. 448; Kock I, 216 ändert δοριγόνον in δολογόνον.

Aglaoph. p. 981 und B. rel. com. p. 171 vergleiche), in Fr. 6, vgl. dazu Suppl. p. 59; auf ihn geht vielleicht auch Fr. 5. Dieser bestechliche Prophet, dessen Ende Aelian Fr. 22 (ed. Hercher) erzählt und der mit Lampon als Führer der orthodoxen Priesterpartei die Verfolgung des Anaxagoras wegen Asebie eingeleitet hatte [1]), erscheint in den Dramen des Ar. von den Rittern bis zu den Vögeln. Nicht sowohl die Erwähnung dieses Mannes als die Tendenz die Schäden des attischen Gerichtsverfahrens und die diese ausnützenden Sykophanten zu beseitigen macht es wahrscheinlich, daß hieher auch fr. incert. 1 zu ziehen ist, in welchem der Dichter sich als einen Freund des Nikias zu erkennen gibt und erzählt, wie die bekannten Aristokraten Charikles und Nikias aus Furcht vor den Verleumdungen eines Sykophanten diesem das Maul mit Geld stopfen.

Demnach deutet die ganze Situation des Stückes auf die Zeit nach Perikles Tode, wo der Terrorismus Kleons und die hundertköpfige Hyder seiner Kreaturen den Leuten von friedlicher, konservativer Gesinnung das Leben in Athen sauer machte, weshalb sich als Aufführungszeit die 88ste oder 89ste Ol. ergibt[2]). —

An die Dioskuren Hermippos und Telekleides schließt sich zeitlich der Dichter Pherekrates an, der anfangs Schauspieler des Krates [3]) war, dessen teils ethisch-soziale, teils literarisch-parodistische Tendenzen verfolgende Richtung er weiter ausbildete. Bestimmte Persönlichkeiten streifte er mehr im Vorbeigehen, weshalb es beim Anonymus de comoedia III, 9 heißt: καὶ αὖ τοῦ μὲν λοιδορεῖν ἀπέστη, was aber nach den erhaltenen Fr. nicht buchstäblich zu nehmen ist. Seine dichterische Thätigkeit, die von demselben Anonymus §. 4 der eines Epicharm, Kratin u. f. w. gleichgeachtet wird, wurde nach der wohl richtigen Emendation von Dobree (M. I, 66) schon Ol. 85, 3 unter dem Archon Theodoros mit einem Siege gekrönt. Von seinen Dramen, deren M. I, 70 nach Abzug der zweifelhaften und unächten dreizehn zählt, tragen manche in Titel und Fr. den Charakter der sogenannten mittleren Komödie an sich. Unserer Periode lassen sich mit größerer oder geringerer Sicherheit fünf zuweisen, und zwar

1) die Agrioi, deren Didaskalie bei Athen. V p. 218a folgendermaßen lautet: ἐδιδάχθησαν δὲ οἱ Ἄγριοι ἐπ' Ἀριστίωνος ἄρχοντος d. h. Ol. 89, 4, ein Jahr nach Ar. Frieden. Während wir

---

[1]) Dieser Philosoph scheint auch von Hermippos in den Ἀθηνᾶς Γοναί Fr. 1 u. 2 mit seinem „runden, allumfassenden, immer beweglichen Gotte", der — wie schon M. bemerkt (II. 380) — große Aehnlichkeit mit dem platonischen Gotte hat, wie mit seinem „Lammsdialekt" (womit wohl die weiche ionische Mundart gemeint ist) und „Lammsgesicht" verhöhnt worden zu sein, was noch nicht bemerkt worden ist, aber trefflich zu der politischen Richtung des Komikers paßt.

[2]) Vgl. Koch I, 209.

[3]) Daß Krates hier übergangen wird, hat — wie bereits oben angedeutet ist — seinen Grund sowohl in dem wenig prägnanten Inhalt der erhaltenen Fr. als in dem Umstande, daß seine dichterische Laufbahn größtenteils vor den Anfang dieser Periode fällt, da er Ol. 88, 4 bereits gestorben war (vgl. Ar. Ri. v. 537 ff. mit M. I, p. 59). —

demnach über die Aufführungszeit des Stückes eine zuverläſſige Nach=
richt haben, hat ſich über das Sujet eine ziemlich heftige Fehde
zwiſchen C. Fr. Heinrich (demonstratio loci Platonici e Protagora,
Kiloniae 1813) und Meineke (h. cr. p. 71 ff.) entſponnen, indem
erſterer auf Grund des Fr. 4 behauptet, daß die Verderbnis der alten
einfachen Muſik das Hauptthema geweſen ſei, und dann weitergehend
ſchließt, daß die Agrioi identiſch ſeien mit dem wahrſcheinlich von
Eratosthenes dem Nikomachos, von anderen dem Pherekrates zuge=
ſchriebenen Cheiron (vgl. M. I, 76; Schol. zu Ar. Fröſchen v. 1308),
von welchem Drama es auf Grund der erhaltenen Fr. nicht zweifel=
haft iſt, daß die Geſchichte der Muſik ähnlich wie in Kratins Bukoloi
den Hauptgegenſtand der Dichtung gebildet hat; letzterer dagegen mit
Recht für das erſte Stück aus dem Titel, den Fr. und der ſich auf
dasſelbe beziehenden Stelle des Platon im Protagoras p. 327 c
einen weſentlich anderen Hauptinhalt eruirt (h. cr. 77 ff.) und mit
noch größerem Rechte auch bei vorausgeſetzter Aehnlichkeit des Sujets
von einer Identificirung beider Stücke nichts wiſſen will. Demnach
muß bezüglich des Hauptpunktes der Streitfrage anerkannt werden,
daß der Scharfſinn M§. das Richtige getroffen hat. Dagegen bleibt
es noch fraglich, ob wirklich der Titel Agrioi, wie M. will, halb=
figürlich zu erklären iſt = μισάνθρωποι und nicht vielmehr wörtlich
= Wilde (Kyklopen, Kentauren), in welchem Falle beim Plato μιξάν-
θρωποι zu ſchreiben wäre, eine Aenderung, deren Leichtigkeit jeder
zugeben wird. Suchen wir nun zur Löſung dieſer Frage bei den
Fr. Auskunft, ſo iſt im erſten von dem einfachen Leben der Vorzeit
die Rede, wo die Bauerfrauen keine Sklavinnen hatten, ſondern auf
der Handmühle das Korn ſelber mahlten; in Fr. 2 (vgl. Add. M.
V, 1, 26) werden Leute geſchildert, die von Kräutern und wilden
Oliven leben und wenn der Hunger arg wird, nachts an ihren Fingern
ſaugen (wir würden ſagen: an den Hungerpfoten); auf eine gleich
rohe Lebensweiſe deuten auch die Fr. 8 u. 9. Weitere Ausbeute
liefern ſie für dieſen Zweck nicht. Halten wir uns aber an den Titel,
ſo finden wir das Wort ἄγριοι bei Ar. (Wolken v. 349) gleich=
bedeutend mit Kentauren. Es heißt dort nämlich von den Wolken:

κἆτ᾽ ἢν μὲν ἴδωσι κομήτην
[1]) ἄγριόν τινα τῶν λασίων τούτων οἷόνπερ τὸν Ξενοφάντου
σκώπτουσαι τὴν μανίαν αὐτοῦ Κενταύροις εἴκασαν αὐτάς.

Ganz ähnlich wird Ar. Fröſche v. 38 das Wort κενταυρικῶς,
welches von einem plumpen, ungeſchlachten Anklopfen an die Thür
gebraucht iſt, vom Scholiaſten erklärt: ἀντὶ τοῦ ἀκόσμως καὶ ἡ
βιαστικῶς, ὅτι καὶ οἱ Κένταυροι ὑβρισταί, wozu ein zweiter im
Cod. Laur. hinzuſetzt: λίαν ἀγρίως. Nehmen wir dazu nun den

---

[1]) Die Späteren gebrauchen das Wort vorzugsweiſe in Beziehung auf
grobe ſinnliche Ausſchweifungen, vgl. Kayſer h. cr. tragic. p. 282; zu der
Deutung „Kentauren“ für unſer Stück ſtimmt auch die Erwähnung der großen
antroniſchen Eſel in Fr. 12 (M. II. 260). —

Wortlaut der platonischen Stelle. Hier ist von Menschen die Rede, „die weder Bildung haben noch Gerichte noch Gesetze noch irgend einen Zwang, der sie fortwährend nötigt sich der Tugend zu befleißigen, sondern die fast eine Art wilder Männer sind, wie die, welche der Dichter Pherekrates vorm Jahre am Lenäenfeste auf die Bühne brachte". „Wahrhaftig du würdest, fährt Platon fort, wie die Halbmenschen in jenem Chore zufrieden sein, wenn du auf Eurybatos und Phrynöndas — zwei notorische Schurken — stießest". Dies Beispiel dient zur Begründung der vorher aufgestellten Behauptung, daß der ἀδικώτατος τῶν ἐν νόμοις καὶ ἀνθρώποις τεθραμμένων (d. h. ein Eurybatos oder Phrynöndas) für δίκαιος zu halten sei, im Vergleich mit Menschen (εἰ δέοι αὐτὸν κρίνεσθαι πρὸς ἀνθρώπους) wie die geschilderten. Solche Wilde als μισάνθρωποι zu bezeichnen wäre eine contradictio in adiecto, da jedes Misanthropentum eine gewisse Kultur=stufe, ein früheres Leben in und mit der Menschheit voraussetzt; sie sind keineswegs kongruent mit den homines solitarii et ab aliorum societate remoti M's. (I, 80), wie sie Phrynichos in seinem Mono=tropos schilderte oder wie sie uns in Timons historischer Figur vor Augen treten, wohl aber mit den homerischen ὑβρισταί τε καὶ ἄγριοι οὐδὲ δίκαιοι, wie sie uns in den Kyklopen entgegentreten (Od. I, v. 105 ff. 175). Demnach bleibt nichts übrig als sich unter den Agrioi leibhafte Kentauren zu denken, welche den Chor des Stückes bildeten. M's. weiteres Bedenken (h. cr. I, 80 Anm.) wegen der scenischen Darstellung ist hinfällig, wenn man die Cheirones Kratins, den fraglichen Cheiron unseres Dichters, die Δράματα ἢ Κένταυρος des Ar., die sechs ebenso betitelten Dramen anderer Komiker in Be=tracht zieht, in welchen jenes tierische und doppelgestaltige Aeußere — habitus ille ferinus et biformis (M). — die Athener ebenso wenig befremdet haben wird, wie die verschiedenen Tierchöre der Vögel, Frösche, Weißen, Fische, Ziegen, die Satyrn, Sirenen, Kyklopen u. s. w., zu welchen die Θηρία des Krates wohl den ersten Anstoß gegeben haben (vgl. B. rel. c. p. 278). Diesen wilden Naturwesen scheint der Dichter nach den Fr. 3, 8 und 9 civilisirte Hauptstädter gegenüber=gestellt zu haben. —

Von bestimmten Persönlichkeiten tritt zunächst Meles, Sohn des Peisias, neben dem aus Ar. bekannten Chairis als jämmerlicher Kitharöde auf (Fr. 4). Der erste, den M. h. cr. 228 nach Platons Gorgias p. 501 E für den Vater des Kinesias erklärt, ist ohne Zweifel identisch mit jenem Sohne des Peisias, der bei Ar. in den Vögeln v. 766 gleich nach dem Kitharöden Exekestides (B. rel. com. p. 373) persiflirt wird [1] und dem Scholiasten ganz unbekannt ist, weshalb dieser sich auch mit dem angeblichen Verrat (εἰ δ' ὁ Πεισίου προδοῦναι τοῖς ἀτίμοις τὰς πύλας βούλεται κ. τ. λ.) sowenig wie Kock zu helfen weiß. Wie kommt aber ein Kitharöde dazu den ihrer Ehren=rechte verlustig Erklärten die Stadttore zu verraten? Es ist offenbar

---

[1] Derselben Ansicht ist Theod. Kock in seiner Ausg. a. a. O.

τὰς Πύλας zu schreiben und an die in den Thermopylen stattfindende
pyläische Festversammlung zu denken, an welcher, wie an allen staat=
lichen Festen nur die unbescholtenen Bürger (ἐπίτιμοι vgl. Schömann
Staatsaltert. II, 362) teil nehmen durften. Diese Auffassung des
Verses wird nicht nur dadurch unterstützt, daß Meles, wie wir aus
den Agrioi u. a. O. erfahren, Kitharöde war, sondern auch dadurch,
daß derselbe Mann von Kratin in seiner Pylaia, deren Inhalt sich
wahrscheinlich hauptsächlich nicht um den pyläischen Markt, sondern
um die dort abgehaltenen musischen Wettkämpfe gedreht hat (vgl. die
Fr. 1, 2, 4 M. II, 111 ff.), persifflirt worden ist (vgl. den Scholiasten
zu Ar. Vögeln a. a. O.). Meles hat also wohl als Hieromnemon
oder Pylagore (M. II, 1083 Fr. 11; 1161 Fr. 11), zu welcher
Würde es ja auch Hyperbolos gebracht hatte (Ar. Wolken v. 624)
einen Antrag gestellt auch die mit der Atimie belegten oder überhaupt
Nichtvollbürger (Metöken oder Fremde) zur Teilnahme an den musikali=
schen Produktionen zuzulassen, wie etwa den als Sklav und Karier
bezeichneten Exekestides (v. 764). —

Außer ihm begegnet uns in Fr. 5 der schon von Kratin in den
Deliades (Fr. 1) als ein eingewanderter Aegypter verhöhnte Lykurgos
(vgl. M. II, 32 mit B. rel. com. p. 262, Suppl. zu II. 257), den
Ar. in den Vögeln v. 1296 einem Ibis vergleicht. Endlich erscheint
in Fr. 7 der Tragiker Philokles, über den man das zu Telelleides
Hesiodoi Bemerkte vergleiche, und der von Ar. öfters, insbesondere
wegen Vorliebe für die Orcheftik, verspottete kleine Karkinos sammt
seinen drei hoffnungsvollen Söhnen (vgl. z. B. Ar. Wesp. v. 1500 ff.).

Noch ist zu bemerken, daß in Fr. 6 von einer besonderen Aus=
rüstung der Kriegsschiffe die Rede ist, um in der Seeschlacht das
Verdeck der feindlichen Schiffe zu durchbohren, welche nach Thuk. VII. 41
im sicilischen Feldzuge zur Anwendung kam (vgl. Ar. Ritter v. 762). —

Wir gehen nunmehr zu den Automoloi über, bei welchem Drama
es zweifelhaft erscheint, ob der Titel von gewissen Ausreißern unter
den Göttern zu verstehen ist, die ähnlich denkend wie Goethe seinen
Prometheus sagen läßt:

Ich kenne nichts Aermeres unter der Sonn' als euch, Götter!
Ihr nähret kümmerlich von Opferfteuern und Gebetshauch eure
Majestät u. f. w.

in das irdische Getriebe hinabsteigen um behaglicher zu leben, wie
dies Herakles in den Vögeln v. 1692 trotz Poseidons Entrüstung,
Hermes im Plutos v. 1148 ff. thut; oder ob an ein historisches
Faktum als Hintergrund der Dichtung zu denken ist. Für erstere
Annahme spricht Fr. 1, wo die Götter sich bitter beklagen über die
ihnen wie Hunden vorgeworfenen ganz abgenagten Knochen, welche
nur notdürftig mit Opfermehl (οὐλήματα) bedeckt seien (vgl. die
Sitte der Skythen bei Herodot IV, 61). Dagegen beweist das vom
Scholiasten zu Ar. Frieden v. 476 aufbewahrte Fr. 3 — wahr=
scheinlich auch Fr. 12, das Dobree von den Athenern selbst versteht —,

6 *

daß die auch von diesem gerügte Mantelträgerei der Argiver wenigstens en passant berührt war. In Berücksichtigung jedoch der vorwiegend ethischen Richtung des Pherekrates ist erstere Annahme vorzuziehen, und der Dichter hat dann wahrscheinlich in ähnlicher Weise wie Kratin und Ar. daran eine bittere Klage über die schwindende εὐσέβεια der Athener gegen die angestammten Götter angeknüpft [1]). —

Aus der erwähnten Anspielung auf die schwankende politische Haltung der Argiver folgert nun M. h. cr. 81, daß das Stück nicht vor Ol. 90, 4 geschrieben sei, indem er dabei von dem erzwungenen Parteiwechsel der Argiver nach der Schlacht bei Mantineia ausgeht, welcher durch das im Winter Ol. 90, 3 (vgl. Thuk. V, 77, 79) abgeschlossene Bündnis mit Sparta besiegelt wurde. Wenn es nun aber schon von vornherein zweifelhaft erscheint, daß der Dichter diese durch die bittere Not und die spartanerfreundliche Aristokratie herbeigeführte Umwälzung, die von so kurzem Bestand war, daß der unterdrückte Demos nach Bewältigung der Oligarchen schon im nächsten Sommer das alte Bündnis mit Athen erneuerte (Thuk. V, 82), um demselben für die Dauer des ganzen Krieges treu zu bleiben, daß — sage ich — der Dichter dies ephemere Ereignis als Bundbruch sollte bezeichnet haben: — so wird M's. Schlußfolgerung noch besonders dadurch hinfällig, daß Ar. in dem volle fünf Jahre vorher (Ol. 89, 3) aufgeführten Frieden eben diese Unzuverlässigkeit der Argiver wiederholt als eine schon von langer Hand datirende gegeißelt hat, in dem er v. 475 ff. (vgl. auch 493) ihr Benehmen so charakterisirt:

οὐδ' οἵδε γ' εἷλκον οὐδὲν Ἀργεῖοι πάλαι — scil. die ver-
          grabene Friedensgöttin ans Licht —

ἀλλ' ἢ κατεγέλων τῶν ταλαιπωρουμένων
καὶ ταῦτα διχόθεν μισθοφοροῦντες ἄλφιτα.

Diese Worte werden nun durch das ausdrückliche Zeugnis des Thukyd. (II, 9) bestätigt, indem er ihre Parteistellung bei Beginn des Krieges kurz so schildert: τούτοις (i. c. Ἀργείοις καὶ Ἀχαιοῖς) δ'ἐς ἀμφοτέρους φιλία ἦν. Demnach sind wir genötigt die Automoloi vor den Frieden des Nikias zu setzen, der gleich nach den großen Dionysien Ol. 89, 4 b. h. im Frühling 421 abgeschlossen wurde (Thuk. V, 20); denn gleich darauf kam das Bündnis zwischen Argos und Athen, das schon im Herbst des vorhergehenden Jahres eingeleitet war, definitiv zu Stande (ibid. c. 14 und 44). Wahrscheinlich fällt das Stück kurz vor diesen Ereignissen (also etwa Ol. 89, 3 oder an den Lenäen des folgenden Jahres), wo die Argiver nach Ablauf der dreißigjährigen Verträge sich weigerten das Bündnis mit Sparta zu erneuern, wenn ihnen nicht die Kynuria abgetreten werde (Thuk. a. a. O.), welcher Versuch von der mißlichen Lage Spartas nach Sphakteria's Eroberung und Brasidas Tode Nutzen zu ziehen die Spartaner nicht

---

[1]) Eine dritte Möglichkeit wäre, daß unter den Automoloi die von den einheimischen zu fremden Göttern (Sabazios, Bendis, Kybele, die Kabiren) überlaufenden Athener selbst gemeint sind (vgl. das zu Kratins Horen Bemerkte).

am wenigsten von der Nothwendigkeit eines Friedensschlusses mit Athen überzeugte. —

Von den Fr. ist — abgesehen von den bereits besprochenen — zunächst 8 zu erwähnen, in welchem Zeus aufgefordert wird, wenn er Zeit habe, zu schneien; Fr. 6 bezieht sich auf das Opfer eines Ferkels; in 4 scheinen die Götter von der Kochkunst ihrer Frauen zu sprechen; in 7 ist vielleicht Aphrodite gemeint; 2 und 10 endlich berühren musikalische Dinge. — Bestimmte Persönlichkeiten fehlen. —

Ungefähr in die gleiche Zeit sind die allerdings schon von alten Grammatikern bezüglich ihrer Aechtheit bezweifelten Perser zu setzen (vgl. M. h. cr. p. 70), in welchen (vgl. besonders das interessante längere Fr. 1) die goldene Zeit in Gestalt eines wahren Schlaraffenlebens — wahrscheinlich von Gott Plutos selber (vgl. Ar. Plutos v. 806 ff.) verheißen wird. Demnach ist der Titel Perser ebenso wie in den Thurioperjai des Metagenes (vgl. B. rel. com. p. 290) von Leuten zu verstehen, die alle Tage herrlich und in Freuden leben. Das Prototyp eines solchen Weichlings wird in Fr. 2 in einer Weise geschildert, wodurch man — wie dies auch der vorsichtige M. II, 319 zugibt — an Kallias, Hipponikos Sohn, gemahnt wird, so zwar daß die ganze Schilderung nur als eine weitere Ausführung des Bildes erscheint, das Eupolis von ihm in Fr. 17 der Kolakes entwirft. Demnach wäre das Stück in die 89ste Ol. zu setzen, in welcher Zeit das schwelgerische Leben dieses Sophistenfreundes sowohl dem Eupolis zu den Ol. 89, 3 aufgeführten Kolakes wie dem Ar. zu den wahrscheinlich ins folgende Jahr fallenden Tagenisten (s. p. 45) und wohl auch dem Amcipsias zur Syhendone, von welchem Drama später die Rede sein wird, den Stoff gegeben hat. Berücksichtigt man nun außerdem die Stelle des Athenäus VI, p. 268 E, wo er die das goldene Zeitalter schildernden Dramen der Komiker aufführt, wobei er — wie B. p. 291 richtig schließt — den ihm vorliegenden Didaskalien folgte, so ergibt sich, daß die Perser zwischen die Amphiktyonen des Telekleides und die Tagenister des Ar. fallen [1]), wodurch die obige Annahme bestätigt wird. —

Was die Fr. angeht, so faßt Franz Ritter (dissertatio de Ar. Pluto p. 75) die in 1 enthaltene Schilderung eines verheißenen Utopien als Verspottung der phantastischen Gelüste der Athener, insbesondere ihres Hungers nach persischem Golde (vgl. z. B. Ar. Acharn. v. 82), dessen Haufen man sich von dem Großkönig wie von einem Drachen bewacht dachte; die Fr. 3 und 5 malen gleichfalls eine Ueppigkeit des Lebens, wie sie Horaz mit seinem apparatus Persici bezeichnet; die übrigen sind ohne prägnanten Inhalt.

Mit Wahrscheinlichkeit läßt sich die Zeit noch für zwei Stücke feststellen, von denen nur geringe Bruchstücke übrig sind. Zu dem ersteren: Ἱππὸς ἢ Παννυχίς wird in Fr. 2 das aus dem Mysterien-

---

[1]) Kod I. 181 sagt: scripta est eo tempore, quod interfuit inter Metallicos et Ar. Tagenistas.

proçeß gegen Alkibiades und Genossen bekannte Haus des Pulytion (vgl. Herzberg Alkib. p. 173 mit Anmerkg. 45 b) erwähnt. Dies wie auch die zweite Form des Titels selbst, welche wohl auf jene nächtlichen Orgien zu beziehen ist (vgl. auch Fr. 9); nicht minder Fr. 1, das die Unsitte der jungen Stutzer rügt, ihre Zeit auf dem Salbenmarkt (wir etwa: beim Friseur) zu verschwatzen, welche von demselben Dichter in Fr. 2 der Agathoi gegeißelt wird (M. II, 253); ferner die aus Fr. 3 und 6 sich ergebende finanzielle Kalamität der Athener wie das Hervortreten der Fischhändler und Köche, welche in der späteren Zeit die Rolle der Demagogen im öffentlichen Leben übernehmen, nötigen dazu, daß man das Stück mindestens nach der Verurteilung des Pulytion, der bei jener leichtfertigen Maskerade die Rolle des δαδοῦχος gespielt haben sollte (Plut. Alkib. c. XIX u. XXII) ansetzt (vgl. Andokides de myster. §. 12, 13, Thuk. VI, 28), welche sofort nach geschehener Denunziation Ol. 91, 1 im Juni erfolgte. Sämmtliche Angeklagte mit Ausnahme des Polystratos, der in der Stadt geblieben war, wurden, da sie sich der Verhaftung durch die Flucht entzogen hatten, in contumaciam zum Tode verurteilt und ihr Vermögen vom Staate eingezogen, weshalb das κεῖσθαι ὑπώβολον von Pulytions Hause (a. a. O.) wohl von staatlicher Sequestration und Verpachtung zu verstehen ist. Demnach ist das Stück wohl im folgenden Jahre Ol. 91, 2 aufgeführt, als Alkibiades in Sparta (Thuk. VI, 88 ff.) die Expedition nach Chios und die Befestigung Dekeleias als wirksamste Maaßregeln die Macht Athens in ihren Grundfesten zu erschüttern anriet. Dazu stimmen auch die beiden in den herrenlosen Fr. enthaltenen auf Alkibiades bezüglichen Bruchstücke (5 u. 67 bei M. II, 342 u. 355), die allem Anscheine nach diesem Drama angehören. Das erstere lautet:

οὐκ ὢν ἀνὴρ γὰρ Ἀλκιβιάδης ὡς δοκεῖ
ἀνὴρ ἁπασῶν τῶν γυναικῶν ἐστι νῦν.

Dieses νῦν paßt, wie jeder zugeben wird, in keine Epoche seines buntbewegten Lebens besser als in die Zeit seines Aufenthalts in Sparta, wo er die Gattin des Königs Agis Timaia so durch den Zauber seiner Persönlichkeit fesselte, daß sie ihren Sohn Leotychides in vertrauten Kreisen nur Alkibiades nannte [1] (vgl. Plut. Alk. c. 23). Die übrigen Fr. sind ohne Bedeutung. —

Noch erübrigt ein Drama: die Petale, dessen Fr. (vgl. 2 u. 6) wie Titel [2] darauf deuten, daß erotische Dinge den Hauptinhalt gebildet haben. Wir finden hier von bestimmten Personen in Fr. 2 den berüchtigten Weiberfreund Kleisthenes als „Täubchen" bezeichnet, der uns bereits in Kratins Pytine als Jüngling begegnete und dem Ar. von den Acharnern bis zu den Thesmophoriazusen als Stichblatt

---

[1] Es liegt sehr nahe hierauf auch das Fr. des anonymen Komikers bei M. IV, 608, 27a zu beziehen.

[2] Petale ist ein Hetärenname, s. M. I. 86 Anm.; analog sind die Titel Korianno und Thalatta desselben Dichters; vgl. Kock I, 165.

dient (die Stelle in den Fröschen v. 422 ff. ist mindestens zweifelhaft; wahrscheinlich ist vom Sohne die Rede, vgl. den Scholiasten a. a. O.). In Fr. 3 erscheint wieder der Gourmand und Tragiker Melanthios [1]), der in noch ausgedehnterem Maaße die Zielscheibe des Spottes der Komiker war (vgl. Kayser h. cr. tragic. p. 59 ff. B. rel. com. p. 108, 340 ff.) und schließlich als Parasit des Tyrannen Alexander von Pherae endete. Daß er im Jahre Ol. 89, 3 von allen drei konkurrirenden Komikern: Eupolis, Aristophanes und Leukon persifflirt wurde, erhellt aus Athenäus VIII, p. 343 und dem Scholiasten zu Ar. Frieden v. 803. Da nun von Athenäus a. a. O. nach den gleichzeitigen Phrateres des Leukon und Ar. Frieden als drittes seine ὀψαγγία verhöhnendes Stück die Petale des Pherekrates genannt wird, so ist anzunehmen, daß das Stück den beiden andern auch zeitlich nahe gestanden hat, da Athenäus sich wahrscheinlich auch hier an die didaskalische Reihenfolge gehalten hat (vgl. das p. 85 zu den Persern Bemerkte). Wenn wir das Drama also in die 90ste Ol. setzen, so spricht nicht dagegen die Erwähnung des Sikelioten Megallos (Fr. 4) als des Erfinders einer kostbaren Salbe, da derselbe Mann von Ar. in den jedenfalls vor Ol. 91, 2 aufgeführten Telmessiern (s. p. 52) vorkommt [2]), sondern die Bekanntschaft mit diesem Luxus= artikel ist wohl von dem durch die leontinische Gesandtschaft ein= geleiteten regeren Verkehr Siciliens mit Athen herzuleiten. — Die übrigen Stücke, deren Titel man bei M. I, 70 findet, bieten in den erhaltenen Fr. keinen Anhalt zur Bestimmung ihrer Auf= führungszeit. Nur soviel sei hier bemerkt, daß die Krapataloi [3]), deren Schauplatz der Hades ist, ein literarisches Stück von ähnlicher Tendenz wie Ar. Frösche gewesen zu sein scheinen. So spricht Aeschylos in Fr. 8:

$$\text{ὅστις γ' αὐτοῖς παρέδωκα τέχνην μεγάλην ἐξοικοδομήσας}$$

mit berechtigtem Stolze von seiner dichterischen Thätigkeit; Pherekrates selbst droht in Fr. 16 den Richtern bei ungünstiger Beurteilung dieses Dramas mit Repressalien; in den Fr. 9 u. 11 werden die früheren scenischen Gebräuche den späteren vorgezogen; Fr. 5 ist interessant als Beweis, daß die etruskischen Lampen schon damals in Griechenland bekannt waren. — Die Graes scheinen ein Seitenstück zu Ar. Ekklesia= zusen zu sein, worin die Weiber das Regiment führen und mit frem=

---

[1]) Man hält ihn gewöhnlich für einen Bruder des Morsimos und Sohn des Philokles nach Ar. Fried. v. 801 ff. Dagegen spricht aber die Bemerkung des Scholiasten zu v. 803: ὁ δὲ Μόρσιμος Φιλοκλέους τοῦ τραγικοῦ υἱός πονηρὸς καὶ ἄμετρος. ὁ δὲ Μελάνθιος κωμῳδεῖται εἰς μαλακίαν καὶ ὀψοφαγίαν.

[2]) Er erscheint noch in Strattis' Medea Fr. 1 (II, 775) als ein antiker Jean Maria Farina; die „megallische Salbe" wird in der mittleren Komödie öfters erwähnt.

[3]) Der Titel (etwa: Hadespfennige) ist hergenommen von einer fingirten, nur in der Unterwelt gültigen Münze, vgl. M. II, 288 und 296 Fr. 20; Kod I, 167. —

den Mächten Verträge abschließen (vgl. Fr. 4 u. 5 [1]). Der Dulodi=
baskalos endlich wird von M. auf Grund des Fr. 6 in Verbindung
gebracht mit den gestohlenen, von den Aegyptern dem athenischen
Demos geschenkten Goldgefäßen, von denen Kratin in den Thrakerin=
nen (Fr. 3) berichtet. Ist diese Vermutung richtig, so hat man ohne
Zweifel — was M. entgangen ist — an die Gefäße zu denken,
welche Paapis (Hesychius s. v.) den Athenern zum Geschenke machte
und deren Entwendung der Komiker Leukon in seinen Phyrateres (Fr. 1)
dem Hyperbolos zur Last legt. Da nun die Phyrateres Ol. 89, 3
gleichzeitig mit Ar. Frieden aufgeführt worden sind (s. d. Hypoth. 1),
so würde sich, da a. a. O. von der Rückgabe der entwendeten Gefäße
die Rede ist, für den Dulodibaskalos die 90ste Olymp. als Aufführ=
rungszeit ergeben, und zwar die beiden ersten Jahre derselben, da
Hyperbolos bereits Ol. 90, 3 verbannt wurde (vgl. das p. 73 zu
Hermippos Artopölides Bemerkte). Ueber den Inhalt des Stückes
ist zu bemerken, daß nach Titel wie Fr. ein Sklave in seine ver=
schiedenen Obliegenheiten eingeführt wird (vgl. Fr. 1, 4, 5, 8, wohl
auch fr. incert. 18), weshalb man es „Sklavenspiegel" nennen kann.
Aus Fr. 5, wo dem Sklaven die Herrichtung der Lampe befohlen
wird, könnte jemand von Bs. Kühnheit im Anschluß an das oben
Gesagte folgern, daß unter dem Sklaven niemand anders als Hyper=
bolos selbst zu verstehen sei [2]). —

An Pherekrates schließt sich der mit Ar. und Eupolis gleichzeitige
Phrynichos, der diesen gefährlichen Gegnern mehrmals mit Glück
den Preis streitig gemacht hat. Nach dem Anonymus de comoedia
III, 11 fällt sein Auftreten in das gleiche Jahr wie das des Eupolis
unter das Archontat des Apolloboros d. h. Ol. 87, 3. Dieser elegante
und kräftige Dichter wird öfter mit dem gleichnamigen Tragiker [3]),
ebenso mit dem bekannten oligarchisch gesinnten Strategen im sami=
schen Kriege, dessen Thuk. VIII, 27 ff. mit solcher Anerkennung ge=
denkt, verwechselt (vgl. M. I. 148). Der Name seines Vaters steht
nicht fest; er soll auf Sicilien gestorben sein (Prolegg. de com. III, 10),
wenn das nicht auch auf einer Verwechselung mit dem Tragiker be=
ruht. Er teilte mit manchen anderen hervorragenden Männern das
Loos, von seinen Rivalen wegen fremden Ursprungs verhöhnt zu
werden (vgl. den Scholiasten zu Ar. Frö. v. 13, B. rel. com. p. 364),
war aber ein so talentvoller Dichter, daß er vom Anonymus de com.
III, 4 mit den ersten Koryphäen in eine Linie gestellt wird. —

---

[1]) Ms. Vermutung (II, 268), daß das Stück eine Art Jungmühle ent=
halten habe wie Ar. Göras, steht auf schwachen Füßen, da sie eigentlich nur
auf einem herrenlosen Fr. beruht, das er erst diesem Drama einverleibt hat.

[2]) Beiläufig sei bemerkt, daß in Fr. 10 wirkliche Sporen (ἐγκεντρίδες)
beschrieben werden, wonach Rüstow u. Köchly (Gesch. des griech. Kriegswesens)
p. 136 zu berichtigen ist.

[3]) Der nach Bentley mit dem gleichnamigen Choreuten und Tänzer iden=
tisch ist, während M. I, 149 letzteren als Sohn des Chorokles für eine besondere
Persönlichkeit hält; aber 1) war ja der Tragiker gerade wegen seiner Orchestik
berühmt und 2) trägt der Name Chorokles ganz das Gepräge einer Allegorie.

Uebrigens scheint der Komiker Ameipsias zu ihm in einem ähnlichen Verhältniß gestanden zu haben, wie Kallistratos und Philonides zu Ar., was schon B. bei Fritzsche Quaestiones Ar. I, p. 322 für die Komasten annimmt (vgl. Bursian Sitzungsber. der k. bayer. Akad. cet. 1875 p. 375). B. sucht den Grund für die Aufführung der Komasten durch Ameipsias, während Phrynichos selbst gleichzeitig den Monotropos auf die Bühne brachte (vgl. Hypoth. I zu Ar. Vög., B. rel. com. p. 370), darin, daß es verboten gewesen sei, einem und demselben Dichter für zwei Komödien zugleich einen Chor zu gewähren, indem er sich dabei auf den analogen Fall bei Ar. beruft, der nach dem Zeugniß der erhaltenen Didaskalie zugleich mit den Wespen den Proagon durch Philonides auf die Bühne brachte (s. p. 39). Nach dieser geistreichen Begründung, die auch der besonnene M. (h. cr. p. 155) als richtig acceptirt, erscheint die weitere Schlußfolgerung berechtigt, daß auch der Ol. 89, 1 durch Ameipsias gleichzeitig mit Ar. Wolken und Kratins Pytine (s. Hypoth. 5) zur Aufführung gebrachte Konnos ein Stück des Phrynichos war, da dann nicht nur das Fiasko des Ar. erklärlicher wird gegenüber einem Dichter von der Begabung des Phrynichos, dessen Gedanken zu reproduciren selbst Eupolis im Marikäs nicht unter seiner Würde hielt (s. Ar. Wo. B. 553), sondern auch der Konnos des Phrynichos, von dem nur sehr spärliche Fr. erhalten sind, mit jenem des Ameipsias identificirt wird. — Von seinen zehn Dramen (s. die Titel bei M. I, 152) wurde demnach der Konnos zwei Jahre vor den Kolakes des Eupolis [1]) an den großen Dionysien des Jahres Ol. 89, 1 mit dem zweiten Preise aufgeführt; und zwar ergibt sich sowohl aus dem Titel (M. I, 202), der sich auf den berühmten Kitharöden und Lehrer des Sokrates gleichen Namens bezieht (B. p. 72 ff.), wie aus den erhaltenen Fr., daß Phrynichos ebenso wie Ar. in den gleichzeitigen Wolken hauptsächlich den Sokrates zur Zielscheibe seines Witzes ausersehen hatte. So muß der Weise gleich in Fr. 1 wegen seines τρίβων und Barfußgehens herhalten, wobei jedoch seine unabhängige Gesinnung in V. 4 anerkannt wird:

οὗτος μέντοι πεινῶν οὕτως οὐπώποτ' ἔτλη κολακεῦσαι.

Fr. 5 beweist, daß der Chor aus den φροντισταί bestand; sie sind es wohl auch, welche die Orakel fabriciren, die dann der tolle Diopeithes vorträgt, auf den auch das folgende Fr. zu gehen scheint (Fr. 2 u. 4). Daß auch musikalische Dinge behandelt waren, wie schon der Titel vermuten ließe, bestätigt das Fr. 1 bei M. II, 582. wo das Etymol. M. die Worte hat: Φρύνιχος, Κοιτοιίδητον ἐτεργμόν, wofür ich zu schreiben vorschlage: κοττοδίντητον ἐτεργμόν (ἐτεργμός = κρούμα κιθαρισιικόν) i. e, das wirbelnde Citherspiel des Konnos; hieher möchte ich auch das erste unter den herrenlosen Fr. des Ameipsias ziehen (M. II, 710). —

---

[1]) Nicht nachher, wie M. I, 201 wohl in Folge eines Schreibfehlers angibt.

Aus dem Titel Konnos scheint auch der von Suidas unmittelbar nach demselben aufgeführte Titel Kronos durch Dittographie entstanden zu sein, obgleich M. I. 152 den zweiten Titel nicht beanstandet. Die Leichtigkeit der Korruptel liegt am Tage. Außerdem sprechen dafür zwei gewichtige Gründe: Während nämlich erstens in den Prolegg. de com. VII die Zahl der Dramen des Phrynichos auf 10 angegeben wird — welche Zahl auch M. a. a. O. annimmt — führt Suidas 11 Titel auf, welche die Satyroi zweimal enthalten. Um nun die richtige Zahl herzustellen, sagt M. mit Recht: Postremum nomen utpote temere ex praecedentibus repetitum litura delendum. Also auch eine Dittographie, die noch größere Nachlässigkeit verrät, als die Wiederholung Κόννος Κρόνος [1]). Dazu kommt zweitens, daß in den spärlichen Fr. der beiden Stücke dieselbe Person, nämlich der tolle Diopeithes verhöhnt wird (vgl. M. II, 583 u. 704). Im Kronos erscheint er in Fr. 1 als Paukenschläger, vielleicht mit Anspielung auf sein Amt als Kybelepriester (vgl. Bapten Fr. 1 M. II, 447), während er in Fr. 2 des Konnos als gedungener Prophet erschien; da nun in Fr. 5 des Kronos [2]) — wie M. p. 585 richtig hervorhebt — in Anlehnung an einen Vers des Archilochos nicht etwa ein armer Prahlhans wie Aeschines, Sellos Sohn, der nur in Ar. Wespen (v. 325 u. ö.) und Vögeln (v. 823) vorkommt [3]), sondern ein bombastischer Prophet, wie der von Archilochos verfolgte Batusiades verspottet wird, so ist kaum zu bezweifeln, daß auch hier derselbe Diopeithes gemeint ist. Demnach ist der Titel Kronos aus der Liste der Stücke des Phrynichos, der Titel Konnos bei Ameipsias zu streichen und es bleibt nur ein Drama dieses Namens, mit dem Phrynichos Ol. 89, 1 gegen Ar. Wolken den zweiten Preis davontrug. —

In die 89ste Ol. sind wahrscheinlich auch die Satyroi zu setzen, da in diesem Drama 1) wie in Ar. Wolken v. 1154 Euripides Peleus parodirt wurde (Fr. 4); 2) wie in Ar. Wespen und Eupolis Poleis der Wüstling Philoxenos aus Diomeia, der außerdem nur in den Wolken v. 686 erwähnt wird, auftaucht (Fr. 3); 3) in Fr. 2 die Κερκυραῖαι μάστιγες gewiß nicht ohne Anspielung auf den oben besprochenen gräulichen Bürgerkrieg erwähnt werden. — Uebrigens sind die Fr. von geringem Umfange.

---

[1]) Man wird einwenden: Aber dann bleiben ja nur 9 Titel übrig, worauf ich antworte: Statt Τραγῳδοὶ ἢ Ἀπελεύθεροι ist zu schreiben Τραγῳδοί. Ἀπελεύθεροι: denn 1) werden sämmtliche acht erhaltene Fr. des ersteren Stückes von fünf verschiedenen Autoren nur aus den Tragodoi citirt; 2) bezeugt Athenäus III, p. 115b ausdrücklich, daß die Apeleutheroi ein besonderes Drama des Phrynichos waren. Die Konfusion findet sich einzig in der Stelle des Suidas (s. M. I. 158).

[2]) Der Schluß Ms. (I, 154), daß der Gott Dionysos im Stück eine Rolle gehabt habe, erscheint nicht stichhaltig; aus Fr. 3 erfahren wir, daß Tibymos das Drama kommentirt hat. —

[3]) (Er ist verschieden von dem Salbenhändler und Sokratiker, dem Verfasser des Dialogs Aspasia, über den man Lysias Fr. 1 (ed. Scheibe), Cic. de Invent. 1, 31 vgl.

Die beiden nächsten bestimmt datirbaren Stücke, zugleich die be=
rühmtesten des Dichters, sind die schon erwähnten durch Ameipsias
in Scene gesetzten Kōmasten und der Monotropos (misanthropische
Einsiedler), welche gleichzeitig mit Ar. Vögeln (Ol. 91, 2) aufgeführt
wurden, und zwar die Kōmasten mit dem ersten, der Monotropos
mit dem dritten Preise (s. B. rel. com. p. 370). —

In den wenigen erhaltenen Fr. der Kōmasten (von dem an=
geblichen Drama des Ameipsias sind bezeichnenderweise gar keine Fr.
bekannt), zu denen M. I, 155 nach Droysens Vorgange das interessante
bei Plut. Alkib. c. 20 erhaltene Bruchstück [1]), in welchem die Denunzia=
tionen des Teukros und Diokleides bezüglich der Hermokopiden und
des Mysterienfrevels (vgl. Hertzberg Alkib. p. 173 u. 190 mit den
Belegen) bitter gegeißelt werden, gefügt hat, treten der aus Eupolis
Demen (s. p. 29) bekannte Strateg Laispodias (Fr. 3), der Lügen=
prophet und Hungerleider Hierokles (s. p. 75) und ein Topffabrikant
Chairestratos hervor, ein Name, der sich nach M. II, 586 auf einer
Vase bei Lanzi bis auf unsere Tage erhalten hat, ohne daß es jedoch
bei mangelndem ἐποίησε feststünde, daß der Töpfer so hieß. Daß
der Hauptgegenstand des Stückes die von Alkibiades und seinen Zech=
brüdern, die ohne Zweifel den Chor gebildet haben, gefeierten Orgien
gewesen seien, hat schon Droysen sowohl aus dem Titel wie aus der
Aufführungszeit und dem obigen Fr. erschlossen. —

Der Monotropos schilderte, wie Titel und Fr. besonders das
charakteristische erste:

$$\zeta\tilde{\omega} \; \delta\grave{\varepsilon} \; T\acute{\iota}\mu\omega\nu\sigma\varsigma \; \beta\acute{\iota}\sigma\nu$$
$$\mathring{\alpha}\gamma\alpha\mu\sigma\nu, \; \mathring{\alpha}\delta\sigma\nu\lambda\sigma\nu, \; \mathring{\sigma}\xi\acute{\upsilon}\vartheta\nu\mu\sigma\nu, \; \mathring{\alpha}\pi\rho\acute{\sigma}\sigma\sigma\delta\sigma\nu$$
$$\mathring{\alpha}\gamma\acute{\varepsilon}\lambda\alpha\sigma\tau\sigma\nu, \; \mathring{\alpha}\delta\iota\acute{\alpha}\lambda\varepsilon\kappa\tau\sigma\nu, \; \mathring{\iota}\delta\iota\sigma\gamma\nu\acute{\omega}\mu\sigma\nu\alpha.$$

und das dreizehnte beweisen einen einsiedlerischen Misanthropen von
timonischer Herbigkeit [2]). In den Fr. wird eine ziemlich reiche Aus=
wahl der damals von sich reden machenden Leute aufgezählt, die der
mit der Menschheit zerfallene Greis offenbar die Revue passiren ließ,
um jedem etwas anzuhängen. Zunächst werden in Fr. 2 als große
Affen (μεγάλοι πίθηκοι) charakterisirt der Prahlhans Teleas, der
Feigling Peisandros, der eingewanderte Kitharöde Exekestides, sämmt=
lich beliebte Objekte der Komödie, die uns bereits aufgestoßen sind.
Dazu kommt ein sonst unbekannter Lykeas, den durch Lykon zu ersetzen
um so näher liegt, als dieser in Kratins Pytine als armer Teufel
aus Jonien (II, 131), in Eupolis Autolykos als Vater dieses Pan=

---

[1]) Dasselbe ließe sich übrigens auch auf die Mysten beziehen, deren Titel
es nahelegt sie mit dem Mysterienfrevel in Verbindung zu bringen, worauf
auch das erste der erhaltenen zwei Fr. (M. II, 594) und das von B. diesem
Drama vindicirte fr. incert. 14 (II, 606) deuten; B. p. 375 bezieht dies Drama
auf die Wiedereinsetzung der eleusinischen Mysterien durch Alkibiades im Septbr.
408 = Ol. 93, 2 (Hertzbg. p. 325), ohne dafür den Grund anzugeben.

[2]) Die ethische Tendenz mit M. I, 156 zu bezweifeln liegt kein Grund
vor, wenn man bedenkt, daß schon Krates und Pherekrates vorwiegend derartige
Stoffe behandelt haben.

fratiaften und Parafit des Kallias [1]) (II, 444), in Ar. Wespen v. 1302,
wo eine ganze Gesellschaft loser Leute beisammen ist, in Verbindung
mit der Klique des Phrynichos (οἱ περὶ Φρύνιχον) genannt wird,
wodurch er mit den drei oben genannten in dieselbe Kategorie gesetzt
wird. Es wäre demnach in V. 4 das Epitheton δειλός auf Peisandros,
κόλαξ auf Lykon, νόθος auf Exekestides zu beziehen und das für
Teleas zu ergänzen (etwa: ὁ δ' αὖ φέναξ) und zu schreiben:

v. 2. Λύκωνα, Τέλεαν, Πείσανδρον, Ἐξηκεστίδην
v. 4. ὁ μὲν γε δειλός, ὁ δὲ κόλαξ, ὁ δὲ νόθος
ὁ δ' αὖ φέναξ.

In Fr. 3 tritt dann der nach Ar. Vögeln v. 995 ff. in „ganz
Hellas und dem Demos Kolonos" bekannte Mathematiker Meton aus
dem Demos Leukonoe auf, der hier als φροντιστής und Quellen-
finder erscheint (über ihn vgl. Aelian V. H. X, 7, XIII, 12); in
Fr. 4 ist von jemandem die Rede, der den Nikias στρατηγίας
πλήθει τε κἀξευρήμασιν übertroffen habe, was Symmachos wohl
mit Unrecht auf die Eroberung von Melos bezogen hat, da es wahrscheinlicher ist an die anfangs glücklich von statten gehende Um-
mauerung von Syrakus zu denken, welche damals gerade in Angriff
genommen wurde (Thuk. VI, 99 [2]). Noch erübrigt das interessante
Fr. 8, in welchem der Rhetor Syrakosios scharf angegriffen wird
wegen seines Auftretens gegen die licentia comica, wodurch das bekannte von Keck „Quaestiones Aristoph. historicae Halis 1876 p. 3"
nach Droysens Vorgange mit Recht als historisch anerkannte Psephisma
veranlaßt wurde. Der sehr verderbte Text ist, wenn auch nicht ohne
Kühnheit, am besten von Cobet (Observatt. critt. cet. p. 39) hergestellt worden.

Hieran reihen wir zwei Stücke, für deren Zeitbestimmung nur
Wahrscheinlichkeitsgründe vorgebracht werden können, nämlich den
Ephialtes und die Poastriai. Was den Titel des ersteren betrifft, so
denken M. I, 154 und Kock I, p. 369 an den Dämon Alp = incubus,
wobei ersterer eine frühere Vermutung bezüglich des gleichnamigen diebischen
Sklaven des Eupolis (s. p. 11) nicht verschweigt [3]). Leider ist das
Fr. 2 (M. II, 581), wo es sich gerade um den Namen Ephialtes

---

[1]) Er ist wohl gegen K. Fr. Hermanns Ansicht (de accusatoribus Socratis
p. 7 ff. Göttinger Lectionskatalog 1854/55) identisch mit dem gleichnamigen
Ankläger des Sokrates.
[2]) Eben dahin gehört wohl fr. incert. 3 (II, 603), wo Nikias Zaghaftig-
keit gegeißelt ist.
[3]) Daß nicht an den berühmten Ephialtes, die rechte Hand des Perikles,
gedacht werden kann, ist wegen dessen schon Ol. 80, 1 (= Herbst 460) erfolgter
Ermordung selbstverständlich (vgl. Adolf Schmidt 1, 46). Droysen denkt an
den Vater des Strategen Philotates, dessen dem Euagoras auf Kypern zu
Hülfe geschickte Flottille im Jahre 390 (Ol. 97, 3) von Teleutias, dem Bruder
des Agesilaos weggenommen wurde (s. Xenoph. Hellen. IV, 8, 24) und der
wohl identisch ist mit dem im folgenden Jahre von Lysias des Unterschleifes
angeklagten Trierarchen und Freunde des Ergokles (Lys. or. 29, 4).

handelt, so korrupt, daß es darüber zu keiner Gewißheit kommen läßt (s. auch Ar. Wespen v. 1348, Fried. v. 432; Dindorfs Adnot. zum Scholion der ersteren Stelle). Das längere Fr. 1 beklagt den ver=derblichen Einfluß der überhandnehmenden, um Volksgunst buhlenden Schönredner, so zwar, daß B. 2 wie eine Reminiscenz aus Ar. Wespen (z. B. v. 225, 419 ¹) oder aus der Schilderung von Perikles Beredsamkeit in Eupolis Demoi Fr. VI, 7 klingt. Ein bekanntes Exemplar dieser Gattung ist der in Fr. 4 als κόβαλος bezeichnete Meidias, der nach diesem Epitheton recht wohl als unternehmender Ränkeschmied und Veruntreuer des Staatseigentumes (νοσφιστὴς τῶν δημοσίων bei Platon im Perialgos Fr. 4) mit Ephialtes gemeint sein könnte. Fr. 3 geht vielleicht wieder auf den Cithervirtuosen Konnos (s. p. 89).

Unter den wenigen Fr. der Poastriai (Gärtnerinnen) ist nur das sechste (M. II, 596) bemerkenswert, in welchem derselbe Meidias, diesmal als dem beliebten Sport der Kampfhahnzucht ergeben per=siflirt wird. Da nun dieser Demagog, den auch der Philosoph Platon (Alkibiades I, 120 A, B) als einen im Geiste sklavisch ge=sinnten, eingewanderten Halbbarbaren bezeichnet, außerdem nur von Ar. in den Vögeln v. 1297 in entsprechender Gesellschaft, von Platon im Perialges und den Nikai (M. II, 644), von Metagenes im Homeros (M. II, 755) erwähnt wird, d. h. nur in Dramen der 90—91ten Olympiade, so dürfen wir dieser Periode auch die erwähnten Stücke des Phrynichos vindiziren. —

Ganz fest steht endlich die Aufführungszeit für die Musen des=selben Komikers, die laut der erhaltenen Didaskalie zugleich mit Ar. Fröschen Ol. 93, 3 an den Lenäen mit dem zweiten Preise auf=geführt wurden (s. Hypoth. 1) und nach Titel wie erhaltenen Fr. die gleiche literarische Tendenz verfolgten, die großen Schattenseiten der durch Euripides hervorgerufenen Entwickelung der Tragödie ans Licht zu ziehen. Das schöne erste Fr. preist den seligen Tod des greisen Sophokles, der als εὐδαίμων ἀνὴρ καὶ δεξιός bezeichnet wird; Fr. 2 bezieht sich auf die Gerichtsverhandlung, in welcher über den Wert der einzelnen Tragiker entschieden werden soll (so auch M. h. cr. 157); Fr. 3 enthält wahrscheinlich einen herben Tadel der Muse des Euripides in den Worten:

$$\text{Ὦ καὶ κάπραινα καὶ περίπολις καὶ δρομάς}$$

wohl in Bezug auf die bedenklichen Seiten der von ihm gezeichneten Frauencharaktere. Von den herrenlosen Fr. gehört ohne Zweifel hieher das erste, in welchem der Musiker Lampros, der berühmte Lehrer des Sophokles und Epameinondas, wahrscheinlich von Euripides (B. rel. com. p. 376) sehr ungünstig beurteilt wird als:

---

¹) Und besonders v. 406 ff.: ἐς τούτους τοὺς · „οὐχὶ προδώσω τὸν Ἀθηναίων κολοσυρτόν, ἀλλὰ μαχοῦμαι περὶ τοῦ πλήθους ἀεί"; ebenso IV, 608, 27d und 644, 159; II, 608 Fr. 4 wohl aus Platons Syrphax.

ἄνθρωπος ὢν ὑδατοπότας μινυρὸς ὑπερσοφιστής
Μουσῶν σκελετός, ἀηδόνων ἠπίαλος, ὕμνος Ἄιδου [1]);
ebenſo das Fr. 13, wo die wahre Poeſie der falſchen gegenüber=
geſtellt wird, und zwar iſt unter der erſteren, wie aus der Bemerkung
des Diogenes v. Laerte hervorgeht (M. II, 605) die des Sophokles
zu verſtehen; wohl auch Fr. 17, in welchem ein Lied des Lamprokles
citirt wird; endlich das ἀθύρωτον στόμα in Fr. 15, das nach Ar.
Fröſche v. 838 auf Aeſchylos' sesquipedalia verba geht; vielleicht
auch die Fr. 10 und 12. —

Für die Beſtimmung der Aufführungszeit der noch übrigen drei
Stücke: der Myſten, Tragöden und Apeleutheroi fehlt es bei den
ſpärlichen Fr. an Anhaltspunkten. —

Noch iſt ein Dichter von größerer Bedeutung übrig, der von
Suidas als Zeitgenoſſe des Ar., Phrynichos, Eupolis und Pherekrates
genannt wird, nämlich der Komiker Platon, deſſen Dichtungen die
alten Kritiker eine glänzende Sprache (λαμπρὸν χαρακτῆρα, Prolegg.
de com. X; Suidas s. v. nach Athenäus) zuerkannten.

Von den 28 Dramen dieſes Dichters (Anonymus de com. VII),
deren Titel man bei M. I, 166 aufgezählt findet, fällt nur ein Teil
in dieſe Periode der attiſchen Komödie, da er von der 88ſten Ol. bis
mindeſtens Ol. 97, 3 (M. I, 161), alſo volle 40 Jahre hindurch
Dramen auf die Bühne brachte, wie denn auch die bruchſtückweiſe
erhaltenen Komödien großenteils der literariſch= und mythiſch=parobiſti=
ſchen Gattung angehören: ſo die Titel Adonis, Europe, Jo, Zeus
κακούμενος, Menelaos, Νὺξ μακρά, Phaon. Deshalb hat Cobet
(observatt. critt. p. 114 ff.) mit vollem Recht gegen M. I, 161
betont, daß die alten Grammatiker nicht im Unrechte ſind, wenn ſie
ihn als einen hervorragenden (ἐπίσημος) Repräſentanten der ſoge=
nannten mittleren Komödie hinſtellen, da in der That in ſeinen
Dichtungen die parobiſtiſche Richtung, die übrigens, wie bereits früher
bemerkt, in einzelnen Dramen ſchon in der alten Komödie im engern
Sinne wie bei Kratin in den Odyſſes [2]) und Kleobulinai und gewiß
auch in den Archilochoi, bei Krates in den Heroes, bei Telekleides
in den Heſiodoi, bei Pherekrates in den Automoloi und wohl auch
im Pſeudheraklēs, bei Hermippos in den Athenās Gonai und den
Theoi hervorgetreten war, mit beſonderer Vorliebe gepflegt worden iſt.
Daß dieſe Richtung durch die Zeitverhältniſſe teils ſchon ſeit der ſicili=
ſchen Kataſtrophe, beſonders aber ſeit der definitiven Vernichtung der
atheniſchen Hegemonie im Jahre 404 = Ol. 93, 4 weſentlich gefördert
worden iſt, kann keinem aufmerkſamen Beobachter verborgen bleiben.

---

[1]) Warum M. II, 601 ihn auch zum Lehrer des Sokrates macht, iſt un=
erfindlich, da er von Sokrates beim Platon (Menexenus p. 236 A) ja gerade
als Lehrer eines Ungenannten ſeinem eigenen Lehrer Konnos gegenübergeſtellt
wird; ſeltſam iſt auch die Anſicht Vs. a. a. O., der das Lob des Konnos und
der Aspaſia in Sokrates Munde ironiſch faßt.

[2]) Vgl. Kock Fr. I, p. 55.

Dennoch bleibt ein bedeutender Teil von Dramen übrig, die der Hauptsache nach den Charakter der politischen Komödie an sich tragen. Von ihnen, die naturgemäß der ersten Epoche Platons angehören, wird im Folgenden vorzugsweise die Rede sein. — Unter denjenigen Dramen, die sich zeitlich fixiren lassen, erscheint als das früheste der Peisandros, den M. I, 180 auf Grund der Erwähnung des schon in den Thrakerinnen Kratins auftauchenden Demagogen Euathlos [1]), der von Ar. in den Acharnern (v. 710), in den Holkades und Wespen (v. 592) persifflirt wird, seitdem aber verschwindet, mit Recht in die Zeit des letzten dieser Stücke, der Ol. 89, 2 aufgeführten Wespen setzt. Wenn aber Cobet (observatt. critt. p. 134) das Stück schon Ol. 88, 3 ansetzt, weil Antiphon nicht später als Geizhals habe verhöhnt werden können, besonders aber weil Ar. in der Parabase wegen seiner Methode fremden Regisseuren den Ruhm seiner Komödien zu überlassen angegriffen worden sei, so ist der erste Grund sehr fadenscheinig, der zweite aber, wie geistreich er auch im Detail ausgeführt ist, erweist sich als reines Phantasiegebilde, da, wie M. I, 162 überzeugend nachgewiesen hat, die fragliche Redensart (Suidas s. v. Ἀρκάδας μιμούμενοι) nicht einen Angriff auf einen anderen Komiker, sondern eine Selbstironie Platons enthält. Was das Sujet des Stückes angeht, so liefert darüber nicht nur der Titel selbst Aufschluß, sondern auch Fr. 8, wo die beiden Peisandros erwähnt werden. Es versteht sich, daß der Demagog von Acharnai, über den man das p. 18 zu Eupolis Astrateutoi Bemerkte vergleiche, das Stichblatt war und der sonst fast unbekannte verwachsene (s. den Schol. zu Ar. Vög. v. 1555) nur beiläufig erwähnt wurde; der erstere ist wahrscheinlich auch unter dem κριὸς ἀσελγόκερως (fr. incert. 24 II, 688 und Addend. p. 50) zu verstehen, da er auch sonst wegen seines ungeschlachten Körpers (ούνοκίνδιος) verspottet wurde. Uebrigens erscheint schon hier neben dem verlappten Oligarchen sein späterer Gehülse beim Sturze der Volksherrschaft: der Rhamnusier Antiphon (vita §. 16 ed. Blass), der Begründer der Rhetorik, dessen Habsucht der Dichter verspottete (s. Thuk. VIII, 64 [2]). — Diesem Stücke schließen sich der Zeit nach die Nikai an, die nach Ar. Frieden (Ol. 89, 3) aufgeführt sein müssen, da Platon in ihnen getadelt hatte, daß Ar. die Kolossalfigur der Eirene auf der Bühne ausgraben ließ (Fr. 3). Dies mußte zu einer Zeit geschehen, wo der Eindruck des getadelten Dramas im Publikum noch lebendig war, weßhalb das folgende Jahr (Ol. 89, 4) als wahrscheinlicher Aufführungstermin gelten darf [3]). Dazu paßt auch die Verspottung des Demagogen Meidias (Fr. 2), der, wie oben p. 93 bemerkt worden ist, nur Ol. 90—91 als komische Figur auftritt. Damit wird die von ihm selbst als ungewiß bezeichnete Vermutung Mz. (1, 175)

---

[1]) Ueber ihn vgl. W. rel. com. p. 97 ff.
[2]) Er spricht wohl auch Fr. 3.
[3]) So auch Cobet p. 87.

hinfällig, der bei dem Titel an die Ol. 93, 2 unter dem Archon Antigenes in der athenischen Finanznot aus goldenen Nifestatuen geprägten, nicht vollwichtigen Goldmünzen denkt, welche von Ar. in den Fröschen v. 720 (f. d. Schol.) zum Gegenstand des Spottes gemacht werden ¹). —

Es folgt dann der Perialges, aus dessen Fr., wie M. I, 181 richtig hervorhebt, sich ergibt, daß der Dichter darin seine Klagen über die tolle Wirtschaft in der Politik seiner Landsleute zum Ausdruck gebracht hat. Somit folgt, daß der Titel den Hauptinhalt ausdrückt und ähnlich wie der etwa gleichzeitige Monotropos des Phrynichos einen klagenden Pessimisten bezeichnet, der mit düstern Blicken in die Zukunft seines Vaterlandes schaut (Cobet p. 44 übersetzt es treffend: Querulus) — eine Auffassung der Verhältnisse, die sich nur zu bald als richtig herausstellen sollte. Wie Ar. so rühmt auch Platon sich fr. II:

$$ \ddot{\text{ο}}\varsigma \; \pi\varrho\tilde{\omega}\tau\alpha \; \mu\grave{\varepsilon}\nu \; K\lambda\acute{\varepsilon}\omega\nu\iota \; \pi\acute{\text{ο}}\lambda\varepsilon\mu o\nu \; \mathring{\eta}\varrho\acute{\alpha}\mu\eta\nu $$

Kleon bekämpft zu haben, der in dem gewiß hieher gehörigen fr. incert. 33 als Kerberos bezeichnet wird, und nennt sich einen wackeren Streiter in den Reihen der Patrioten (Fr. 3) ²). Demgemäß trage ich kein Bedenken, die herrenlosen Fr. 1 u. 3 diesem Stücke zu vindiziren. In dem ersten (II, 679) werden in schönen Worten die Verdienste des Themistokles um den athenischen Staat anerkannt, ohne Zweifel im Gegensatz zu den kümmerlichen Politikern der Gegenwart; in dem zweiten (II, 680) vergleicht der Dichter wie Ar. im Frieden v. 756 ff. die zahlreichen Volksredner mit der hundertköpfigen Hyder, deren Köpfe auszubrennen leider ein Jolaos fehle. — Die beiden übrigen Fr. unseres Dramas beschäftigen sich mit schlechten Bürgern: das erste (Fr. 1, vgl. Addend. V, 1 p. 46) tadelt mit bitterer Ironie das phäakische Indentaghineinleben der Morychos, Glauketas und Leogoras, von denen ersterer bei Ar. von den Acharnern bis zum Frieden als weichlicher Schlemmer ³) (vgl. d. Schol. zu Platons Phaidros p. 227 B), Glauketas zuletzt in den Thesmophoriazusen (v. 1033) als fischverschlingendes $\varkappa\tilde{\eta}\tau o\varsigma$ persiflirt wird, Leogoras aber, der Vater des Andokides (vita §. 1, de reditu §. 26), der bei Ar. nur in den Wolken und Wespen, bei Eupolis im Autolykos Fr. 10 (M. II, 444) wegen seines leichtsinnigen Lebens gegeißelt wird, durch den Hermokopidenprozeß bekannt geworden ist (Andokides de myster. §. 22, 40, 146 ⁴); das zweite hat es mit Meidias zu thun, der hier, wie bereits bemerkt, als $\ddot{o}\varrho\tau\upsilon\gamma o\varkappa\acute{o}\pi o\varsigma$ erscheint (s. über diesen Sport der vornehmeren Athener K. Fr. Hermann Gr. Privataltert. §. 16, 16).

---

¹) Bei M. steht durch ein Versehen victorias aureas für numos aureos.
²) M. bezieht die Stelle wohl mit Unrecht auf die Hegemonie Athens (II, 653).
³) Er war von Haus aus tragischer Dichter, s. Kayser h. cr. p. 291; B. p. 345 ff.
⁴) Vgl. B. rel. com. p. 344 ff.

Wenn nun schon diese Indizien zusammengenommen auf die Zeit zwischen dem Frieden des Nikias und der sicilischen Expedition, also auf die 90ste Ol. als Aufführungszeit des Perialges hinweisen, so läßt sich der terminus post quem noch genauer fixiren, wenn wir — wie Cobet p. 174 mit großer Wahrscheinkeit thut — ein auf das Schicksal des Hyperbolos bezügliches Fr., welches von M. II, 669, wie unten gezeigt werden wird, mit Unrecht unter die Bruchstücke der gleichnamigen Komödie des Platon aufgenommen worden ist, als zum Perialges gehörig betrachten. Dasselbe von Plut. Nikias c. 11 aufbewahrt lautet:

$$\textit{Καίτοι πέπραγε τῶν τρόπων μὲν ἄξια}$$
$$\textit{αὐτοῦ δὲ καὶ τῶν στιγμάτων ἀνάξια·}$$
$$\textit{οὐ γὰρ τοιούτων εἴνεκ' ὄστραχ' εὑρέθη.}$$

Es bezieht sich also auf die oben p. 74 erwähnte im Januar 417 (Ol. 90, 3) durch Ostrakismos erfolgte Verbannung dieses Demagogen, nach welchem Ereigniß das Stück demnach notwendig aufgeführt sein muß. Da es nun aber nach einem mehrfach betonten Gesetz der politischen Komödie durchaus unwahrscheinlich ist, daß der Dichter sich mit diesem Menschen längere Zeit nach seinem Verschwinden von der politischen Schaubühne sollte beschäftigt haben, so ist das Drama am wahrscheinlichsten noch in dasselbe, spätestens in das folgende Jahr zu setzen, nicht, wie Cobet a. a. O. will, erst in das dritte oder vierte Jahr nach diesem Ereignisse. — Noch ist zu bemerken, daß die in fr. incert. 8 (II, 683) geschilderte hochgradige Ueppigkeit sehr gut auf die drei oben genannten Schlemmer paßt, das Fr. also wahrscheinlich diesem Drama angehört; ebenso wird die Erwähnung des Misan= thropen Timon (fr. inc. 40) hier stattgefunden haben. —

In dieselbe Ol., aber um ein paar Jahre vorher fällt meiner Ansicht nach das schon erwähnte Drama Hyperbolos, obgleich aus Fr. 2 bei M. mit Evidenz hervorzugehen scheint, daß es erst nach der Ol. 90, 3 (s. o.) erfolgten Verbannung des Mannes aufgeführt worden ist. Nun aber ist dieses Fr., das Plutarch ohne Angabe des Stückes, woraus es entnommen, citirt, erst von M. diesem Drama einverleibt worden, und zwar auf den ersten Blick mit vollem Rechte. Bei näherer Erwägung jedoch ergibt sich, daß aus dieser anscheinend so plausibeln Einverleibung ein innerer Widerspruch resultirt. In den zusammengehörigen Fr. 3 u. 4 (M. II, 670) ist nämlich von einer Ratsherrnwahl die Rede, bei welcher Hyperbolos als Ratsherr und ein ungenannter, deswegen von seinem Sklaven beglückwünschter Bürger nur als Ersatzmann gewählt wird; und zwar wird die Wahlhand= lung als im Drama selbst vollzogen geschildert. Nun ist es ein= leuchtend, daß ein in Folge des Ostrakismos auf Samos in der Verbannung lebender Demagog nicht in Athen zu einem öffentlichen Amte gewählt werden konnte. Uebrigens geht aus Fr. 5, obgleich die Stelle noch nicht endgültig emendirt scheint, jedenfalls soviel mit Sicherheit hervor, daß Hyperbolos zur Zeit der Aufführung des

Dramas in Athen lebte (j. Suppl. V, 1 p. CV). Es wäre auch schwer begreiflich, wie ein Komiker, der nur durch Beschäftigung mit den das jeweilige Tagesgespräch in Athen bildenden Personen oder Ereignissen Aussicht hatte sich dem wetterwendischen athenischen Publikum zu empfehlen (vgl. W. Vischer: Ueber die Benützung der alten Kom. u. j. w. p. 16, V. bei M. II, 894) auf den Gedanken hätte kommen sollen einen verbannten Demagogen der gemeinsten Sorte zum Gegenstande eines ganzen Dramas zu machen. Hyperbolos war nach seiner Verbannung für die Athener ein toter Mann; nur solange er eben durch seine rücksichtslose Gemeinheit auf die untersten Schichten des Demos Einfluß hatte, konnte er Gegenstand der Polemik für einen patriotischen Dichter sein. Und selbst damals schien seine Be- kämpfung edleren Geistern gar zu billig, was Ar. in den Wolken v. 551 ff. nicht mit Unrecht gegenüber seinen dichterischen Rivalen betont; denn daß dies Urteil über den Mann richtig ist, beweist die wegwerfende Art und Weise, in welcher Thukyd. nur ein einzigesmal, und zwar bei Gelegenheit seiner Ermordung durch die samischen Oli- garchen Ol. 92, 1 seiner gedenkt (VIII, 73). Somit ergibt sich 1) daß das Fr. 2 aus den Bruchstücken dieses Dramas zu entfernen ist [1]); 2) daß das Stück vor Ol. 90, 3 aufgeführt worden ist [2]). —

Hieraus gewinnen wir auch einen Anhalt für die viel ventilirte Frage nach der Zeit der Ueberarbeitung der uns erhaltenen Wolken. Denn es liegt kein Grund vor an der Richtigkeit der Bemerkung des Scholiasten zu v. 558:

ἄλλοι τ' ἤδη πάντες ἐρείδουσιν εἰς Ὑπέρβολον

zu zweifeln, daß dabei vor allem an das Drama des Platon zu denken sei; daß aber der ganze Passus v. 551 ff. erst in der Ueber- arbeitung hinzugekommen sein kann, hat schon Eratosthenes (j. das Schol. z. v. 552) bemerkt. Da nun der Marikâs Ol. 89, 4 kurz nach Kleons Tode offenbar im Zeitpunkte des größten Einflusses des Hyperbolos (j. das Fr. des Anonymos 392 bei M. Addend. V, 1, 123) aufgeführt wurde, dem dann sehr wahrscheinlich im folgenden Jahre Hermipps Artopolides folgten, so resultirt, daß nicht nur das Stück des Platon nach Ol. 90, 1 aufgeführt, sondern daß auch die Wolken nach diesem Jahre umgearbeitet worden sind. Es bleibt also für beide Fakta nur das zweite Jahr der 90ten Ol., so zwar daß die betr. Stellen der Wolken kurz nach Aufführung des platonischen Stückes niedergeschrieben worden sind [3]). —

Was die Fr. betrifft, so sind 2—5 bereits besprochen; in Fr. 1 wird, ähnlich wie in Hermipps Artopolides Fr. 3 (II, 384) der barbarische Dialekt des Hyperbolos verhöhnt (z. Text vgl. Add. V,

---

[1]) Wohin es sehr wahrscheinlich gehört, ist oben p. 97 angegeben.
[2]) So auch Cobet p. 144, der es Ol. 90, 1 oder 2 ansetzt.
[3]) Aehnlich Cobet p. 145 ff., nur daß er den Marikâs Ol. 89, 3 ansetzt, indem er ὕστερον τρίτῳ ἔτει (Schol. z. Ar. Wo. v. 552) in der Bedeutung „zwei Jahre nachher" faßt. Die Bedenken dagegen j. p. 19 Anm. 2.

1, 48), wozu die Bezeichnung $\varLambda v\delta\acute{o}\varsigma$ in Fr. 8 nicht weniger stimmt wie wenn er beim Komiker Polyzelos im Demotyndareus Fr. 5 (M. II, 869) $\varPhi\varrho\acute{\iota}\xi$ genannt wird; diese Völkernamen bezeichnen nicht blos den Fremden niedriger Abkunft, wie M. I, 189 meint, sondern sind geradezu identisch mit dem Begriffe „Sklav" (s. Ar. Wesp. v. 433, Vög. v. 1244; Euripides Alkestis v. 675), als welchen die $\sigma\tau\acute{\iota}\gamma\mu\alpha\tau\alpha$ in Fr. 2 und das $\mu\eta\delta\acute{\epsilon}\pi\omega\ \acute{\epsilon}\lambda\epsilon\acute{v}\vartheta\epsilon\varrho o\varsigma$ in Fr. 3 den Mann deutlich brandmarken. —

In die Zeit der sicilischen Expedition fallen die Heortai, wie aus Fr. 6 mit Notwendigkeit hervorgeht, obgleich noch niemand darauf aufmerksam geworden zu sein scheint. In diesem Fr. bezeichnet Platon nämlich (s. d. Schol. z. Ar. Vög. v. 798) den Strategen Diitrephes als

$$\tau\grave{o}v\ \mu\alpha\iota v\acute{o}\mu\epsilon v o v,\ \tau\grave{o}v\ K\varrho\widehat{\eta}\tau\alpha,\ \tau\grave{o}v\ \mu\acute{o}\gamma\iota\varsigma\ \varprime A\tau\tau\iota\varkappa\acute{o}v.$$

Demnach muß das Drama, da Diitrephes (s. p. 54) schon Ol. 91, 4 im Sommer an den Folgen einer bei Mykalessos erhaltenen Wunde stirbt, in das 2te oder 3te Jahr dieser Ol. gesetzt werden. Ueber den Inhalt hat M. I, 170 die Vermutung ausgesprochen, daß Platon darin die kostspielige Festwut der Athener gegeißelt habe, ohne daß sich darüber bei der geringen Prägnanz der Fr. etwas Sicheres feststellen ließe. Zu erwähnen ist nur noch Fr. 7, in welchem jemand gepriesen wird, weil er die Zuhörer aus den Zischlauten ($\sigma\iota\gamma\mu\alpha\tau\iota\sigma\mu\acute{o}\varsigma$) des Euripides errettet habe, wobei man unwillkürlich an alliterirende, hochberühmte Operntexte eines modernen Meisters erinnert wird.

In die letzten Jahre dieser Periode sind mit Sicherheit noch zwei Stücke zu setzen, von welchen das eine politische, das andere literarische Tendenzen verfolgte. Ersteres, der Kleophon, war gerichtet gegen den gleichnamigen Demagogen und Leierfabrikanten (Andoc. de myster. §. 146; B. rel. com. p. 385 ff.), der nach Alkibiades Absetzung gegen das Ende des großen Krieges durch seine gegen alle Aristokraten und Konservativen geschleuderten Verdächtigungen den Sturz der Demokratie und mit ihm den Untergang der athenischen Hegemonie wesentlich beförderte, bis auch er, der noch zur Verur=teilung der Feldherren nach der Arginusenschlacht gehetzt hatte, während der Belagerung Athens durch Lysander den neuaufatmenden Oligarchen in einem Straßenkrawall zum Opfer fiel. Dieser wüste Schreier, den Euripides im Orestes v. 891 ff. (s. d. Schol.) treffend charakterisirt, wird bei Ar. nur in den Fröschen — hier aber in ausgiebigster Weise — angegriffen, woraus erhellt, daß er erst kurz vorher eine Rolle zu spielen begonnen hat, wahrscheinlich seitdem er durch un=sinnige Forderungen die von den Spartanern nach der Schlacht bei Kyzikos Ol. 92, 3 eingeleiteten Friedensunterhandlungen vereitelt hatte (s. Herzbg. Alf. p. 314, Diodor XIII, 53 [1]). —

---

[1] Wenn Lysias or. 19, 49 ihn viele Jahre an der Staatsverwaltung teilnehmen läßt, so ist das eine rhetorische Hyperbel, die durch die Absicht des Redners hinreichend erklärt wird.

In den wenigen Fr. des platonischen Stückes wird in Fr. 2 u. 3
seine Habsucht, in Fr. 4 wahrscheinlich seine Gunstbuhlerei beim
Demos gegeißelt (vgl. Kleons und des Wursthändlers wetteifernde
Bemühungen in den Rittern v. 872 ff.). In Fr. 1 erscheint seine
Mutter als eine alte Vettel ähnlich wie die des Hyperbolos, dem er
überhaupt in vielen Dingen ähnelt, bei Hermippos. Aus dem
Scholion zu den Fröschen v. 681 erfahren wir, daß Platon sie auch
barbarisch radebrechen ließ und als Thrakerin bezeichnete, wie denn
auch Ar. den Sohn in bekanntem Bilde wie eine thrakische Schwalbe
(v. 679 ff.) zwitschern läßt. Wie aber M. I, 172 aus den Worten:

$$\sigma\grave{\varepsilon} \ \gamma\grave{\alpha}\varrho, \ \gamma\varrho\alpha\tilde{v}, \ \sigma v\gamma\varkappa\alpha\tau\acute{\omega}\varkappa\iota\sigma\varepsilon v \ \sigma\alpha\pi\varrho\acute{\alpha}v$$
$$\grave{o}\varrho\varphi o\tilde{\iota}\sigma\iota \ \sigma\varepsilon\lambda\alpha\chi\acute{\iota}o\iota\varsigma \ \tau\varepsilon \ \varkappa\alpha\grave{\iota} \ \varphi\acute{\alpha}\gamma\varrho o\iota\varsigma \ \beta o\varrho\acute{\alpha}v \ ^{1})$$

schließen kann, daß Platon sie den Fischen zum Fraße habe vorwerfen
lassen, ist nicht einzusehen, da man nicht begreift, wie jemand von
dem, was er zu thun im Begriff ist, im Präteritum sprechen kann,
davon abgesehen, daß in einer dialogischen Partie die 3te Person
nicht wohl vom Dichter verstanden werden kann [2]). Mir scheint hier
vielmehr von einem anderen Komiker die Rede zu sein, der die Alte
im Lande der Fische angesiedelt hatte ($\sigma v\gamma\varkappa\alpha\tau\acute{\omega}\varkappa\iota\sigma\varepsilon v$); denn die Stelle
hat eine unverkennbare Aehnlichkeit mit Ar. Wolken v. 555:

$$(E\check{v}\pi o\lambda\iota\varsigma) \ \pi\varrho o\sigma\vartheta\varepsilon\grave{\iota}\varsigma \ \alpha\dot{v}\tau\tilde{\omega} \ \gamma\varrho\alpha\tilde{v}v \ \mu\varepsilon\vartheta\acute{v}\sigma\eta v, \ \check{\eta}v$$
$$\Phi\varrho\acute{v}v\iota\chi o\varsigma \ \pi\acute{\alpha}\lambda\alpha\iota \ \pi\varepsilon\pi o\acute{\iota}\eta\chi', \ \check{\eta}v \ \tau\grave{o} \ \varkappa\tilde{\eta}\tau o\varsigma \ \check{\eta}\sigma\vartheta\iota\varepsilon v,$$

wo die Mutter des Marikas als karrikirte Andromeda gemeint ist.
Frägt man nun: aber welcher? so würde ich antworten: Archippos
in seinen „Fischen". Da nämlich die Alte als Thrakerin bekannt
war, so läge es sehr nahe (wie auch M. an der betr. Stelle thut)
sie unter den Thrakerinnen zu begreifen, die dieser Dichter in dem
interessanten Friedenstraktate der Fische mit den Athenern den ersteren
ausliefern läßt:

$$A\pi o\delta o\tilde{v}\alpha\iota \ \delta'\ddot{o}\sigma\alpha \ \check{\varepsilon}\chi o\mu\varepsilon v \ \dot{\alpha}\lambda\lambda\acute{\eta}\lambda\omega v\cdot \ \dot{\eta}\mu\tilde{\alpha}\varsigma \ \mu\grave{\varepsilon}v \ \tau\grave{\alpha}\varsigma \ \Theta\varrho\tilde{\alpha}\tau\tau\alpha\varsigma \ \varkappa.\tau.\lambda. \ ^{3})$$

woraus hervorgeht, daß diese Thrakerinnen als das frühere, recht-
mäßige Eigentum der Fische betrachtet werden. Diese naheliegende
Annahme ist aber deshalb ausgeschlossen, weil unter den übrigen Aus-
zuliefernden auch Eukleides, der Archon des Jahres Ol. 94, 2, so bezeichnet ist, daß die „Fische" erst nach diesem Termin aufgeführt
worden sein können. Archippos nennt ihn nämlich: $E\dot{v}\varkappa\lambda\varepsilon\acute{\iota}\delta\eta v \ \tau\grave{o}v$
$\check{\alpha}\varrho\xi\alpha v\tau\alpha$. — Da nun aber nicht nur, wie bereits bemerkt wurde,
unsere Stelle große Aehnlichkeit hat mit den Worten des Ar. Wolken

---

[1]) Auch Cobet p. 149 sagt: quo pacto e loco. de quo agimus, huius
modi quid possit extricari fateor me non intelligere und verzichtet auf
eine Erklärung der Stelle.

[2]) Merkwürdig ist, daß V. 2 auch aus Ameipsias (rectius: Phrynichos')
Konnos citirt wird (M. II, 705).

[3]) Die ganze Stelle ist, wie M. a. a. O. richtig bemerkt, ebenso wie Ar.
Vög. v. 865 ff. das öffentliche Gebet zu den Vogelgöttern in genauer Nach-
bildung der wirklichen Form eines Friedenstraktats in Prosa geschrieben.

v. 555, wo die trunfene, vom κῆτος gefreſſene Alte als eine Erfindung des **Phrynichos** bezeichnet wird, ſondern auch v. 2 derſelben:

ὀρφοῖσι σελαχίοις τε καὶ φάγροις βορά

von Athenäus VII, p. 327 d wörtlich aus dem Konnos des
Ameipſias, der von uns dem Phrynichos vindizirt worden iſt (ſ. p. 90)
citirt wird (M. II, 705), ſo kann kaum ein Zweifel mehr beſtehen,
daß hier die Mutter des Kleophon mit der vom Phrynichos karrikirten
Andromeda ebenſo identificirt wird, wie in der Stelle der Wolken die
des Hyperbolos. Das συγκατῴκισεν iſt alſo vom Phrynichos zu
verſtehen, der im Publikum allgemein als Verfaſſer des Konnos bekannt war[1]). — Was die Aufführungszeit angeht, ſo wiſſen wir aus
der erhaltenen Didaskalie der Fröſche (Hypoth. 1), daß der Kleophon
gleichzeitig mit dieſem Drama Ol. 93, 3 an den Lenäen mit dem
dritten Preiſe aufgeführt wurde. —

Das zweite literariſche Stück iſt, was für unſere Kenntnis der
Entwickelung des antiken Bühnenweſens ſehr zu bedauern iſt, bis auf
wenige Fr. verloren. Hier hatte der Dichter, wie Titel und Fr.
lehren, eine Kritik der neueren Richtung der Bühnentechnik gegeben,
ſo zwar daß dieſelbe als ein ſtetiger Verfall der wahren Kunſt charak-
teriſirt wurde. Es hieß Σχεναί d. h. die Bühneneinrichtungen. Fr. 1
beklagt den Verfall der Orcheſtik; Fr. 2, das Cobet p. 184 treffend
emendirt hat, (vgl. Suppl. p. CIII), perſiflirt die ſchlechten Tragiker
Morſimos, Sohn des Philokles und Urenkel des Aeſchylos, der uns
bei Ar. oft als guter Augenarzt und ſchlechter Dichter begegnet (Kayſer
h. cr. p. 57 ff.), und Sthenelos, der in den Lakones Fr. 2 (II, 639)
wegen ſeiner geſtohlenen Worte verhöhnt wird (ſ. Kayſer p. 323;
Ar. Gerytades Fr. 9 bei M. II, 1009); Fr. 3 u. 4 beziehen ſich
wahrſcheinlich auf Wiederbelebung der wahren dramatiſchen Kunſt; in
Fr. 5 erſcheint wieder Melanthios (ſ. p. 87); das letzte Fr. bezieht
ſich auf zwei politiſche Perſönlichkeiten: den Archinos[2]) und Agyrrhios,
welche nach dem Schol. zu Ar. Fröſchen v. 370 als Vorſtände der
atheniſchen Finanzen das Honorar der Komiker herabſetzten. Dieſe
Indizien zuſammengenommen deuten mit Sicherheit auf die letzten
Jahre des Krieges; denn wenn ſich auch Morſimos ſchon in den
Rittern (v. 401), Sthenelos ſeit den Wespen (v. 1313), Melanthios
ſeit dem Frieden (v. 804 ff.) perſiflirt findet, ſo tauchen doch die
erwähnten Finanzbeamten erſt in den Fröſchen (v. 367) auf, wie
denn damals die Lage des Staates ſo verzweifelt war, daß der Demos
wohl oder übel in die Beſchränkung ſeiner liebſten Vergnügungen
willigen mußte (Böckh, Staatshaushalt I, 606 ff.). Daß die Dichter
die ſtarke Beſchränkung der ſtaatlichen Unterſtützung ſehr übel nahmen,

---

[1]) Dieſe Anſpielung auf eine ältere Komödie des Phrynichos wird weſentlich verſtändlicher, wenn man berückſichtigt, daß dieſer Dichter jetzt gerade mit
den Muſen als Konkurrent des Platon auftrat (Ar. Frö. Hypoth. 1).

[2]) Er wird nach Ms. Emendation in fr. incert. 41 als frecher Schurke
bezeichnet (II, 692).

ift begreiflich; wie denn auch Ar. in den gleichzeitigen Fröschen (v. 1505) die Poristen für reif zum Strange erklärt (über diese Finanzbeamten f. Böckh I, 225), worunter wohl eben Agyrrhios und Archinos zu verstehen sind. Agyrrhios ist aus der späteren Zeit noch als Nach=folger des erschlagenen Thrasybulos im Flottenkommando (Xenoph., Hellen. IV, 8, 31) bekannt, auf welche Wahl mit Wahrscheinlichkeit fr. incert. Va (M. II, 681) zu beziehen ist, wie M. I, p. 161 mit Recht bemerkt, obgleich Cobet, dem H. Jacobi Addend. p. 49 bei=stimmt, um das Fr. den „Kleophon" einverleiben zu können, den Agyrrhios in der Stelle nicht als στρατηγός, sondern als bloßen σπονδαρχίδης betrachtet wissen will, wogegen aber die Worte Plut=archs, der dies Fr. citirt: οἱ δῆμοι δημαγωγῶν χρῶνται τοῖς ἐπι-τυχοῦσι, εἶτα χαίρουσι κ. τ. λ. von einer bereits eingetretenen Verwendung unfähiger Demagogen im Staatsdienste sprechen. Noch ist zu bemerken, daß den Steuai mit großer Wahrscheinlichkeit fr. incert. II (M. II, 679) angehört, in welchem Kinesias als Prototyp eines verkommenen Dichterlings, als ein wahrer Ritter von der traurigen Gestalt:

σκελετός, ἄπυγος, καλάμινα σκέλη φορῶν
φθόης πρόφητης

geschildert wird, der uns bei Strattis als Gegenstand einer besonderen Komödie begegnen wird. —

Da nun die Beschränkung der für die Choregie und also auch für die Dichter aufgewendeten Mittel nach Aristoteles Zeugniß (f. d. Schol. zu Ar. Frö. v. 404) unter dem Archon Kallias d. i. Ol. 93, 3 eintrat, worauf Ar. in den Fröschen wiederholt anspielt, so sind nach dem oben besprochenen Fr. 6 die Steuai entweder auf die großen Dionysien desselben oder die Lenäen des folgenden Jahres anzu=setzen [1]). —

Damit ist die Reihe der bestimmt datirbaren Stücke Platons abgeschlossen. Doch fehlt es nicht für einige andere an Wahrschein=lichkeitsgründen, obgleich die immer geistvollen, aber bisweilen sprung=weisen Deduktionen Cobets nicht ohne weiteres acceptirt werden können.

Wenn dieser Gelehrte zunächst p. 95 behauptet, daß die Lakones (mit dem Nebentitel Ποιηταί) im Todesjahr des Kratin d. h. Ol. 89, 2 aufgeführt seien, so gründet sich diese Behauptung nur auf die willkürliche Interpretation von v. 701 im Frieden:

ἀπέθανεν (scil. Κρατῖνος), ὅθ' οἱ Λάκωνες ἐνέβαλον,

was mit bloßer Anspielung auf den Einfall der Spartaner heißen soll: als die Lakonier (des Platon) auf die Bühne kamen: eine Erklärungsweise, die ganz dem Goethe'schen:

---

[1]) Die großen Dionysien des letzteren scheinen ausgeschlossen, weil Athen bereits am 16ten Munychion Ol. 93, 4 (= 27ten März) kapitulirte (Scheibe: d. oligarch. Umwälzung zu Athen p. 47 ff.); ähnlich Cobet p. 51, 184. —

Im Auslegen seid frisch und munter,
Legt ihr's nicht aus, so legt was unter!

entspricht. Aehnlich ist seine Behauptung, daß Platons Ζεὺς κακούμενος von Ar. in den Wespen v. 60 persifflirt werde, worauf näher
einzugehen hier nicht der Ort ist (p. 96), da diese Ansicht als bloße
Phantasie bezeichnet werden muß. — Was die Tendenz der Λάκωνες
betrifft, so ergibt sich sowohl aus dem Nebentitel, wie aus den Fr.,
daß sie der in den Στευαι verfolgten ähnlich war, nur daß das
Hauptaugenmerk auf den dichterischen Wert der aufgeführten Dramen,
nicht auf ihre äußere Ausstattung gerichtet war [1]. In Fr. 2 ist von
einem Dichter die Rede, der sich bei jemandem (Aeschylos?) „eckstein-
artige" Worte — γωνιαῖα ῥήματα — holt, wobei M. II, p. 639 wohl
mit Recht an den p. 101 erwähnten Sthenelos denkt, welcher nach
Harpokration p. 166, 3 von dem Verfasser der Λάκωνες, der übrigens
einigen für zweifelhaft galt, als Plünderer fremder Dramen gebrandmarkt wurde; den bestohlenen Dichter hält M. für Aeschylos. In
dem längeren Fr. 1 wird ein Gastmahl so eingehend geschildert, daß
man geneigt sein muß, das Stück schon der gastronomische Dinge
mit besonderer Vorliebe behandelnden sog. mittleren Komödie zuzuweisen (vgl. z. B. Ar. Ekklesiaz. v. 1166 ff.).

Mit den Λάκωνες halte ich trotz M's. Zweifel den Ποιητής, dessen
wenige Fr. man II, 654 ff. findet, nicht nur des gleichen Titels
wegen für identisch, sondern auch weil Suidas, obgleich er dem
Dichter nur 28 Dramen zuschreibt, nachher 30 Titel anführt, wovon
also jedenfalls zwei zu eliminiren sind (M. I, 166). Auch die im
ganzen farblosen Fr. sprechen nicht dagegen, da z. B. Fr. 1, 5 u. 6
gastronomischen Inhalts sind [2]. Es ist also hier dieselbe Nachlässigkeit des Suidas wie bezüglich der Stücke des Phrynichos (p. 90) zu
konstatiren. Schließlich bemerke ich, daß wahrscheinlich fr. incert. 28
(M. II, 689), wo von einem Dichterhause im Stadtviertel Melite
die Rede ist, in welchem die Tragiker studirten und wohl auch wohnten,
diesem Drama einzuverleiben ist. ——

Während Cobet hier bekämpft werden mußte, hat eine geistreiche
Vermutung bezüglich der Zeit der Symmachia, welches Drama von
einigen dem Kantharos zugeschrieben wurde (M. I, 163), eine gewisse
Wahrscheinlichkeit für sich. In dem einzig interessanten Fr. 2 (II, 664)
werden nämlich 2 Parteien geschildert, die es machen wie die Kinder,
wenn sie das Scherbenspiel (ὀστρακίνδα) spielen, wobei die einen
fliehen, die andern verfolgen. Cobet nun versteht dies vom Ostrakismos, in welchem es den Parteien je nach Ausfall der Loose ebenso
geht (p. 177), und zwar denkt er an das einzige in diese Periode
fallende Beispiel, das des Hyperbolos, welches Ol. 90, 3 (s. o.) ge-

---

[1] Kratin hat ein Stück mit gleichem Titel geschrieben (M. II, 72), ebenso
Eupolis (II, 498).

[2] In 7 wird die zweifelhafte Persönlichkeit des Sebinos (s. Ar. Frö.
v. 427) erwähnt.

geben wurde. Er versteht dann den Titel von dem Bündnis der Hetärieen des Nikias und Alkibiades. Beim Titel könnte man unbeschadet der Richtigkeit von Cobets Vermutung auch an das Ol. 90, 3/4 im Juli erneuerte Bündnis zwischen Athen und Argos denken. Demnach wäre das Stück Ol. 90, 3 oder 4 anzusetzen. Bezüglich des Daidalos aber ist Cobets Beweisführung nicht als stringent anzuerkennen. Denn wenn er auch gewiß mit Recht (p. 179) das fr. inc. 6 (M. II, 682), wo sich jemand als hölzerner, von selbst gehender, von Daidalos mit Stimme begabter Hermes zu erkennen gibt, diesem Drama vindizirt, so ist es doch ein allzu kühner Sprung aus dieser wandelnden Hermesstatue auf die Zeugenaussage des Gottes im Hermokopidenprozeß schließen zu wollen. Ebenso wenig beweisen die Bemerkungen der Alten über Entlehnungen des Ar. aus dem platonischen Daidalos oder umgekehrt (M. II, 619, Cobet p. 67 ff.) etwas für die Zeit des Stückes, weshalb bei nüchterner Ueberlegung nichts als ein non liquet übrig bleibt. —

Ein wahrscheinlicher Aufführungstermin läßt sich bei den S o p h i s t a i angeben. Das Stück trägt seinen Hauptinhalt im Titel an der Stirn; nur darf man das Wort S o p h i s t e n nicht im landläufigen Sinne fassen, sondern im weiteren Sinne als „Künstler" (s. Fr. 13), wie es schon Kratin in den Archilochoi Fr. 2 (M. II, 16 mit dem Kommentar), dann Ar. in den Wolken v. 331. gebraucht[1]). Man muß das Stück daher als gegen die gesammte neuere Richtung in Literatur und Kunst geschrieben betrachten. In den kurzen Fr. finden wir zunächst von Vertretern der Literatur den aus Ar. genugsam bekannten Xenokles, des Karkinos Sohn (Kayser h. cr. 92 ff.), von Platon wegen seiner Vorliebe für den Gebrauch der Theatermaschinen δωδεκαμήχανος genannt (Fr. 1) mit Anspielung auf die berüchtigte Hetäre Kyrene (s. Ar. Frösche v. 1355); dann (Fr. 12) den oft bestraften Schurken Drakontides, der in der Komödie nur noch bei Ar. in den Wespen v. 157 vorkommt, ein späteres Mitglied der Dreißig (Xen. Hell. II, 3, 2[2]); den Flötenspieler Bacchylides aus Opus, der sonst unbekannt ist (Fr. 13); endlich den auch in den Vögeln v. 300 erwähnten Barbier Sporgilos (Fr. 2). Wahrscheinlich ist hieher auch Fr. incert. 7 (M. II, 683) zu ziehen, wo Damon, Sohn des Damonides von Oa, der berühmte philosophisch gebildete Musiker und Lehrer des Perikles, angeredet wird, der einst wegen aristokratischer Neigungen verbannt (Plut. Perikl. c. 4), damals aber offenbar wieder nach Athen zurückgekehrt war.

Noch wird in Fr. 14 eine politische Persönlichkeit persiflirt, nämlich der spätere Ankläger Antiphons Apolexis (Fr. 1 ed. Blass; vita §. 11), nach M's. wohl richtiger Kombination einer der 10 ξυγγραφεῖς αὐτοκράτορες, welche bei der Aufhebung der solonischen Verfassung

---

[1]) Grote, Griech. Gesch. IV, p. 589 ff. d. deutschen Ausg.

[2]) Ist er identisch mit dem Ankläger des Perikles bei Plutarch Perikl. c. 32; Ad. Schmidt I, 163?

durch Antiphon und Peisandros (Thuk. VIII, 67) mit der Aus=
arbeitung einer neuen Verfassung betraut wurden. Da nun die
Konstituirung der Vierhundert Ol. 92,1 im März stattfand, die perside
Anklage des Antiphon aber seitens des früheren Freundes gleich nach
Auflösung des Regiments derselben, also im Juli Ol. 92, 1/2 statt=
gefunden haben muß, da die Hinrichtung des ersteren kurz darauf
erfolgte, so setzt Cobet p. 187 das Drama nicht ohne Wahrscheinlichkeit
nach diesen Ereignissen, also etwa Ol. 92, 2. —

Damit ist die Zahl derjenigen unserer Periode angehörenden
Dramen des Platon abgeschlossen, deren Zeit sich nicht ohne Wahr=
scheinlichkeit fixiren ließ. Nur soviel sei noch bemerkt, daß von den
übrigen Dramen des Dichters: Amphiaraos (?) Hellas oder die „Inseln"
Laios, Paidarion, Presbeis, Phaon sicher in eine spätere Periode zu
setzen sind, während sich für: Adonis, Ἀι ἀφ᾿ ἱερῶν, Grypes, Dai=
dalos, Europe, Ζεὺς κακούμενος, Jo, Menelaos, Metoikoi, Νὺξ
μακρά, Kerkopes, Syrphax keine sichere Indizien auffinden lassen,
obgleich schon die Titel für die meisten derselben ihre Zugehörigkeit
zur literarisch=parodistischen Komödie beweisen, weßhalb sie größtenteils
auch zeitlich in die folgende Periode fallen dürften. —

Nachdem mit Platon die Reihe der bedeutenderen Komiker abge=
schlossen ist, gehen wir zu den Dichtern dritten und vierten Ranges
über, unter denen immerhin noch Namen wie Theopomp und Strattis
sind, die aber doch nur in einzelnen ihrer Geistesprodukte mit den
bisher Besprochenen auf gleicher Stufe stehen. Die Mehrzahl besteht
aus solchen, welche mit einem oder einigen Stücken mit den Dichtern
ersten und zweiten Ranges in eine zuweilen erfolgreiche Konkurrenz
getreten sind.

Wir werden nunmehr die einzelnen Dichter, soweit sich die Zeit
ihres Auftretens näher bestimmen läßt, in chronologischer Reihenfolge
kurz besprechen, doch nur diejenigen Dramen erwähnen, für deren
Datirung sich bestimmte Kriterien auffinden ließen.

Den Reigen eröffnet der fälschlich für einen Tragiker gehaltene
Lysippos (M. I, 215), der nach einer erhaltenen in Marmor ge=
hauenen Didaskalie schon Ol. 86, 2 unter dem Archon Antilochides
mit dem Drama Καταχῆναι siegte (s. B. rel. com. p. 143 [1]). Der
Titel ist wahrscheinlich eine komische Bezeichnung für die Stadt Athen
wie das bekannte Κεχηναῖοι für Athener; dies vorausgesetzt sind die
herrenlosen Fr. 1 u. 2 (M. II, 746), welche einen witzigen Hymnus
auf Athen enthalten, diesem Stücke zu vindiziren. Das erste, in
welchem sich das ganze Selbstgefühl des Großstädters etwa wie bei
einem Pariser oder Berliner unserer Tage ausspricht, lautet:

Εἰ μὴ τεθέασαι τὰς Ἀθήνας, στέλεχος εἶ·
εἰ δὲ τεθέασαι μὴ τεθήρευσαι δ᾿, ὄνος·
εἰ δ᾿ εὐαρεστῶν ἀποιρέχεις, κανθήλιος.

---

[1] Doch ist die Ergänzung dieser Inschrift unsicher, vgl. Bergk, Rh. Mus.
Bd. 34, S. 323 ff.

Außerdem sind nur von den wohl parodistischen Balchen wenige Fr. vorhanden, von denen Fr. 5 betont, daß der Dichter durchaus selbständig vorgehe und nicht fremde Gedanken neu aufstutze. Aus Fr. 6, das den Seher Lampon, den bekannten Mitgründer von Thurioi und Vertrauten des Perikles, als einen Schlemmer und Bettelpriester (ἀγύρτης) bezeichnet, läßt sich auf die Zeit schließen. Lampon begegnet uns nämlich bei Kratin in den kurz vor Ol. 84, 1 (M. II, 43) aufgeführten Drapetides und in der Nemesis (Fr. 11); bei Eupolis im Χρυσοῦν Γένος (Fr. 23); bei Kallias in den Pedetai (Fr. 4); bei Ar. in den Wolken, dem Frieden und den Vögeln, und zwar in letzterem Stücke v. 521:

Λάμπων δ'ὄμνυσ' ἔτι καὶ νυνὶ τὸν χῆν', ὅταν ἐξαπατᾷ τι [1]).

Seitdem verschwindet er aus der Komödie und ist offenbar kurz darauf gestorben, da nach dem Scholiasten a. a. O. sogar einige bezweifelt haben, daß er damals noch gelebt hätte, welcher Zweifel nach der angeführten Stelle wie nach v. 998 ebenso unbegründet ist wie die Widerlegung des Scholiasten ungeschickt, der sich einbildet Kratins Nemesis sei nach den Vögeln aufgeführt worden (s. p. 64). Berücksichtigen wir nun, daß das Ansehen Lampons in Athen Ol. 88–89 am größten war, was nicht nur daraus folgt, daß sämmtliche erwähnte Komödien mit Ausnahme der Drapetides und der Vögel dieser Zeit angehören, sondern auch daraus, daß Thuk. V, 19 u. 24 bei der Aufzählung der Unterzeichner des Friedenstraktates mit Sparta und des kurz darauf abgeschlossenen Schutz- und Trutzbündnisses (Ol. 89, 3 im Frühling) sein Name obenan steht, und kombiniren damit die obige didaskalische Notiz, so scheint es gerechtfertigt das Stück in dieselbe Zeit zu setzen [2]). — Bei dieser Gelegenheit seien einige Worte über Fr. 3 von Kratins Drapetides gestattet, welches so lautet:

Πανδιονίδα πόλεως βασιλεῦ
τῆς ἐριβώλακος, οἶσθ' ἥν λέγομεν
καὶ κύνα καὶ πόλιν ἥν παίζουσιν.

M. denkt hier (II, 45) bei dem Pandioniden an Perikles, wobei er aber eingesteht, daß er das Epitheton ἐριβώλαξ als Athen beigelegtes Prädikat „nicht verstehe" [3]), während B. p. 48 richtig bemerkt, daß die ganze Anrede eine parodistische Anspielung auf Homer sei. Was aber die Deutung betrifft, so sagt letzterer p. 64: Pandionides autem, qui rex urbis vocatur, aut ipse est populus Atheniensis aut unus aliquis ex conditoribus urbis, qui Pandionidis tribus fuit; und zu ἐριβώλαξ: est autem aptissimum Thurios propter soli ubertatem affluentiamque rerum omnium dici ἐριβώλακα πόλιν. B. ist also auf zwei sehr richtige Gedanken gekommen: 1) daß „die großschollige Stadt" Thurioi sei

---

[1]) Ueber diese von Rhadamanthys hergeleitete Schwurformel s. B. p. 233.
[2]) Ist Hermon (Fr. 1) der Schauspieler des Hermippos?
[3]) Ebenso Kock Fr. I, p. 30, der auch auf Perikles rät.

und 2) daß unter dem Pandioniden=König einer der Gründer dieser Stadt gemeint sei. — Sehen wir uns nun aber die Genealogie dieses uralten Geschlechtes an, so finden wir unter den Mitgliedern desselben: 1) die Eteobutaden; 2) die Eumolpiden; 3) die Keryken d. h. die drei berühmtesten Priestergeschlechter Athens. Da nun Lampon als ἐξηγητής (s. B. p. 49)[1] eine der höchsten geistlichen Würden bekleidete, zu der nur Mitglieder der vornehmsten Familien gelangen konnten, da er ferner als Gründer von Thurioi in erster Linie genannt wird (Diodor. XII, 10), da endlich B. überzeugend nachgewiesen hat, daß Lampon die Hauptperson in dem ganzen Drama war, so kann kein Zweifel sein, daß er hier unter dem Pandioniden= könig der großscholligen Stadt zu verstehen ist, in der man „Fuchs und Gänse" spielt, d. h. sich immer in den Haaren liegt, wie dies in Thurioi gleich nach der Gründung eintrat. —

Nach dieser kurzen Abschweifung kehren wir zur Reihe der Komiker zurück. Es folgt zunächst dem Lysippos **Kallias**, Sohn des Lysimachos (Suidas s. v.), der als Rivale Kratins (Schol. Ar. Ri. v. 526) und wahrscheinlich von diesem mit Anspielung auf seines Baters Seilerhandwerk mit dem Spitznamen **Schoinion** bedacht (M. I, 213) jedenfalls vor Ol. 89 als Dichter aufgetreten ist. Wenn aber M. a. a. O. aus einer Stelle des Athenäus (XIII, p. 577b), wo ein Komiker Kalliades den Rhetor Aristophon[2] angreift, worauf wohl das Fr. des Anonymos 337˙ bei M. IV, 688 zu beziehen ist, nach Aenderung dieses Namens in Kallias folgert, daß letzterer über den Archon Eukleides (Ol. 94, 2) hinaus gelebt habe, so ist dies um so weniger überzeugend, als der Name Kalliades ein gewöhnlicher in Athen war (s. M. III, 532, Thuk. I. 61); eher könnte man sowohl der Zeit wie der athenischen Sitte nach Kalliades für einen Sohn halten (vgl. Καλλίας ὁ Καλλιάδου Thuk. a. a. O.).

Außer den Kyklopes, die uns hier nicht berühren, sind die **Pedetai** das bekannteste von den sechs Stücken des Dichters. Die Bedeutung des Titels, worüber M. schweigt, erhellt aus Ar. Babyloniern (Fr. 6) mit der Bemerkung des Eustathios, wo das Wort πεδήτης im Sinne von στιγματίας vorkommt. Wer aber mit diesem Ehrennamen gemeint ist, ist kaum zweifelhaft, wenn man die Fr. heranzieht. Hier begegnen wir nämlich den bekannten Dichterlingen Melanthios (Fr. 1); Alkestor mit dem Spitznamen Sakas (Fr. 3), der von Eupolis in den Kolakes Fr. 1, 3, 14 geradezu στιγματίας genannt wird; dem Propheten Lampon (Fr. 4); endlich (Fr. 2) dem Euripides, der sich mit der vertrauten Freundschaft des Sokrates brüstet. Von diesen erscheint Alestor schon bei Kratin in den Kleobulinai Fr. 1 (M. II, 68), bei Ar. in den Wespen und Vögeln, außerdem bei Metagenes im Philothytes Fr. 2 (II, 758) und Theopomp im Tisamenos (II, 815)[3];

---

[1] Es gab deren drei, von welchen einer ein Eumolpide war (B. a. a. O.)
[2] Vielleicht ist er identisch mit dem gleichnamigen Komiker (s. M. I, 410).
[3] Kayser h. cr. p. 193 ff.

Melanthios und Lampon sind uns bereits öfter begegnet. Da nun außerdem in Fr. 8 von Aspasia die Rede ist, welcher die Ausbildung des Perikles zum Volksredner zugeschrieben wird, so erscheint es wahrscheinlich, daß das Stück noch vor dem Tode des großen Staatsmannes oder wenigstens kurz nachher, als sein Andenken noch in den Herzen der kurzlebigen Athener lebendig war, aufgeführt worden ist, also in Ol. 87 oder 88. —

Gleichfalls in den Anfang des Krieges fällt das Auftreten des Aristomenes, dessen Hylophoroi nach der erhaltenen Didaskalie zugleich mit Ar. Rittern und Kratins Satyrn Ol. 88, 4 mit dem dritten Preise aufgeführt wurden (s. Hypoth. 2). Er hatte den Spitznamen Θυροποιός (M. I, 212), weil er oder sein Vater das Schreiner-handwerk trieb oder treiben ließ. Von seinen Stücken, deren 5 erwähnt werden, mögen die Goetes gegen die damals überhandnehmenden Wahrsager und wohl auch gegen die dieses Unwesen begünstigenden Priester (Fr. 1) gerichtet gewesen sein; der Διόννσος άσκητής war, wie schon M. I, 212 bemerkt, wahrscheinlich ein Seitenstück zu Eupolis Taxiarchen, in welchem die Ausbildung dieses weichlichen Gottes zum Athleten geschildert wurde. Ueber die Aufführungszeit derselben lassen sich aus den geringen Fr. keine Schlüsse ziehen. —

Wenn die in Hypoth. 4 des Plutos erhaltene didaskalische Notiz richtig ist, was M. p. 211 besonders wegen der geringen Zahl (5) der dem Aristomenes zugeschriebenen Komödien bezweifelt, so hat er nach Ol. 97, 4 zugleich mit dem zweiten Plutos des Ar. den Admetos auf die Bühne gebracht. M. sucht die Unwahrscheinlichkeit der Angabe dadurch zu beseitigen, daß er an eine Verwechselung mit dem ersten Ol. 92, 4 aufgeführten Plutos denkt, was aber schon deswegen nicht plausibel ist, weil an einen Wettkampf von fünf Dichtern vor dem Ende des peloponnesischen Krieges nicht gedacht werden kann. Vielleicht ist für Ἀριστομένους mit leichter Aenderung zu schreiben Ἀριστονύμου, da wir aus der vita des Ar. §. 2 wissen, daß dieser Dichter ein Zeitgenosse und Rivale des Ar. war, der nach der Zusammenstellung mit Sannyrion beim Scholiasten Platons p. 19 c gerade in diese Zeit paßt [1]). —

Wir kommen jetzt zu Ameipsias, dem Regisseur des Phrynichos (s. o.), der mit den Stücken des letzteren auch gegen Ar. siegreich war, während seine selbständigen Geistesprodukte wegen derber Eckensteherspäße persifflirt wurden (z. B. Ar. Frö. v. 12 ff.), wofür er sich dann wieder im Bunde mit dem oben erwähnten Aristonymos durch den Vorwurf des τετράδι γενέσθαι [2]) zu rächen suchte. Von seinen 9 Stücken (M. I, 200) kommen hier in Betracht zunächst der Ol. 89, 1 an den großen Dionysien als Konkurrenzstück zu Ar. Wolken mit dem

---

[1]) Von Suidas wird er (s. v.) mit einem Bibliothekar des Ptolemaios Philadelphos und Euergetes confundirt, den M. h. er. 198 wohl mit Recht für den Aristophanes v. Byzanz hält.

[2]) Ueber die Bedeutung dieser sprichwörtlichen Redensart s. Cobet p. 108.

zweiten Preise aufgeführte Konnos, der aber, wie p. 90 ausgeführt
worden ist, ebenso wie die Ol. 91, 2 als Konkurrenzstück zu den
Vögeln mit dem ersten Preise aufgeführten Kōmasten als das geistige
Eigentum des Phrynichos gelten muß[1]). — Aus Fr. 5 der
$Ἀποκοτταβίζοντες$, in welchem Stücke das
bekannte Kottabosspiel, über dessen verschiedene Arten man K. Fr. Hermann Gr. Privataltert. §. 53, 25 ff. vergleiche, als Gipfel jugendlicher Gelage bekämpft worden zu sein scheint, möchte man schließen,
daß Alkibiades darin eine Rolle gespielt hat; denn daß $κλιβανίτης$
$ἄρτος$ für $κριβανίτης$ soll gesagt worden sein, ist nur glaublich von
dem liebenswürdigen Stammler, der auch bei Ar. Wesp. v. 45 durch
denselben Sprachfehler artige Wortspiele macht. Wie bekannt diese
Eigenheit des genialen Demagogen war, geht daraus hervor, daß sein
unwürdiger Sohn, der diese Sprechweise für einen aristokratischen
Jargon halten mochte (s. Archippos bei Plut. Alkib. c. 1), sie nach-
äffte. Demnach kann man das Stück mit einiger Wahrscheinlichkeit
in die 89ste oder 90ste Ol. setzen.

Das einzige eigene Stück des Ameipsias, dessen Zeit sich fixiren
läßt, ist die Sphendone, deren Fr. 3 M. (h. cr. 204)

$$τὸ μὲν δόρυ μετὰ τῆς ἐπιχάλκου πρὸς Πλαταιαῖς ἀπέβαλεν$$

wohl mit Recht von einem der Athener versteht, die bei der längeren
Belagerung der Stadt durch die Spartaner und Thebaner im Vereine
mit dem größten Teile der Platäer durch einen nächtlichen Ausfall
entkamen (Thuk. III. 20 ff.), was Ol. 88, 1 im Winter geschah.
Demnach ist das Stück am wahrscheinlichsten auf die großen Dionysien desselben Jahres anzusetzen. Zu dieser Zeit stimmt es sehr gut,
wenn man Fr. 1 (M. II, 707), wo ein herrlich und in Freuden
lebender Krösus angeredet wird, auf Kallias bezieht. Ist diese Deutung richtig, so wird auch fr. incert. VI (M. II, 712) hieher zu
ziehen sein, wo der Schmarotzer Lykon, der vom Scholiasten zu Ar.
Wespen v. 1169 mit seinem Sohne Autolykos verwechselt wird[2]),
einem pessimistischen Philosophen wie Prodikos in den Tagenisten
Fr. 1 (M. II, 1147) auf dessen Vortrag über die Seligkeit der Toten
zu antworten scheint. Fr. 2 und 4 beziehen sich diesen Persönlichkeiten entsprechend auf einen Schmaus. Der Titel, dessen Schreibung
schwankt, wird von Hemsterhuys bei M. a. a. O. von einem Ver-
lobungsringe erklärt, eine Deutung, deren Haltlosigkeit schon M. eingesehen hat. Behält man die Schreibung bei, so ist wohl an einen
Zauberring zu denken, wie er nach dem Scholiasten zu Ar. Plutos
v. 883 auch bei Eupolis in den Bapten vorkam, ja — wenn die
Umstellung Küsters richtig ist — auch bei Ameipsias (s. Dindorfs
Adnot. a. a. O.). Vielleicht ist aber zu schreiben $Σφονδύλη$ = tessera,

---

[1]) Ueber Titel und Inhalt vgl. p. 90 u. 91.
[2]) S. das zu Eupolis Autolykos p. 21 Bemerkte; an der Stelle des Ar.
scheint $διαλυκώτισον$ eben mit Anspielung auf diesen Schlemmer die
richtige Lesart zu sein (s. o.).

da nach Pollux IX, 96 das Würfelspiel in diesem Stücke näher be=
schrieben war und das Wort σφόνδυλος auch Pollux II, 130 =
ἀστράγαλος gebraucht wird; als Analoga können vier Stücke der
mittleren Komödie mit dem Titel Κυβευταί gelten (M. I, 585). —
Gleichzeitig mit Ameipsias ist Leukon, von dem Suidas (s. v.)
drei Titel citirt. Uns interessiren nur zwei: die Ol. 89, 2 zugleich
mit Ar. Wespen aufgeführten Presbeis und die im folgenden Jahre
mit dem Frieden und Eupolis Kolakes aufgeführten Phrateres (s. d.
Hypoth. I der Wespen und des Friedens); beide Stücke mußten sich
mit dem dritten Preise begnügen. Das erste Stück ist ganz verloren;
doch glaube ich gestützt auf den Titel eine Vermutung nicht unterdrücken
zu sollen. Wir wissen aus Thuk. V, 4, daß die Athener im Frühjahr
dieses Jahres den Rhetor Phaiax mit zwei Kollegen[1] als Gesandten
nach Italien und Sicilien schickten; es liegt also nahe das Stück als
eine Polemik gegen die damit eingeleiteten sicilischen Expeditionen zu
fassen. —

In den wenigen Fr. der Phrateres erscheint Hyperbolos als der=
jenige, der die von Paapis geschenkten Goldgefäße entwendet habe (Fr. 1),
wovon bereits oben die Rede war (s. p. 88); in Fr. 2 wird wieder
Melanthios als Gourmand verspottet. Das Sujet des Stückes ist
wahrscheinlich die Erschleichung des Bürgerrechtes durch Eindringlinge
wie den Hyperbolos und Exekestides gewesen, die ihre Ahnen auf irgend
eine Weise in die Bürgerlisten der Phratrien einschmuggelten (vgl. B.
p. 106 ff.; Kratins des Jüngeren Cheiron bei M. III, 377), worauf
der Witz des Ar. (Vögel v. 765) hinzielt:

γυσάτω πάππους παρ' ἡμῖν καὶ φανοῦνται φράτορες [2]).

Solche Leute werden vom Dichter als Tibioi (Fr. 3) d. i. hergelaufenes
Gesindel bezeichnet worden sein. —

Philonides, den bekannten Regisseur aristophanischer Stücke mit
unpolitischer Tendenz begnüge ich mich mit zwei Worten zu erwähnen,
da sich von seinen eigenen Stücken nur aus den Kothornoi wenige Fr.
erhalten haben (M. II, 421 ff.), welche über Zeit und Inhalt kein
Urteil erlauben; nur daß die Erwähnung des Theramenes in Fr. 6,
dessen Spitzname Kothornos bekannt ist, die Deutung des Titels von
gleich schwankenden Charakteren wie dieser von Ar. in den Fröschen
v. 538 ff. treffend gezeichnete Demagog, den ein moderner Schriftsteller
unter die problematischen Naturen zählen würde, nahelegt. Was die
Zeit des Philonides angeht, so wissen wir, daß derselbe von den
Ol. 88, 1 aufgeführten Daitaleis (s. d. Schol. zu Ar. Wolken v. 531)
bis zu den Fröschen (Hypoth. 1) die Aufführung aristophanischer Stücke
der bezeichneten Art übernommen hat.

---

[1] Ueber diese Gesandtschaft haben wir wahrscheinlich eine Nachricht in der
Rede des Pseudo-Andokides g. Alkibiades §. 41, die, wenn sie auch nicht wirk=
lich von Phaiax gehalten ist, doch denselben als Sprecher voraussetzt (s. Ando=
kides ed. Blass Praefat. p. XVII).

[2] S. auch Suppl. zu M. I, p. 218.

In die erste Hälfte des Krieges fällt auch), wie die in den Fr. angegriffenen Männer beweisen, daß erste Auftreten des Metagenes (M. I, 218), während ein Teil seiner dichterischen Thätigkeit einer späteren Periode angehört. Von den fünf Stücken, die Suidas (s. v.) ihm zuschreibt, begegnet uns im Philothytes, als dessen Tendenz wohl nach dem Titel die Verspottung des Behagens der Athener an Opferschmäusen bezeichnet werden darf, worauf auch Fr. 1 u. 4 deuten [1]), wieder der als Eindringling verhöhnte Tragiker Alestor, über welchen man das zu Kallias Pedētai Bemerkte vergleiche, sowie ein natürlicher Sohn des Kallias, von dem wir sonst nichts wissen, dessen Existenz aber ganz zu den Anschuldigungen des Andokides de myster. §. 120 ff. gegen diesen berüchtigten Schwelger stimmt. —

Ein zweites Stück führt den Titel Ὅμηρος ἢ Ἀσκηταί. Zur Erklärung der ersten Hälfte zieht M. die Parodie eines sehr bekannten homerischen Verses in fr. incert. II:

$$\text{εἷς οἰωνὸς ἄριστος ἀμυνέσθαι περὶ δείπνου}$$

heran, was gewiß richtig ist. Der zweite Teil ist nach meiner Meinung auf die körperliche Ausbildung von Jünglingen zu deuten, die sich zum Wettkampfe vorbereiten, wie der Pankratiast Autolykos, des Lykon Sohn, über den p. 21 eingehender gesprochen wurde. Ich vermute nämlich, daß der Dichter darin ähnlich wie Eupolis im Autolykos (Fr. 16) die Unsitte bekämpft hat, daß Liebhaber die geliebten Knaben bei ihren Uebungen in den Ringschulen aufsuchten, das περικωμάζειν παλαίστρας, wovon Ar. sich selbst in den Wespen v. 1025 und im Frieden v. 762 freispricht. Demnach wäre der Gesammtinhalt des Stückes, der sich in dem Doppeltitel ausspricht, eine Polemik gegen die Art der Ausbildung der Jünglinge in der Literatur wie in körperlichen Uebungen. Diese Vermutung wird dadurch bestärkt, daß uns gleich in Fr. 1 der Vater des Autolykos Lykon in der wenig beneidenswerten Rolle eines Verräters entgegentritt; und zwar soll er Naupaktos verraten haben, eine Sache, von der kein Historiker etwas erwähnt. B. rel. com. p. 424 weist zwar aus Diodor und Pausanias nach, daß auch diese seit Ol. 81, 1/2 im Besitze der Athener befindliche wichtige Seefestung (Thuk. I, 103) nach Athens Eroberung durch Lysander in die Hände der Spartaner gefallen und von diesen den Lokrern zurückgegeben worden sei [2]); von einem Verrat aber ist nicht die Rede. Ein Verrat an die Spartaner von Seiten Lykons erscheint aber geradezu undenk= bar, wenn man das von Plut. Lysander c. 15 erzählte Faktum in Rechnung bringt. Hier heißt es nämlich, daß der von Lysander in Athen eingesetzte spartanische Harmost Kallibios (Xen. Hell. II, 3, 14)

---

[1]) Deshalb ist fr. incert. 1 (M. II, 759) hieher zu ziehen; in den zwei erhaltenen Versen der Parabase verspricht der Dichter die Zuschauer mit neuen Telikatessen (παροψίδες) bewirten zu wollen.

[2]) Dies kann aber nicht von langer Dauer gewesen sein, da sie im J. 391 (Xen. Hell. IV, 6, 14) im Besitze der Feinde der Spartaner ist, wozu aller= dings damals auch die Ozolischen Lokrer zählten (IV, 2, 17).

den Athleten Autolykos ἐφ' ᾧ τὸ συμπόσιον ὁ Ξενοφῶν πεποίηκε — also den Sohn des Lykon — habe mit dem Stocke schlagen wollen; dieser aber habe ihm ein Bein gestellt, weswegen Autolykos kurz darauf von den Dreißig hingerichtet worden sei. Nun ist doch wohl eine solche Abstumpfung alles menschlichen Gefühls undenkbar, daß ein Mann (und wäre er auch ein schlechter Charakter) aus nackter Hab=sucht sich von einem Feinde erkaufen läßt, dessen Brutalität dem eigenen Sohne soeben das Leben gekostet hat. — Zu dem allem kommt, daß sämmtliche übrige Dramen, in denen dieser Lykon vor=kommt[1]), der Zeit vor der sicilischen Expedition angehören; ferner daß der in Fr. 2 unseres Stückes persifflirte Meidias in der Komödie nicht nach Ol. 91 vorkommt[2]), weshalb es unmöglich erscheint an die aus B's. Vermutung sich ergebende Zeit nach Ol. 93, 4 zu denken.

Ich schlage daher vor auch hier wie in Eupolis Astrateutoi (s. p. 18) Πάνακτον zu schreiben, über dessen Verrat an die Boeoter Thuk. V, 2 berichtet. Wir gewinnen dann eine den erwähnten Per=sönlichkeiten entsprechende Zeit für das Stück, nämlich bald nach Ol. 89, 2[3]). Die Verse würden also lauten:

Καὶ Λύκων ἐνταῦθά που
* * προδοὺς Πάνακτον ἀργύριον λαβὼν
ἀγορᾶς ἄγαλμα ξενικὸν ἐμπορεύεται

und ἐνταῦθά που wäre zu erklären, dort irgendwo, d. h. auf dem Fischmarkt, das ἀγορᾶς ἄγαλμα ξενικόν nach einem häufigen Ge=brauch des Wortes ἄγαλμα zu übersetzen: „ein ausländisches Markt=kleinod" (vgl. z. B. M. III, 173, Eurip. Elektra v. 388) und dabei etwa an einen der berühmten Kopaisaale zu denken (vgl. Ar. Ach. v. 881 ff.); darin wäre zugleich eine sehr hübsche Anspielung auf das Schmarotzertum des Lykon enthalten. Man könnte noch fragen: was haben aber Peisandros und Lykon mit einander zu schaffen? Als Antwort verweise ich auf die schon erwähnte Gesellschaft loser Leute in Ar. Wespen v. 1301: Hier sitzt Lykon als Zechkumpan neben Antiphon, neben der Klique des Phrynichos. Daß hier unter Phrynichos nicht (wie der Scholiast will) der Dichter dieses Namens, sondern der spätere Stratege und oligarchisch gesinnte Politiker zu verstehen ist, hat schon Droysen gesehen (Vorrede zu den Wespen p. 20). Und zu dieser Klique des Phrynichos hat der Held von Acharnai damals gewiß ebensogut gehört, wie zur Zeit der Lysistrata, wo es v. 490 heißt:

ἵνα γὰρ Πείσανδρος ἔχοι κλέπτειν χοἰ ταῖς ἀρχαῖς ἐπέχοντες.

Hier haben wir den umgekehrten Fall: Peisandros ist genannt und οἱ ταῖς ἀρχαῖς ἐπέχοντες sind Phrynichos und Konsorten, wie

---

[1]) S. d. Schol. zu Platons Apologie 23 E.
[2]) S. d. Bemerkungen zu Phrynichos Poastriai p. 93.
[3]) Eupolis Kolakes und Autolykos, in welchen beiden Stücken Lykon eine Rolle spielt, fallen Ol. 89, 3 u. 4, die Wespen Ol. 89, 2.

der Scholiast richtig bemerkt. Hieraus resultirt, daß Peisandros und Lykon bei gleichen Neigungen (Habsucht) und ähnlichen Verhältnissen der gleichen Coterie angehört haben, weßhalb der beiden zugleich ge= machte Vorwurf der προδοσία nicht auffallen kann. — Noch erübrigt es eines Dramas des Metagenes zu erwähnen, das nach Athenäus' (VI. p. 270 a) ausdrücklichem Zeugnisse niemals aufgeführt worden ist. Es sind dies die Thuriopersai. Der Titel des Stückes ist, wie die Fr. beweisen, von der üppigen Lebensweise der Thurier zu ver= stehen [1]), die gar bald in die Fußstapfen ihrer Vorgänger, der Sybariten getreten zu sein scheinen; besonders durch das längere Fr. 1 (M. II, 753) wird man lebhaft an Hans Sachsens Schilderung des Schlaraffen= landes erinnert. Ueber die Abfassungszeit läßt sich nur vermuten, daß es vor der Vertreibung der athenischen Kolonisten, wodurch die Blüte der Stadt schwer geschädigt worden ist, geschrieben sei. Während nun die Thurier noch Ol. 91, 4 im Juli nach Vertreibung der lakonischen Partei (Thuk. VII, 33) dem Demosthenes und Eurymedon bereitwillig ein Hülfscorps stellen (ibid. c. 35), werden im samischen Kriege zwei thurische Schiffe von den Athenern als feindliche auf= gebracht (Xen. Hell. I, 5, 19). Der Zeitpunkt des Abfalls läßt sich nach der Vita des Lysias §. 1 (vgl. Kayser h. cr. tragic. p. 97) auf das Archontat des Kallias (Ol. 92, 1) festsetzen, in welchem Jahre der Redner mit 300 des Attikismos Angeklagten nach Athen vertrieben wurde. Demnach fällt das Drama wahrscheinlich vor diesen Zeitpunkt. —

Ungefähr gleichzeitig mit Metagenes ist Polyzelos, so zwar daß von seinen 6 Stücken (Suidas s. v.) vier Göttergeburten behandeln und daher sehr wahrscheinlich einer späteren Periode angehören (M. I, 261). Uns interessirt nur ein Drama dieses Komikers: der Demo= tyndareus (Δημοτυνδάρεως). Daß dasselbe noch in die Zeit des Krieges fällt, beweisen verschiedene Indizien. Wenn Kühn ad Polluc. X, 76 nach M. I, 262 aus dem Titel schließt, daß es sich in dem= selben um die Restauration der athenischen Demokratie nach Herrschaft der Dreißig gehandelt habe, aus welcher Vermutung M. zweifelnd folgert, daß das Stück Ol. 94, 2 aufgeführt sei, so ist diese Schlußfolgerung nicht stringent. Denn Demotyndareus kann nicht heißen, wie Kühn will, „der wie Tyndareus von den Toten auferweckte Demos", sondern nur „der dem Demos gegenüber die Rolle des Tyndareus Spielende" [2]). Und wer ist dieser Mann? Wie ich gestützt auf Fr. 1 glaube: Theramenes, dessen drei dra= konische Strafen (Kerker, Schierling oder Verbannung[3]), wie oben p. 55 bei der Besprechung von Ar. Triphales ausgeführt wurde, von ihm gegen diejenigen Athener beantragt wurden, welche der von Peisandros und Antiphon unter seiner Mithülfe (Thuk. VIII, 68)

---

[1]) Vgl. die Perser des Pheretrates, bes. Fr. 1 —3, die Πέρσαι ἢ Ἀσσύριοι des Chionides.

[2]) Analog ist die Bildung: Δημολογοκλέων Ar. Wesp. V. 342.

[3]) S. d. Schol. zu Ar. Frö. v. 541.

geschaffenen Oligarchie der Vierhundert widerstrebten. Aber worin liegt die Aehnlichkeit mit Tyndareus? Ich meine sowohl in der listigen Geschmeidigkeit des Charakters[1]) (vgl. die ziemlich abschreckende Zeichnung dieses Heros in Eur. Orestes B. 470 ff.), als in der Härte der auf Widersetzlichkeit gesetzten Strafe (s. Hygin. p. 80), welche gutzuheißen beide die feindlichen Parteien zwingen. Demnach ist Fr. 5, wo der „Phrygier" Hyperbolos erwähnt wird, an die gleichzeitig erfolgende Ermordung dieses Demagogen durch die Oligarchen auf Samos (Thuk. VIII, 73) zu denken, bei welcher Gelegenheit dieser gemeine Charakter zum letzten Male nach längerer Vergessenheit die Zungen der Athener in Bewegung gesetzt haben wird. Ist die Emendation M3. von Fr. 4 (M. II, 869) richtig, so wird dasselbe passend auf die Unterwürfigkeit bezogen, die Theramenes dem damals durch seine Verbindungen mit Tissaphernes allmächtig erscheinenden Alkibiades gegenüber an den Tag legte, wie denn auch die Rückberufung des= selben größtenteils sein Werk war (Thuk. VIII, 98; Hertzberg, Alk. p. 289 mit den Anm.). — Nach diesen Ausführungen ist, da die Instauration der Vierhundert wie die Ermordung des Hyperbolos Ol. 92, 1 Anfang März stattfand, das Stück wahrscheinlich kurz darauf an den großen Dionysien desselben Jahres aufgeführt worden. —

Mit den beiden zuletzt besprochenen Dichtern etwa gleichzeitig ist einer der bedeutendsten Vertreter der Dichtersterne dritten Ranges: der Komiker Theopompos, den Suidas (s. v.) für einen Zeitgenossen des Ar. erklärt[2]). Es erhellt aber (M. h. cr. 237) aus den Titeln seiner Dramen (z. B. Admetos, Althaia, Theseus, Odysseus u. s. w.) wie aus den darin berührten Persönlichkeiten, daß er noch tief in die sog. mittlere Komödie hineinreicht und wahrscheinlich bis über Ol. 100 hinaus dichterisch thätig gewesen ist. Von seinen Stücken, deren Zahl vom Anonymus de com. VII auf 17, von Suidas auf 24 angegeben wird, findet man bei M. die erhaltenen 20 Titel angegeben und be= sprochen. Zeitlich bestimmbar sind von den dieser Periode angehören= den nur folgende:

1) Tisamenos, nach dem Titel wohl gerichtet gegen den Ar. Ach. v. 603 als athenischen Söldner in Thrakien bezeichneten, wozu die Erwähnung des Tragikers Akestor in Fr. 1 zeitlich paßt[3]). Wenn nun M. I, 242 diesen Tisamenos für identisch hält mit dem bei Andocides de myster. §. 83 als Urheber des Psephisma bezüglich einer teilweisen Abänderung der solonischen Gesetze bezeichneten Sohne

---

[1]) Ueber den Spitznamen Kothornos Xen. Hell. II, 3, 31; vgl. Stesichoros bei B. Anthol. Lyr. p. 393 Fr. 35.

[2]) Aelian περὶ προνοίας Fr. 99 macht den Dichter gegen das Zeugniß des Suidas, der ihn einen Sohn des Theodektes oder Theodoros nennt, zum Sohne des Tisamenos, was wohl auf einer Verwechselung mit dem Helden eben dieses Stückes oder dem Tragiker Agathon (s. M. II, 1012, Kayser h. cr. 142) beruht, wie denn die ganze Anekdote konfus ist.

[3]) S. Kallias Pedetai p. 107. Dindorf im Index zu den Schol. des Ar. confundirt den Titel des theopompischen Stückes mit dem Vater des Akestor, offenbar in Folge einer falschen Lesart des Schol. zu Ar. Vögel v. 31.

des Mechaniou, so ist dagegen nichts einzuwenden, da Tisamenos in der Stelle des Ar. als *νεανίας* erscheint, demnach sehr wohl 20 Jahre später als gereifter Mann politisch thätig sein konnte. Da aber Akestor seit Ol. 91, 2 aus Athen verschwindet (Kayser h. cr. tragic. p. 193), so ist das Stück spätestens um die Zeit der sicilischen Expe= dition zu setzen. Als eine Persifflirung des Tisamenos könnte man auch den Namen *Κλαυσάμενος* betrachten, der sich in Kratins Mal= thakoi (II, 80) neben ersterem findet. —

2) Paides. In Fr. 3 dieses Dramas (M. II, 808) wird der aus Ar. Vögeln und sonst bekannte Laispodias (s. M. II, 476; B. rel. 415[1]) wegen seiner Kleidertracht verspottet. Er trug nämlich (s. d. Belege p. 29) wegen seiner mißgestalteten Schienbeine (wohl Säbelbeine; s. He= sychius s. v. *Λαισποδίας·* — — *οἱ δὲ τὸν δρεπανώδεις πόδας ἔχοντα*) ein langherabwallendes Himation. Da nun in Eupolis Poleis und Demoi, wie p. 24 u. 29 nachgewiesen wurde, er und ähnliche Gelb= schnäbel als *μειράκια* und *παῖδες* (s. bes. Eupolis Demoi Fr. 13, 14, 17, 37) charakterisirt werden, so glaube ich im Anschluß an den Titel des Stückes, daß die Polemik gegen ihn und ähnliche Herrchen den Hauptinhalt der Komödie gebildet hat. Da aber das Hervor= treten dieser Leute in Ol. 91—92 fällt, so ist das Drama während oder kurz nach der sicilischen Expedition anzusetzen. —

3) Eirene. Das Stück war nach Titel und Fr. (M. II, 794 ff.) ein Seitenstück zum Frieden des Ar.; ist daher entweder in die gleiche Zeit zu setzen oder in der Periode aufgeführt, wo die Athener nach den glänzenden Siegen des Alkibiades wieder aufatmeten und einen ehrenvollen Frieden hätten erlangen können, der aber durch fanatische Demagogen von Kleophons Sorte vereitelt wurde. —

4) Stratiotides. In diesem Drama hat der Dichter nach dem Titel und Fr. 3 (M. II, 813) ähnlich wie später Ar. in den Ekkle= siazusen bei der verzweifelten Lage des Staates nach dem Untergange der sicilischen Armada und dem Abfalle der Bundesgenossen als letzten Rettungsanker empfohlen, daß die athenischen Weiber ins Feld zögen und zwar unter dem Kommando der Frau des Thrasymachos:

ἡ Θρασυμάχου δ᾽ ὑμῶν γυνὴ καλῶς ἐπισταγήσει.

In diesen Worten liegt ohne Zweifel eine ähnliche Anspielung, wie in Ar. Thesmoph. v. 804:

Ναυσιμάχης μὲν γ᾽ ἥττων ἐστὶν Χαρμῖνος, δῆλα δὲ τἄργα,

wo Nausimache eine Personifikation der Seeschlacht ist, die der Strateg Charminos im Jahr. Ol. 92, 1 (Thuk. VIII, 42) bei Syme gegen den spartanischen Nauarchen Astyochos verlor[2]. Doch sieht in unserer Stelle Thrasymachos nicht nach einem bloß fingirten Namen aus. Ist dies nicht der Fall, so muß es eine damals sehr bekannte Persön= lichkeit sein. Nun sehen wir uns aber nach einer solchen vergeblich

---

[1] S. Eupolis Demoi p. 29.
[2] Vgl. auch die verschiedenen Personifikationen der folgenden Verse.

um; denn die bei Lysias or. 8, 14 und Isaios or. 4 öfter genannten Leute dieses Namens sind obskur; wie M. II, 813 an den Philosophen aus Chalkedon (Platon Phaidros 267 c mit den Scholien) denken kann [1]), ist unerfindlich. Es bleiben daher nur zwei Möglichkeiten: Entweder ist es ein leicht verhülltes Pseudonym, aus dem jeder Athener sofort den wahren Namen herausschälte — eine Verhüllung, wie sie besonders Strattis in seinen Titeln geliebt hat, wie z. B. unter Limnomedon [2]) der in der späteren Komödie vielverhöhnte Rhetor Kallimedon mit dem Spitznamen Karabos, unter Iphigeron Iphikrates zu verstehen ist, was noch nicht bemerkt worden ist —, oder es ist der Name korrupt, was bei der schlechten Ueberlieferung des ganzen Fr. das wahrscheinlichste ist. Im ersteren Falle kann man an Thrasybulos denken, der Thuk. VIII, 76 von dem mit dem Verfassungsumsturz unzufriedenen Heere mit Thrasyllos auf Samos zum Feldherrn gewählt wurde (Ol. 92, 1 im März) Im letzteren wahrscheinlicheren Falle schlage ich vor zu schreiben:

$$\Theta\rho\alpha\sigma\acute{v}\lambda\lambda o\upsilon\ \delta'\ \acute{v}\mu\tilde{\omega}\nu\ \acute{\eta}\ \gamma\upsilon\nu\grave{\eta}\ \varkappa.\ \tau.\ \lambda.$$

und denke dabei an den eben erwähnten Amtsgenossen des Thrasybulos, der bald darauf (Thuk. VIII, 105) die Spartaner zum ersten Male nach längerer Zeit bei Kynossema aufs Haupt schlug und nach der Arginusenschlacht hingerichtet wurde (Schol. zu Ar. Fröschen v. 1196). Die $\gamma\upsilon\nu\acute{\eta}$ wäre dann, wenn man an den gleichnamigen (mit dem Strategen identischen?) begünstigten Liebhaber des Alkibiades (Hertzberg p. 24; Plut. Alk. c. 4) denkt, doppelsinnig, wozu die wenigen, nicht uninteressanten Fr. gut passen. Denn in Fr. 1:

$$\overset{}{E}\gamma\grave{\omega}\ \gamma\grave{\alpha}\rho\ \ddot{\alpha}\nu\ \varkappa\acute{\omega}\vartheta\omega\nu o\varsigma\ \overset{}{\varepsilon}\varkappa\ \sigma\tau\rho\varepsilon\psi\alpha\acute{v}\chi\varepsilon\nu o\varsigma$$
$$\pi\acute{\iota}o\iota\mu\iota\ \tau\grave{o}\nu\ \tau\rho\acute{\alpha}\chi\eta\lambda o\nu\ \overset{}{\alpha}\nu\alpha\varkappa\varepsilon\varkappa\lambda\alpha\sigma\mu\acute{\varepsilon}\nu\eta$$

scheint eine sichere Anspielung auf Alkibiades enthalten zu sein, da dessen eigentümliche Kopfhaltung von den Komikern immer in dieser Weise geschildert wird. So sucht bei Archippos fr. incert. 3 der schon erwähnte gleichnamige Sohn den Vater durch eben dies $\varkappa\lambda\alpha$$\sigma\alpha\upsilon\chi\varepsilon\nu\varepsilon\acute{v}\varepsilon\sigma\vartheta\alpha\iota$ zu kopiren; ebenso fr. com. anonym. 38 bei M. IV, 611: $\varkappa\alpha\tau\alpha\varkappa\varepsilon\varkappa\lambda\alpha\sigma\mu\acute{\varepsilon}\nu o\varsigma$ $\tau\grave{o}\nu$ $\tau\rho\acute{\alpha}\chi\eta\lambda o\nu$ $\varkappa.\ \tau.\ \lambda.$ mit den Kommentaren, Eupolis fr. inc. 54 bei M. II, 566.

Dafür spricht auch die Erwähnung des Anytos in Fr. 5, der ja einer der leidenschaftlichsten Verehrer des Alkib. gewesen war (vgl. die bekannte Anekdote von der Behandlung, die er sich von diesem gefallen ließ, bei Herzbg. p. 24).

Auch Fr. 2, das wie schon M. gesehen hat, vom militärischen, nicht vom Richtersold zu verstehen ist und so lautet:

$$K\alpha\acute{\iota}\tau o\iota\ \tau\acute{\iota}\varsigma\ o\overset{}{v}\varkappa\ \ddot{\alpha}\nu\ \varepsilon\overset{}{\iota}\varkappa\grave{o}\varsigma\ \varepsilon\overset{}{v}\ \pi\rho\acute{\alpha}\tau\tau o\iota\ \tau\varepsilon\tau\rho\omega\beta o\lambda\acute{\iota}\zeta\omega\nu,$$
$$\varepsilon\overset{}{\iota}\ \nu\tilde{v}\nu\ \gamma\varepsilon\ \delta\iota\acute{\omega}\beta o\lambda o\nu\ \varphi\acute{\varepsilon}\rho\omega\nu\ \overset{}{\alpha}\nu\grave{\eta}\rho\ \tau\rho\acute{\varepsilon}\varphi\varepsilon\iota\ \gamma\upsilon\nu\alpha\tilde{\iota}\varkappa\alpha:$$

---

[1]) Dieser ist wohl in Ar. Daitaleis Fr. 16 gemeint (M. II, 1033).
[2]) M. macht daraus mit Unrecht Lemnomeda, da er die Anspielung nicht durchschaut.

enthält wahrscheinlich eine Anspielung auf ein Faktum, nämlich auf die reichliche von Lysandros mit Kyros' Unterstützung seinen Truppen gewährte Besoldung (Xenoph. Hellen. I, 5, 6; Böckh Staatshaushalt I. p. 384), wodurch die Athener schwer geschädigt wurden, da ihnen, die soviel zu zahlen außer Stande waren, die Mannschaften davon liefen (Plut. Alk. c. 35). Diesem Uebelstande zu steuern, werden die Weiber in unserer Komödie den Kriegerinnen vier Obolen, d. i. das Doppelte des gewöhnlichen Soldes, versprochen haben (s. Böckh p. 378 [1]). — Nach diesen Ausführungen ist das Stück mit Wahrscheinlichkeit in die Zeit des samischen Krieges Ol. 92, 2 1—2 zu setzen. —

Das letzte Stück des Theopompos, welches man geneigt sein könnte unserer Periode zu vindiziren, sind die Kapelides (Krämerinnen). Dazu scheint nämlich die Erwähnung des dürren Dithyrambendichters Leotrophides (Fr. 1, zum Text Abd. V, 1, 54) zu berechtigen, der sonst nur bei Ar. in den Vögeln (v. 1406) und Hermippos in den Kerkopes vorkommt, hier mit Thumantis zusammen, der Ar. Ritter v. 1269 als Hungerleider erscheint. Nun aber wissen wir aus Plutarch Lysander c. 13, daß der Komiker Theopomp die Spartaner mit Krämerinnen verglichen hat (ἀπεικάζων τοὺς Λακεδαιμονίους καπηλίσιν), weil sie dem süßen Trank der Freiheit Essig beigemischt hätten. Diese Verse, die bei M. II, 819 unter den herrenlosen Fr. stehen, können nur geschrieben sein nach Vernichtung der athenischen Hegemonie und Einführung der sog. Autonomie in den griechischen Staaten (also nach Ol. 93, 4). Werden sie, was nach dem Titel große Wahrscheinlichkeit für sich hat, den Kapelides eingereiht, so folgt, daß das Stück nicht mehr dieser Periode angehört. —

Von dem Dichter Archippos berichtet Suidas, daß er Ol. 91 geblüht habe (M. I, 205); der Scholiast zu Ar. Wespen v. 481 sagt, daß er besonders seiner wohlfeilen Eckensteherspäße halber persifflirt worden sei. Doch ist es ein nicht unrühmliches Zeugnis für sein Talent, daß vier hinsichtlich ihrer Aechtheit zweifelhafte Stücke des Ar.: Poiesis, Nauagos [2], Nesoi und Niobos von einigen ihm zugeschrieben wurden (vita §. 13). Die erhaltenen Titel (M. I, 208) und Fr. (II, 715 ff.) sind von der Art, daß sie nicht gestatten ein Stück des Archippos mit Wahrscheinlichkeit in diese Periode zu setzen, da auch die nicht uninteressanten Reste der „Fische", des berühmtesten Stückes, wie bereits erwähnt wurde, auf die Zeit nach der Katastrophe von Aigospotamoi deuten.

Dagegen gehört wenigstens teilweise in diese Periode der Dichter Philyllios (M. I, 258 ff.), wie das Scholion zu Ar. Plutos v. 1194 wahrscheinlich macht, aus dem hervorgeht, daß Strattis in seinen vor dem zweiten Plutos und den Ekklesiazusen aufgeführten Potamioi eine

---

[1] Hieher sind auch die fr. incert. 16 und 38 zu ziehen. --
[2] Der Titel lautete nach dem von Novati im Hermes Bd. XIV, S. 461 ff. aus einem cod. Ambrosianus veröffentlichten Verzeichnisse der Komödien des Ar. Διόνυσος ναυαγός.

scenische Neuerung desselben getadelt hat, für deren Urheber Lykophron nach Eratosthenes a. a. O. den Ar. gehalten hatte [1]). Und zwar bestand diese Neuerung darin, daß der Dichter den Schauspielern in der Schlußscene auf offener Bühne von dem Choregen brennende Fackeln geben ließ, unter deren Glanze sie in feierlichem Zuge die Bühne verließen (vgl. Ekklesiaz. v. 1150, Frösche v. 1525 [2]). An der Richtigkeit dieser Bemerkung des Scholiasten zu zweifeln liegt kein Grund vor, wenn wir die erhaltenen Stücke des Ar. durchgehen. Hier fehlen nämlich die Fackeln am Schlusse in den Thesmoph., der Lysistrata, den Wespen, den Rittern und Acharnern; in den drei übrigen Stücken sind sie durch besondere Vorgänge motivirt, in dem Frieden (v. 1317) und in den Vögeln (v. 1720) durch den Hochzeits= zug (s. K. Fr. Hermann Gr. Privataltert. §. 31, 1 u. 21); in den erhaltenen Wolken durch den Zweck das φροντιστήριον in Brand zu stecken. Wenn aber M. daraus den Schluß zieht, daß die Potamioi vor Ol. 92, 4 (und also das betr. Stück des Philyllios noch früher) aufgeführt worden seien, so ist dieser Schluß nicht stichhaltig, da sich der Scholiast ja nicht auf den verlorenen, sondern auf den erhaltenen volle 20 Jahre später fallenden Plutos bezieht. Nur das ergibt sich — die Richtigkeit der Bemerkung des Scholiasten vorausgesetzt — daß die Potamioi vor den Fröschen aufgeführt worden sind, da Ar. hier zum ersten Male am Schlusse die Fackeln ohne zwingende Gründe anwendet. —

Von den Dramen des Philyllios, deren Titel man bei M. I, p. 259 findet (sie deuten größtenteils auf die der mittleren Komödie eigene literarisch=parodistische Richtung), fallen jedenfalls in diese Zeit die Plyntriai (mit dem Nebentitel Nausikaa) wegen der Erwähnung des Laispodias, der bei den Komikern nicht nach Ol. 91 vorkommt [3]) und seit Ol. 92, 1, wo er mit zwei Kollegen als Gesandter der Vierhundert von den erbitterten Paralern als Teilnehmer am Sturze der Demokratie dem argivischen Demos ausgeliefert und wohl hingerichtet worden ist, ganz verschwindet (Thuk. VIII, 85). Was das Sujet betrifft, so ist trotz des Mangels weiterer Fr. der Titel so durch= sichtig, daß wohl niemand bezweifeln wird, daß es eine literarische Parodie war, und zwar vermutlich einer gleichnamigen Tragödie, wie sie z. B. Sophokles geschrieben hat. —

Auch die von anderen dem Ar. oder Eunikos zugeschriebenen

---

[1]) Wie M. h. cr. 233 an den ersten Plutos denken kann, ist unerfindlich, da das Faktum des ὁῆδας ἀιτεῖν, worum es sich handelt, ja eben in dem er= haltenen (II.) Plutos vorliegt; es ist ihm hier dieselbe Menschlichkeit passirt, wie dem Schol. zu V. 173 und 179, der sich — wie im zweiten Falle schon Hemsterhuys bei Dindorf Adnot. bemerkt — eingebildet hat, er habe den ver= lorenen Plutos vor sich.

[2]) Vgl. Lysipp fr. inc. 3 bei M. II, 748.

[3]) p. 29 und 115; ausgenommen in Strattis Kinesias (Fr. 6), wo er aber blos als sprichwörtlich gewordener Typus erwähnt worden zu sein scheint (s. M. I, 228).

Poleis (M. I, 260) scheinen nach der aus Fr. 1 hervorgehenden Handelsverbindung mit Mitylene vor der Vernichtung der athenischen Seeherrschaft aufgeführt zu sein; es kamen darin auch Spartaner vor, welche im dorischen Dialekt sprachen (Fr. 3 u. 7). Im übrigen läßt sich über den Inhalt nichts sagen.

Von dem fruchtbaren Komiker Strattis[1]), dessen Zeit Athenäus (M. h. cr. 221) kurz nach Kallias ansetzt, was M. in Ol. 92 umsetzt, fallen wenigstens zwei Stücke noch vor den Schluß dieser Periode, d. h. vor die Aufführung von Ar. Fröschen (Ol. 93, 3), während seine Hauptwirksamkeit, wie die 16 Titel, welcher der Anonymus de com. VIII aufführt, und die Fr. beweisen, der sogen. mittleren Komödie angehört und er auch noch nach Ol. 99 literarisch thätig war (s. Atalante Fr. 1 mit M's. Kommentar II, 765[2]). Er hat besonders literarische Parodien auf Tragödien geschrieben; so ist z. B. fr. inc. 1 (M. II, 787) die vollständige Parodie eines euripideischen Chorliedes zum Preise der Nereiden (vgl. Eur. Iphig. Taur. v. 427 ff., Ion v. 1081 ff.) Auf der Grenzscheide dieser Epoche steht der Kinesias, dessen Titel das Sujet genugsam kennzeichnet (s. Fr. 4). Diese bekannteste aller Komödienfiguren, von welcher Lysias (Fr. 53 ed. Scheibe) sagt, daß sie alljährlich von den Komikern verhöhnt werde[3]), scheint Strattis mit besonderem Ingrimm karrikirt zu haben, weil Kinesias nach dem Scholiasten zu Ar. Fröschen v. 404 wahrscheinlich aus Rache die völlige Aufhebung der Choregie betrieben hatte, weshalb der Komiker ihn den Chortöter nannte (Add. p. 53). Wenn Strattis ihn aber (Fr. 5) witzig genug Φθιῶτ' Ἀχιλλεῦ anredete, so that er das offenbar nicht sowohl, wie Athenäus XII. p. 531 d gemeint hat, weil Kinesias das Wort Φθιῶτα in seinen eigenen Dichtungen immerfort anbrachte, als vielmehr in demselben Sinne, in welchem er bei Platon fr. incert. 2 (M. II, 679):

ὁ Πυαγόρου[4]) 'κ Πλευρίτιδος und φθόης προφήτης heißt.

Auf ihn bezieht sich offenbar auch das korrupte fr. incert. 7 (II, 789).

Außerdem kommt noch vor der ebenso dürre Komiker Sannyrion, des Strattis Zeitgenosse und Rivale, hier mit dem Spitznamen Kannabos (Fr. 3) bedacht, in den Psychasten Fr. 4 (II, 785) wegen seiner σκυτίνη ἐπικουρία verhöhnt, was nicht mit M. von einem Lederkoller, sondern mit B. rel. com. p. 271 von der gleichen Sache wie Lysistrata V. 110 zu verstehen ist. Beide Ehrenmänner werden vom Ar. in dem interessanten Fr. 1 des Gerytades (M. II, 1005) als ᾀδοφοῖται — Todeskandidaten — mit dem Tragiker Meletos, dem späteren Ankläger des Sokrates, in den Hades hinabgesandt,

---

[1]) Bei Suidas ist er mit bekannter Konfusion τραγικός: über den Namen Lehrs Aristarch p. 280 Anm.

[2]) Ueber die parodistische Richtung der mittleren Komödie s. Prolegg. de com. I, 16 ff.

[3]) S. M. I, p. 227 ff.

[4]) S. Suppl. zu p. 679, was Kock I, 652 nicht beachtet hat.

um die verstorbenen Altmeister der Dichtkunst um Abhülfe gegen den zunehmenden Verfall anzuflehen. In Fr. 6 wird wieder der miß= gestalteten Beine des Laispodias gedacht; in Fr. 7 Thrasybulos er= wähnt. — Was die Aufführungszeit des Stückes betrifft, so ist sie nach dem Scholiasten zu Ar. Fröschen v. 404, vorausgesetzt daß nicht die beiden gleichnamigen Archonten Kallias (Ol. 92, 1 und 93, 3) verwechselt werden, bald nach ersterem Stücke anzusetzen. — Wahrscheinlich gehört noch hieher die parodistische Komödie **Anthrop= orestes**, deren Titel M. h. cr. 224 mit Unrecht Ἀνθρωποῤῥαίστης schreibt und lanionem hominum erklärt. Wie aus Fr. 1 (M. II, 763) hervorgeht, war es eine Verspottung der Ol. 92, 4 aufgeführten euripideischen Tragödie Orestes, in welcher die Charaktere von allen Stücken des Tragikers am trivialsten, um nicht zu sagen gemeinsten gehalten sind (Bernhardy Gr. Literaturgesch. II, 2, 450 urteilt so: „alle Personen sind auf die bürgerliche Wirklichkeit herabgesetzt; sie denken, reden und handeln wie Leute von alltäglicher Art". Und weiter: „Jetzt kann dieses Drama für einen Vorläufer der mittleren parodischen Komödie, noch mehr aber des bürgerlichen Lustspiels gelten" — welches Urteil ganz den kurzen Worten der Hypothesis: χείριστον δὲ τοῖς ἤθεσι· πλὴν γὰρ Πυλάδου πάντες φαῦλοι ἦσαν entspricht). — Was ist nun natürlicher, als daß der Parodist aus dem trivial gezeichneten Heros Orestes einen Mensch=Orestes machte? Bezüglich der Zeit ist anzunehmen, daß die Parodie bald nach der parodirten Tragödie, also wenigstens im Laufe der 93ten Ol. auf= geführt wurde. Der Schauspieler Hegelochos, der bekanntlich den v. 269 der Tragödie:

ἐκ κυμάτων γὰρ αὖθις αὖ γαλῆν' ὁρῶ

mit falscher Betonung vorgetragen hatte, muß auch hier herhalten, wie beim Platon (fr. incert. 32 bei M. II, 690) und Aristoph. (Frösche v. 303), weshalb ohne Zweifel auch fr. incert. II:

    B. φέρ' εἰπέ· ποῖ ποῖ πρὸς θεῶν ποῖ ποῖ γαλῆν;
    A. γαλῆν'. B. ἐγὼ δ' ᾤμην σε „γαλῆν" λέγειν „ὁρῶ":

ebenso Fr. XI hieher gehört. --

In unsere Periode ist ebenfalls noch die Parodie der **Phönissen** des Euripides zu setzen, da die Tragödie um Ol. 92 aufgeführt worden ist (Bernhardy II, 2. 462 [1]). Das längere Fr. 3 (M. II, 781) liefert interessante Aufschlüsse über die Eigenheiten des thebanischen Dialektes (z. B. σάκτης = ἰατρός; κριδδέμεν = γελᾶν), wie denn überhaupt Strattis für mundartliche Verschiedenheiten einen scharfen Blick gehabt zu haben scheint (s. Makedones Fr. 2).

    Daß bezüglich der wahrscheinlich die Erschleichung des Bürger= rechtes bekämpfenden **Potamioi** (M. h. cr. 234) nur nachzu= weisen ist, daß sie vor Ar. Fröschen (Ol. 93, 3), nicht aber daß sie

---

[1] Vgl. das zu Ar. Phönissen p. 58 Bemerkte.

schon vor dem ersten Plutos aufgeführt wurden, ist oben (p. 118) gegen M. bemerkt worden.

Endlich ist vielleicht noch ein Stück an den Schluß dieser Epoche zu setzen: die *Μακεδόνες ἢ Παυσανίας*, wenn anders M. h. cr. 232 recht hat, der nicht an den spartanischen König dieses Namens, sondern an den Liebhaber des Agathon denkt, welcher mit diesem Tragiker um Ol. 93, 1 (Kayser h. cr. p. 143) zum König Archelaos nach Makedonien ging [1] (s. Ar. Gerytades Fr. 20 bei M. II, 1012; Aelian V. H. II, 21). Nach Fr. 5 scheint Strattis dem Dichter seinen Nei= gungen entsprechend Hetären als Begleiterinnen zugesellt zu haben, unter anderen die berüchtigte Lais; Fr. 7 spricht wohl König Archelaos.

Wir gehen jetzt zu dem letzten, ziemlich traurigen Vertreter dieser Periode über, von dem wenigstens die Anfänge der literarischen Wirk= samkeit noch vor Ol. 93, 3 fallen, zu dem viel verhöhnten S a n n y r i o n (M. h. cr. p. 263, B. rel. com. 270 ff. [2]), der sich allerdings nicht scheute mit gleicher Münze zu zahlen (Gelos Fr. 3, 7; M. II, 874). Von seinen Stücken läßt sich nur die D a n a e — wohl eine Parodie der gleichnamigen Tragödie des Euripides — mit ziemlicher Sicher= heit in diese Zeit setzen, da nicht nur Fr. 1 (M. a. a. O.) der oben erwähnte Hegelochos wegen des schlechten Vortrages des erwähnten Verses in artiger Weise verhöhnt wird (s. Kayser p. 90 ff.), sondern auch in Fr. 2 die in Ar. Fröschen v. 367 und Platons Skeuai Fr. 6 [3] arg mitgenommenen Finanzbeamten Agyrrhios und Archinos wegen der kargen Honorirung der komischen Dichter durchgehechelt werden, die wohl nicht so sehr das Werk dieser Leute als eine von der athenischen Finanzkalamität (Thuk. VIII, 4) aufgezwungene Maß= regel war. —

Damit ist das Ende der Periode erreicht. —

---

[1] Jedenfalls nach Ol. 92, 2; s. Kayser h. cr. 143.
[2] Aelian V. H. X, 6; XIII, 15.
[3] S. p. 101.

Nachträge.

Zu p. 7: Ueber das Wesen der politischen Komödie vgl. man noch Müller= Strübing „*Ἀθηναίων πολιτεία*", Vierter Supplementbd. z. Philol. (Göttingen 1880 p. 164 Anm. am Ende; denselben Gelehrten in „Ar. und die historische Kritik" pp. 102, 199, 700, 706.

Zu p. 12: Ueber Phormion und dessen Prozeß ibid. pp. 674, 678, 688, 690.

Zu p. 15: M. Str. ibid. p. 164 verlegt das *Χρυσοῦν Γένος*, dessen Inhalt er richtig angibt, mit unzureichenden Gründen auf die großen Dionysien des Acharnerjahres.

Zu p. 15 Anm. 2: So auch M. Str. ibid. p. 165.

Zu p. 17: Den Schreier Marpsias (Ar. Ach. V. 702) hält M. Str. p. 326 für identisch mit dem ebenda V. 839 erwähnten Sykophanten Klesias, indem er erstere Bildung als komische Steigerung des wirklichen Namens erklärt.

Zu p. 18: Zu der citirten Stelle der Aftratentoi ändert M. Str. „Ἀθηναίων πολιτεία" p. 83 Anm., um einen einigermaßen befriedigenden Sinn herzustellen, κάκιστος in ἄριστος, wodurch aber das Ganze zu einer matten Allegorie würde. — Ueber die Häufigkeit der Anklage wegen ἀστράτεια vgl. man denselben ebenda p. 151, Anm. 11 und in „Ar. u. b. hiftor. Kritik" p. 608 Anm.

Zu p. 20: Bei Aeschines gegen Timarch §. 53 ift πηλία die Unterlage, auf welcher man die abgerichteten Hähne kämpfen ließ (vgl. b. Schol. zu der Stelle); vgl. auch Schol. z. Ar. Plutos V. 1037.

Zu p. 23: Daß eine Erhöhung, bez. Verdoppelung des Tributes der Bundesgenossen schon Ol. 88, 4 unter dem Archon Stratokles stattgefunden hat, ist durch neuerdings in Inschriften aufgefundene offizielle Aktenstücke zweifellos bewiesen (f. M. Str., Ar. u. f. w. p. 174 Zusatz). — Dennoch fand hauptsächlich auf Alkibiades' Betreiben um Ol. 89, 3 eine weitere Steigerung dieser drückenden Steuer statt (f. die Belege ebenda p. 177). —

— Worauf derselbe Gelehrte ebenda p. 286 Anm. die Behauptung stützt, daß die „Poleis" wahrscheinlich an den Lenäen Ol. 89, 3 gegeben worden seien, weiß ich nicht; er selber schweigt darüber.

Zu p. 24: Ueber Amynias vgl. man M. Str. ebenda p. 687.
— zu Anm. 2: vgl. M. Str. p. 287 Anm.

Zu p. 25 unten: „Batalos" finden wir in späterer Zeit als Spitznamen des Temosthenes wieder, je bei Aeschines g. Timarch §. 126 und 131; vgl. auch Arnold Schaefer: Temosthenes und seine Zeit, Lpz. 1856 Bd. I, S. 306 ff.

Zu p. 26: M. Str. p. 329 Anm. ereifert sich umsonst über die Identificirung des triefäugigen Sykophanten Archedemos mit dem Temagogen gl. N.

Zu p. 29 unten: Ueber die Söhne des Hippokrates vgl. M. Str. p. 525.

Zu p. 30: Der Name des Phrynondas wird später nebst dem des Eurybatos sprichwörtlich im Sinne von „Schurke" gebraucht, z. B. bei Aeschines g. Ktesiphon §. 137.

Zu p. 36: Zu Fr. 36 der Babylonier (M. II, 981) vermutet M. Str. p. 588 Anm. eine Anspielung auf den „Poristen" Lysikles, Freund des Perikles und späteren Gemahl der Aspasia.

Zu p. 37: Zum Titel „Holkades" vgl. Ar. Ri. v. 171.

Zu p. 39: M. Str. sagt p. 167, daß die Wespen „wahrscheinlich" am Lenäenfeste" aufgeführt worden seien, hat also die erhaltene Tidaskalie ganz übersehen.

Zu p. 56 Anm. 2: M. Str. Ἀθηναίων πολιτεία p. 45 setzt die erhaltenen Thesmophoriazusen ebenfalls nach Vereitelung des Staatsstreiches der Vierhundert auf die Lenäen 410.

Zu p. 61: Zum Kabirendienst auf Lemnos vgl. Cic. de nat. deor. I, 42, 119.

Zu p. 64: M. Str. Ἀθηναίων πολιτεία p. 83 stellt ohne irgend welche Begründung die kühne Behauptung auf, der Sohn des Peifias sei -- -- Peifandros (!). — So sehr solch ein vages Phantasieren gegenüber dem striften Zeugnis der Alten (f. Pherekrates Agrioi fr. 4 bei M. II, 257) verurteilt werden muß, jo ansprechend ift die schon von Troysen ausgesprochene Vermutung desselben Gelehrten (Ar. u. b. hiftor. Kritik p. 413 Anm.), daß der Skambonide Nikostratos in Ar. Wesp. V. 81 identisch sei mit dem Sohne des Tiitrephes.

Zu p. 65: Andokles war später Führer der Radikalen und bitterster Feind des Alkibiades (vgl. M. Str. Ἀθ. π. p. 76).

Zu p. 67: Ueber den liederlichen Weichling Kleisthenes vgl. M. Str. Ar. u. f. w. p. 124.

Zu p. 68: Als das antike Krähwinkel erscheint Seriphos auch bei Cic. de nat. deor. I, 31, 88.

Zu p. 70: Ueber die traurige Lage, in welche die athenischen Landwirte durch die fortgesetzten Einfälle der Peloponnesier gerieten vgl. man M. Str. Ar. u. s. w. p. 153 ff.

Zu p. 71: In Bezug auf Hülfssendungen der Thessaler ist zu bemerken, daß Demosthenes (?) περὶ συντάξεως §. 23 berichtet, der Pharsalier Menon sei von Staatswegen mit der Atelie beschenkt worden, weil er den Athenern ein Hülfskorps von 200 Reitern geschickt habe, ein Faktum, das dem Zusammenhang nach mit Wahrscheinlichkeit auf den peloponnesischen Krieg zu beziehen ist.

Zu p. 72: M. Str. Ἀθ. π. p. 143 Anm. 5 vermutet, daß der Verfasser der Schrift vom Staate der Athener c. II, 7 (Dindorf) Fr. 1 der Phormophoroi im Sinne gehabt habe.

Zu p. 74: M. Str. Ar. u. d. histor. Krit. p. 410 ff. setzt die Verbannung des Hyperbolos schon 418, und zwar in den April (p. 417).

Zu p. 75: a. v. „Kerkopes" vgl. man Cic. de natura deor. I, 38, 107; in übertragenem Sinne erscheint das Wort bei Aeschines de falsa legatione §. 40.

Zu p. 79: Ueber das die Allmacht des Perikles schildernde Fr. des Telekleides vgl. man M. Str. Ar. u. s. w. p. 146.

Zu p. 91: Von dem Treiben der übermütigen athenischen jeunesse dorée bei ähnlichen Umzügen haben wir aus späterer Zeit eine anschauliche Schilderung bei Aeschines g. Timarch §. 59; vgl. Ar. Plut. V. 1040.

Zu p. 95: In Bezug auf Enathlos befolgt M. Str. Ar. u. s. w. p. 334 ohne zwingenden Grund das leidige Differenzirungsprinzip gleichnamiger, derselben Zeit angehörender Persönlichkeiten, das bei Mitgliedern einer nach modernen Begriffen mäßig großen freien Bevölkerung einer einzigen Stadt nur im Notfalle angewendet werden darf. — Ten Peisandros hält derselbe Gelehrte für den in den Jahren 418 und 414 auf eine vierjährige Finanzperiode gewählten Staatsschatzmeister (ibid. p. 422 Anm.).

Zu p. 104: Ueber die verschiedenen Bedeutungen des Wortes σοφιστής vgl. man Isokr. Hypoth. z. or. 13 κατὰ τῶν σοφιστῶν. M. Str. Ar. u. d. histor. Kritik p. 598 unterscheidet diesen Trakontides von dem gleichnamigen Ankläger des Perikles (Plutarch c. 32), den er zu einem Freunde des letzteren (p. 594) und Bruder des Poristen Lysikles macht (??).

Zu p. 106: Ueber Lampons großen Einfluß vgl. M. Str. ebenda p. 302 ff.

Zu p. 111: Ueber die Unsitte des Besuchs geliebter Knaben seitens ihrer Liebhaber in den Gymnasien vgl. man Aeschines g. Timarch §. 135.

Zu p. 114: Ueber die wichtige Rolle, welche Theramenes bei der Zurückberufung des Alkibiades spielte s. auch M. Str. Ἀθ. πολ. p. 108.

— Ueber d. Tendenz des „Tisamenos" s. auch M. Str. Ar. u. s. w. p. 553; derselbe erklärt sehr ansprechend den Namen „Mechanion", mit welchem Lysias or. 30 §. 28 den Vater des Nomotheten benennt, für einen Spitznamen des schlechten Tragöden Alestor (p. 556) und leitet ihn geistreich von dem Mißbrauch der Theatermaschinen her. Demnach wäre also der Politiker Tisamenos ein Sohn des Dichters Alestor, und beiden käme der Spottname „Salas" zu (p. 556 Anm.).

Zu p. 116: Zum Doppelsinne des Wortes γυνή vgl. Aeschines g. Timarch §. 111.

Inhalt.

Um eine Ueberficht über die gewonnenen Refultate zu ermöglichen, erscheint es zweckmäßig, die zeitlich mit Sicherheit oder Wahrschein-lichkeit firirten Dramen der einzelnen Dichter in einer chronologischen Tabelle zusammenzuftellen. Es find folgende:

	Kratin	Eupolis	Aristophanes	Hermipp u. Telekl.	Ph
Ol. 87, 1	Cheirones?				
— 2				H. Moirai	
— 3	Nemesis?			H. Stratiotai	
· 4		Taxiarchen			
Ol. 88, 1			Taitaleis		
— 2			Babylonier	H. Phormophoroi	
— 3	Cheimazomenoi	Numeniai	Acharner		
— 4	Satyroi; Deliades?		Ritter		
Ol. 89, 1	Pytine		Wolten I, Holkades Wespen, Proagon; Georgoi		
2	Seriphioi?				
- 3		Astrateutoi / Kolakes \ Autolykos /	Frieden I		Autom
· 4		Marikas \	Lagenisten?		Agrioi
Ol. 90, 1		Poleis?		H. Artopolides	Tulobi
- 2					
3					
— 4					
Ol. 91, 1					
2			Vögel; Amphiaraos		Ipnos
— 3			Heroes?		
-- 4					
Ol. 92, 1		Autolykos II.	Lysistrata; Triphales		
2		Demoi	Thesmoph. I u. II		
— 3					
— 4			Plutos I		
Ol. 93, 1					
-- 2					
- 3			Frösche		
- 4					

Phrynichos	Platon	Komiker 3ten Ranges	Innerhalb der Ol.
			Teletl. Hesiodoi; Prytaneis
		Mallias Pedetai Ameipsias Sphendone	G. Ziegen, Chrysün Genos A. Gëras; K. Horen Teletl. Amphitthones
		Aristom. Hylophoroi	Pheretr. Perser
Konnos	Peijandros	Leukon Presbeis Lysipp Bacchen? Ameipsias Apokotta- bizontes? Leukon Phyrateres	G. Prospalltioi, Philoi? A. Anagyros; Dramata Phr. Satyroi Metagenes Homeros Theopomps Tisamenos?
	Nikai?		
	Hyperbolos	Metag. Thuriopersai]	G. Bapten; [Ar. Wolken] A. Nesoi; Telmessier
	Symmachia? Perialges		H. Kerkopes Ph. Petale
Monotropos Römasten	Heortai	Philyllios Plyntriai?	A. Horen; Phryn. Ephialtes; Poastriai Theopomps Paides
	Sophistai?	Polyzelos Temolynbareus	Theopomps Cirene? Stratiotides Philyllios Potamioi?
Winiai	Kleophon Steuai?	Strattis Kinesias?	A. Lemnierinnen; Phoenissen Str. Anthroporestes u. Phoenissen; Makedones Sannyrtons Danae.